Helmut-Maria Glogger
Der sprachlose Mann

Der Autor

Helmut-Maria Glogger, 1949 bei München geboren, studierte Jura, war der jüngste wissenschaftliche Mitarbeiter an der Hochschule für Verwaltungswissenschaften in Speyer und bei den *Juristischen Arbeitsblättern*, verdiente sich seine ersten Sporen als Texter in einer Werbeagentur, wandte sich dann mit Lust und Leidenschaft dem Journalistenberuf zu. Er war Reporter (und stürzte mit einem Helikopter am Montblanc ab), Ressortchef bei großen Zeitschriften wie *Bunte*, stellvertretender Chefredakteur der *Schweizer Illustrierten* und ist heute in der Chefredaktion der größten Schweizer Tageszeitung, *Blick*, tätig. Er hat Bücher geschrieben (über Themen wie Kunst und Hollywood), ist begeisterter Jazzmusiker, Tennisfreak, Bergfan, Ehemann (glücklich – im zweiten Anlauf), Vater (Tochter 22, Sohn 12), Hunde- und Katzenfreund, fanatischer Leser und großer Träumer. Helmut-Maria Glogger lebt und arbeitet in der Schweiz, wohnt und schreibt in einer einsamen Berghütte im Wallis und in Südfrankreich. Jetzt griff er vehement in die Tasten, um das schiefe Männerbild, das sich hartnäckig in den Medien hält, geradezurücken.

Helmut-Maria Glogger

Der sprachlose Mann

Warum es den Männern neuerdings Liebe, Lust und Worte verschlägt

Ariston Verlag · Genf/München

Die Deutsche Bibliothek – CIP-Einheitsaufnahme

Glogger, Helmut-Maria:
Der sprachlose Mann: Warum es den Männern neuerdings Liebe,
Lust und Worte verschlägt / Helmut-Maria Glogger – Erstaufl. –
Genf; München: Ariston Verlag, 1992
ISBN 3-7205-1691-1

Gestaltung des Schutzumschlages:
Atelier Höpfner-Thoma, GraphicDesign BDG, München
Umschlagphoto: Peter Brown/The Image Bank

Satz: Uhl + Massopust, Aalen
Gesamtherstellung: Wiener Verlag, Himberg bei Wien

Erstauflage: April 1992
Printed in Austria 1992

ISBN 3-7205-1691-1

Inhalt

DER MANN

»Ich lebe, wie jeder wirkliche Mann, in meiner Arbeit. Ich will es nicht anders und schätze mich glücklich, allein zu wohnen, meines Erachtens der einzigmögliche Zustand für Männer, ich genieße es, allein zu erwachen, kein Wort sprechen zu müssen. Wo ist die Frau, die das begreift? Schon die Frage, wie ich geschlafen habe, verdrießt mich, weil ich in Gedanken schon weiter bin, gewohnt, voraus zu denken, nicht rückwärts zu denken, sondern zu planen. Zärtlichkeiten am Abend, ja, aber Zärtlichkeiten am Morgen sind mir unerträglich, und mehr als drei oder vier Tage zusammen mit einer Frau war für mich, offen gestanden, stets der Anfang der Heuchelei. Gefühle am Morgen, das erträgt kein Mann. Dann lieber Geschirr waschen!«

Max Frisch, »Homo faber«

DAS SCHWEIGEN

»Ich weiß nicht, was mich so beharrlich und so lange schweigen ließ, aber ich glaube, es war nicht Angst oder Schuld oder ein schlechtes Gewissen. Es war die Erinnerung an jenes Stöhnen im Wald, an jene zitternde Lippen im Regen, an jenen flehenden Satz: ›Ja, so laßt mich doch endlich in Frieden!‹«

Patrick Süskind, »Die Geschichte von Herrn Sommer«

DIE FRAU

»Ich liebe Frauen. Ich glaube nur nicht, daß sie die besseren Menschen sind. Ich erwarte mir von Frauen nicht die Errettung vor dem Weltuntergang.«

Loriot im ZEIT-Interview: »Der Mensch, der geht jetzt unter«

Vorwort

Leserbriefe fordern: Emanzipation – ja. Einseitige Privilegien – nein!

Hat die Frau den Mann stummemanzipiert? Treibt der Kampf um die Gleichberechtigung Mann und Frau auseinander? Männer und Frauen in Leserbriefen sagen frei heraus, was ihnen und ihrer Liebe guttut.

»In einer guten Beziehung steht die Gleichberechtigung gar nicht zur Debatte. Jeder tut, was er kann, und respektiert den anderen.«

»Ich bin eine 31jährige glücklich verheiratete Hausfrau. Ich verstehe nicht, warum die Emanzen immer auf dem Mann herumhacken.«

»Wenn eine Frau auf ihren sogenannten Rechten beharrt und alles haben will, dann soll sie ledig bleiben und sich nicht auf Kosten eines Mannes ›emanzipieren‹.«

»Es wäre längst eine Männerorganisation fällig.«

»Heute ist ›frau‹ so weit, daß man ohne weiteres von einer Diskriminierung der Männer reden kann.«

»Irgendwo und irgendwann müssen wir Männer aufstehen und sagen: Bis hierher und nicht weiter!«

»Ich verurteile die Emanzipation nicht. Im Gegenteil. Nur: So, wie es jetzt ist, verlieren Mann und Frau.«

»Die Männer wissen nicht mehr, wie sie sich gegenüber Frauen verhalten müssen.«

»Die Frauen haben sich veremanzipiert.«

»Gleichberechtigung: Ja. Frauenprivilegien: Nein.«

»Es kann nur eine wirkliche Gleichberechtigung geben zwischen Mann und Frau, wenn die Frauen keine Privilegien mehr besitzen. Das heißt: gleiches Rentenalter, Gleichstellung von Witwer und Witwe, Dienstpflicht für Männer und Frauen, gerechtere Scheidungsurteile, gemeinsames Sorgerecht für die Kinder, Prämiengleichheit für Männer und Frauen, Aufhebung der Sonderregelungen für Frauen.«

»Es entwickelt sich ein Machtkampf zwischen den beiden Geschlechtern.«

»Jedem Menschen muß man seine Selbstverwirklichung zugestehen. Aber diese muß auch selbst finanziert werden.«

»Von alten verlassenen Partnern Subventionen zu verlangen, ist eine Frechheit!«

»Jene, die am lautesten gegen die Männer in den Kampf ziehen, sind Frauen mit gescheiterten Beziehungen oder sonst irgendwelchen unbewältigten Problemen, sie machen Wut und Haß Luft.«

»Gleichberechtigung hört für mich dort auf, wo Frauen nur noch fordern, den Mann als Mittel zum Zweck benützen, und nicht mehr einsehen wollen, daß alles ein Geben und ein Nehmen ist.«

»Macht und Aggression werden auch von Frauen gesucht.«

»Absurd. Männer, die sensibel sind, werden durch jene Vetreterinnen der Frauenbewegung abgelehnt, die die Männer generell der Rohheit und Gefühllosigkeit bezichtigen.«

»Ich bin im Laufe der Zeit Frauen begegnet, die mich abgelehnt haben, weil ich ›zuwenig Widerstand‹ bot, ›zuwenig aggressiv‹ war.«

»Das Machtstreben bei den Geschlechtern darf nicht verschwiegen werden.«

»Männer und Frauen müssen gemeinsam eine neue Sanftheit suchen. Aber solches Suchen wird immer wieder kaputtgemacht, wenn man (frau) den Männern generell Aggressivität unterschiebt.«

»Der Mann muß unbedingt als Gegner erscheinen. Ich frage mich, ob solche Unredlichkeiten dem berechtigten Anliegen vieler Frauen nicht eher schaden.«

»Muß um jeden Preis versucht werden, unser gesamtes Zusammen- beziehungsweise Eheleben vor den Richter zu tragen?«

»Die lieben Damen der Frauenrechtsbewegungen halten immer so schöne Reden über die Rechte der Frau. Wie steht es denn aber mit den entsprechenden Pflichten?«

»Haben die Frauen mit der Gleichberechtigung auch Pflichten übernommen?«

»Die Frau hat alle Rechte, um einen Mann bei einer Scheidung in den Ruin zu treiben.«

»Die Frau hat die absolute Machtstellung erreicht.«

»Die Frau hat die Möglichkeiten, einen Ehemann total zu unterjochen.«

»Wenn die Frau nicht will, darf er von Gesetzes wegen nicht – sucht er die Befriedigung anderswo, darf er dies von Gesetzes wegen auch nicht.«

»Miteinander reden wäre vielleicht zur Abwechslung einmal eine bessere Lösung, als mit jedem Kleinkram zum Richter zu eilen.«

»Hiermit möchte ich die Feministinnen bitten, den Frauen zu raten, zuerst vor der eigenen Türe zu kehren, bevor man auf die Barrikaden geht.«

»Ich weiß, daß es einfacher ist, den Fehler beim anderen zu suchen, als sich selber eigene Fehler einzugestehen.«

»Diese einseitige feministische Meinungsmache, gepaart mit perfider Männerfeindlichkeit, sollte als das gewertet werden, was sie ist, nämlich als emotionsgeladener Extremstandpunkt.«

»Wie lange muß der Mann sich eigentlich so rüde daherstolzierende Arroganz und Süffisanz derer vom Frauenlager noch gefallen lassen, die den Mann in Sachen Erotik zu dusseligem Kurztritt verknurren, mit ihren Lebensbeulen nicht zu Rande zu kommen und penetrant auf Angriff machen?«

»Es ist der alte Ladenhüter ›Geschlechtermißverständnis‹, der uns aufgetischt wird, zur höheren Frauenehre und abgrundtiefen Schande der Männer.«

»Es geht um die reine Besitzstandehe, die Brutstätte bequemer Lebensversorgung.«

»Die Entthronung sitzt, die Rache am Abgehalfterten ist süß.«

»Warum darf der Mann sich zu diesem Thema nicht äußern?«

»Verändern können wir die Stellung der Frauen nur da, wo beide, Frau und Mann, bereit sind, offen zu sein und Neues zu lernen, und zwar keiner auf dem Buckel des anderen!«

»Nie käme ich auf den Gedanken, einer Frau zu verbieten oder vorzuhalten, daß sie ihren Popo, ihren Busen, ihre Beine zu offen zeigt. Daß so etwas sexistisch sei, finde ich schlicht eine Unterdrückung der Frauen.«

»Prüde Frauen unterdrücken Frauen, die Freude am Sex haben.«

»Schwache Männer fühlen sich nur bei einer schwachen Frau als der überlegene, starke Mann.«

»Prüde Frauen begreifen nicht, daß sie unfrauliche Frauen stärken, aber starke Frauen zerstören.«

»Nur ein starker Mann ist fähig, ohne Angst eine starke Frau zu genießen und sie glücklich zu machen.«

Diese Zitate stammen aus verschiedenen Leserbriefen, die in deutschen und schweizerischen Zeitungen veröffentlicht wurden.

Was also bewegt und erregt die Verfasserinnen und Verfasser dieser Leserbriefe?

Es erbost immer mehr Frauen und immer mehr Männer, daß ein großer Teil der Presse radikale feministische Töne anschlägt und den Mann zu einer resignierenden Sprachlosigkeit treibt.

1. Lektion
Der sprachlose Mann

»Seit vielen Jahren werden Männer nun schon in ihrem männlichen und strahlenden Selbst erniedrigt, erniedrigt bis hin zur Mutlosigkeit, ja nahezu bis zur Hoffnungslosigkeit. Ist das nicht entsetzlich?«
D. H. Lawrence, 1931

Der Mann – von Wortkeulen erschlagen

In Zeitungen, Zeitschriften, Fernsehsendungen wird der Mann ständig beleidigt: als Idiot, Verwüster, Bieder-, Hampel- und Flachmann hingestellt. Und das hat ihm erst die Worte, dann die Lust, die Liebe und die Leidenschaft verschlagen.

Der Mann ist sprachlos geworden. Was immer der Mann macht, macht der Mann falsch. Sagt frau. Wie immer der Mann liebt, er liebt falsch. Sagt frau. Was immer der Mann fühlt, fühlt der Mann falsch. Wen immer der Mann liebt, er liebt falsch. Was immer der Mann sagt, sagt der Mann falsch. Wie immer der Mann denkt, er denkt falsch. Was, wie, wen, wo, wann und warum der Mann macht, spricht, liebt, denkt, fühlt – der Mann macht, spricht, liebt, denkt und fühlt immer falsch. Sagt frau.

Ratlos, resigniert, reagiert der postemanzipatorische Mann mit Verweigerung. Er hat es satt, sich dauernd irgendwem und irgendwas stellen zu müssen. Er hat die Nase gestrichen voll, ständig hinterfragt und gegengelesen zu werden. Er ist müde geworden, permanent durchs Tretrad des Feminismus gezerrt zu werden. Er weigert sich, der neuen weiblichen Häßlichkeit zu frönen und als Hausmann oder Weltmann, Softie oder Pascha, Milkie oder Esoteriker verhöhnt zu werden.

Als Prügelknabe von den Medien mundtot geschrieben, geredet und gesendet, hat er die Flucht angetreten, verweigert er sich dem frauenbewegten Sexismus und der feministischen Apartheidpolitik. Und trotzdem ist er auf der Suche nach der im Wortgestrüpp verlorengegangenen Frau.

Der Mann – der Depp des 20. Jahrhunderts

Der unter dem Pseudonym »FELIX STERN« schreibende Autor kommt daher in seinem Buch *»Und wer befreit die Männer?«* zu der einfachen Folgerung: »Nach der Häufigkeit ihres Auftretens wären die Männer: Idioten, Versager, Langweiler, Waschlappen, Grobiane, Großkotze, Verbrecher.«

Der Mann, der »Depp des 20. Jahrhunderts«, ist aber nicht nur ein Grobian oder ein Waschlappen – er verkörpert das Schlechte an sich. Wer's nicht glaubt, soll nur illustrierte Blätter und frauenbewegte Magazine lesen. Da tritt der Mann auf als: Der Schwachkopf in allen Lebenslagen. Der Idiot im Bett, im Beruf, in der Beziehungskiste. Der impotente Liebhaber. Der ekelhafte Schwanzträger. Der Grapscher. Der Betatscher. Der Fummler. Der sexuelle Belästiger. Der Affengeile. Der Latzhosen-Softie. Der Kombi fahrende Milkie. Der Guerilla. Der Affen-Pascha. Der Straßencowboy. Der Frauenhasser, Frauenverächter, Frauenschänder. Der Lolita-Besessene. Der geistige und seelische Umweltverschmutzer. Der Macho ohne Gewissen. Der Kriegsverbrecher, Kriegshetzer, Kriegsgewinnler. Der Vergewaltiger, Penetrierer, penisfixierte Pornograph. Der Midlife-crisis-Gebeutelte. Der Sexakrobat. Der Peter Pan mit dem Casanova-Komplex. Der Sadist. Der Ausbeuter. Der Hurenbock. Der falsche Mönch. Der Bügelfalten-Sexist. Der Ödipussi. Der Mama-Laschi. Der stumpfe Verführer. Der Öko-Softie. Der Rucksack-Gruftie. Der Gefühlskrüppel. Der Liebesunfähige. Der Rücksichtslose. Der Hemmungslose. Der Müdmann. Der Chauvi mit Ladehemmung. Der Null-Bock-Pascha. Der Super-Narziß. Der Kastrierte.

Das also ist heute der Mann in der Sprache des geschriebenen, gesprochenen und gesendeten Journalismus. Redaktionen, TV-Anstalten und Radiostationen bedienen sich magischer Formeln, um eine herbeigesehnte »Wirklichkeit« herzustellen. Sie entwerfen auf dem Papier eine Welt, mit der die Realität nichts gemein hat. Sie zimmern ein rohes Bild des Mannes, schmieden immer neue Sendereihen und Serien, um dieses Bild der ahnungslosen Frau ins Hirn zu hämmern, das sie einsam und den Mann sprachlos macht.

»Von den Gehirnen hervorgebracht, werden Begriffe zu neuartigen Lebewesen, denen gegenüber die Gehirne sich gewissermaßen wie Zauberlehrlinge verhalten«, diagnostiziert der Anthropologe EDGAR MORIN. Und bereits der Psychologe, Philosoph und Schriftsteller ARTHUR KOESTLER erkannte: »Der Mensch ist für die hypnotische Wirkung von Schlagworten ebenso anfällig wie für ansteckende Krankheiten.« Und schärfer: »Die tödlichste Waffe des Menschen ist die Sprache. Ohne Worte gäbe es keinen Krieg.« Und vielleicht will gerade der Mann, der sprachlos den Begriffsdämonen, die ihm Frauen um die Ohren schlagen, gegenübersteht, keinen »Krieg« – und zieht sich ins stumme Schneckenhaus zurück?

Die beiden Feministinnen CHERYL BENARD und EDIT SCHLAFFER beschreiben das neue Feindbild Mann in ihrem Buch *»Männer – Eine Gebrauchsanweisung für Frauen«* so: »Die typisch männlichen Fehler sind potentiell für die Welt sehr gefährlich: Einseitigkeit, mangelhafte Berücksichtigung längerfristiger Folgen, Unfähigkeit zu echter Kooperation und Gemeinschaft.« Und dann lassen sie das Fallbeil auf den Mann niedersausen: »Männer sind vergleichbar mit iranischen Studenten, die an westlichen Universitäten eine ausgezeichnete Ausbildung in technischen oder medizinischen Wissenschaften abgeschlossen haben und dann heimfahren zu KHOMEINI, um ihre Intelligenz und ihr Wissen in den Dienst des Terrors zu stellen.«

Damit das Feindbild stimmt, wird aus der Trickkiste der Begriffe kurz das Wort »Zivilisierungsprozeß« gezaubert und der Satz gedrechselt: »Es stimmt zweifellos, daß Frauen den Zivilisierungsprozeß nicht so nötig haben.« Um den ungehobelten, gewalttätigen Mann erst gar nicht an sich heranzulassen, raten die beiden Autorinnen: »Noch einmal: Um sich der emotionalen Hygiene anzunähern, sollten Frauen ihre Gefühle radikal auf Nulldiät setzen.«

Für die radikalen Feministinnen existieren Männer nicht mal mehr auf dem Papier. Die Linguistin LUISE F. PUSCH möchte die Sprache am liebsten feminisieren. »Es ist einfach lästig, die Männer immer mitzuerwähnen«, meint die Professorin, die gern Zeitungsredaktionen besucht, um diesen zu zeigen, daß geschriebenes und gesprochenes Deutsch Männersprache und somit frauenfeindlich sei. Und die Zürcher Philosophin ELFRIEDE HUBER-ABRAHAMOWICZ bringt gar das Kunststück fertig, als Beispiel sprachlicher Diskriminierung der Frau die »Zehn Gebote« heranzuziehen und zu schreiben: »Frauen werden nicht angesprochen, nicht einmal vom lieben Gott. Das merken sie spätestens, wenn es heißt: ›Du sollst nicht begehren deines Nächsten Weib!‹ Mit diesem Du spricht Gott nicht mich, eine Frau an; sein Du ist offensichtlich der Mann.«

Haben wir da wirklich keine größeren Probleme zu lösen, als die ebenfalls von Elfriede Huber-Abrahamowicz aufgeworfene Frage: »In meinem neuen Paß heißt es: ›Der Inhaber dieses Passes ist Schweizer Bürger‹ (also doch ein Volk von Brüdern) ›und kann jederzeit in die Schweiz zurückkommen.‹ Was aber, wenn es sich herausstellt, daß ich eine Frau bin? Am Ende lassen sie mich nicht mehr zurück. ›Bin ich mitgemeint?‹ Diese ständige Frage verunsichert, ähnlich wie die sogenannten Damenschuhe, die ein selbstbewußtes Auftreten verhindern. Im neuen Schweizer Paß ist jede Minderheit berücksichtigt – nur die Mehrheit, die weibliche und größere Hälfte der Schweizer Bevölkerung, nicht.« Auch LUISE F. PUSCH reklamiert in ihrem Buch *»Deutsch als Männersprache«*: »In meinem Paß steht: ›Der Inhaber dieses Passes ist Deutscher.‹ Ich bin aber kein Deutscher... Ich bin Deutsche.«

Felix Stern beschreibt in seinem kenntnisreichen Buch *»Und wer befreit die Männer?«* weitere, lehrreiche Beispiele von feministischen Entmündigungstourneen: »Auch in Frankfurt zog der unbeschreiblich ›weibliche Stil‹, der dem ›weiblichen Teil der Menschheit die Arbeit erleichtern sollte‹, in den Magistrat ein. Die Folge: Zunächst eine unbeschreibliche frauenbürokratische Kostenaufblähung ... Damit in jedem Stadtressort ein kompetenter Ansprechpartner für Frauenfragen sitzt, erhielt die Leiterin des Frauenreferats acht Referentinnen und fünf Sachbearbeiterinnen und vier zusätzliche Schreibkräfte. ... Doch sind die Frankfurter Frauenverhältnisse finanziell betrachtet noch harmlos gegenüber den Folgen des Kieler und Hannoveraner ›Frauenfetischismus‹.«

Was Frauen-Gleichstellungsstellen leisten, läßt sich am Beispiel der Stadt Zürich bestens dokumentieren: Es geht darum, den Mann politisch, sozial, kulturell und gesellschaftlich auszugrenzen, dem Mann den Zugang zu Informationen zu verbieten und immer neue »männerfreie«, »aggressionsfreie« und »gewaltfreie« Räume für die Frau gesetzlich festzulegen – nicht nur etwa vergleichsweise harmlose Frauenparkplätze, die Frauen vor Belästigungen und Vergewaltigungen in Parkhäusern schützen sollen. Hinzu kommt die klar formulierte Neigung, sich keinem demokratischen Mehrheitsentscheid zu beugen und dem Mann ein immer dickeres Pflichtenheft aufzubürden, während die Frau im Gegenzug zunehmend Rechte und Vergünstigungen genießt.

Einseitige Ideologie: Mauerbau zwischen Mann und Frau

Der Mann wird immer mehr zum Feind der Frauen erklärt und das Endziel, erst die politische, dann die gesellschaftliche, schließlich gar die existentielle Vernichtung, von radikalen Frauen offen beschworen.

Als Bazillenträger dem Zeitgeist stets mehr als nur einen Unsinn voraus, schnappen sie blindwütig jede männerfeindliche Redensart, jede männervernichtende Vokabel auf, um den Frauen die nahende Apokalypse einzuhämmern, sollte der Mann noch lange überleben. Der Mann muß, so die frauenbewegte Presse, schnell, gründlich und sofort sprachlos gemacht werden.

Die Basisideologie der extremen Frauenfront ist einfach: Die Geschlechter müssen gespalten werden. Therapien für Zweierbeziehungen sind nicht gefragt, deren Ende ist das Ziel. Verständigung stört, Kommunikation hindert, kalte, blanke Wut muß zwischen den Geschlechtern herrschen. Auch wenn die Wahrheit, wie überall, in der Mitte liegt. Egal, der Krieg der Geschlechter ist das Ziel der radikalen Feministinnen, dem sich viele Torinnen und noch mehr Toren rückgratlos beugen.

Zwar wollen diese selbsternannten germanischen Zeitgeist-Evas weder den menschenverachtenden Inhalt (sie beziehen sich auf die »Gnade der späten Geburt«) erkennen noch die psychischen Auswirkungen ihres in Wort und Bild verpfuschten Männerbildes – das übrigens auch von keinem Kind je gestört werden darf. Kinder beeinträchtigen das radikalfeministische Menschenbild. Kinder gehören zur »Glucke«, werden aus dem Leben der modernen Frau verbannt. Kinder und Männer sind überflüssig. Also: Kein Bild von Kindern in kämpferischen Frauenzeitungen.

Die männlichen Profiteure dieses brutalen Mediengeschäfts mit der so verdummten Frau juckt das keineswegs: Der Lesenden kann man allemal Neues in die Augen oder um die Ohren pfeffern. Das ist nicht neu. Doch es liegt im Trend. Die Detonation der Worthülsen hat zugenommen, beträchtlichen Schaden in Familien, bei Liebenden, bei Frauen und Männern angerichtet.

Vulgärphilosophien und Trivialpsychologie

Begleitet werden diese Verbalexplosionen von immer neuen Vulgärphilosophien des Feminismus, die, zwischen gertenschlanken Fotomodellen und neuesten Diätvarianten verpackt, den Opfern, die brav Tag für Tag ihr Geld am Kiosk abliefern, in Wort und Bild verkauft werden. Dazu gesellt sich die kaninchenartig sich vermehrende Zahl von Dünnbrettpsychologinnen, die aus beamteten Stuben heraus eifrig JUNG-Kauderwelsch zaubern. Alles marktgerecht aufbereitet, auf griffige Formeln verkürzt, damit die Frau beim Zahnarzt, beim Friseur oder im Auto vor dem Rotlicht wenigstens Titel und männerfeindlichen Vorspann in großen Buchstaben entziffern kann. Garniert mit gerade durch die Medien gezerrten Meinungsaposteln, Umfragegurus und Psychologienapoleons werden hier leichte Etüden für das Idol, die konsumierende Frau, und das Feindbild, den Mann, komponiert.

Tatsache ist:

- Frauen besitzen heute 59 Prozent des gesamten Vermögens in Deutschland, 61 Prozent in den USA.
- Frauen kontrollieren laut Deutscher Bank 43 Prozent der Aktien.
- Frauen konsumieren und beeinflussen das Programm: in Zeitungen, Zeitschriften, Fernsehen und Radio.
- 54 Prozent der Bevölkerung sind weiblich.
- 74,5 Prozent der Buchkäufer sind weiblich.
- 68,2 Prozent der Kinobesucher sind weiblich.
- 65,8 Prozent aller Zeitungen und Zeitschriften werden von Frauen gekauft.
- Frauen bestimmen den Inhalt der Werbung: Sie bestimmen zu 63 Prozent, welches Auto gekauft, und zu 65 Prozent, welcher Ferienort gebucht wird.

○ Frauen sind politisch als Stimmpotentiale klar in der Überzahl: 54 Prozent wahlberechtigter Frauen stehen nur 46 Prozent wahlberechtigter Männer gegenüber. Kein Wunder, daß alle Politiker den Frauen nach dem Munde reden oder ihnen sonstwo verbal reinkriechen.

Joachim Bürger, der selbsternannte »deutsche Obermacho«, der mit seinem Buch *»Mann, bist du gut«* einen sensationellen Bucherfolg erzielte, liegt also völlig falsch, wenn der geschickte PR-Manager unter dem Titel »Wer die Musik bezahlt, der bestimmt, was gespielt wird«, den Mann als Dirigenten aufs Lebenspodium hievt.

In Tat und Wahrheit ist das Dirigentenpult längst besetzt. Dort tobt sich nur eine aus, die von den frauenbewegten Medien frenetisch gefeiert wird: die Frau.

Die Frau weiß heute besser als der Mann: Die Quote macht's, die Quotenregelung bringt's. Wer in der ersten Reihe sitzt, hat die besten Plätze. Wer zum Weiberfilz gehört, dem ist ein warmes Beamtenmäntelchen sicher. Wer zahlt, schafft an. Wer zahlt, erwartet etwas. Wer Geld hat, hat Macht. Wer Stimmen hat, wählt, wen und was er will.

Alle tanzen nach der Pfeife der Frau

Das große Sagen haben die Frauen. Und der Mann wird sprachloser und sprachloser. In der Neuzeit des umweltschonenden Haarsprays, des Kuschel-Rocks und der Märchentanten der »SOS-des-Herzens«-Kultur reden und schreiben alle auf die Frau ein. Millionen lesen, hören, sprechen eine verballhornte Sprache, die es eigentlich gar nicht gibt, sondern aus Seminaren, Bhagwan-Encounters, Selbstfindungsgruppen der Latzhosengeneration stammt! Den weiblichen Altgrufties, die heute noch meinen, Soziologie sei die neue Religion, Psychologie der Leitfaden zur Behebung eigener Probleme, wird in den Medien jeder blühende Unsinn geglaubt.

Massenmedien treten in der Sprache oft auf. Doch was bedeuten Massen? Was Medien? Daß Medien auftreten, wissen wir spätestens nach einem Besuch an unserem Kiosk. Medien sind ein Plural, der keine Einzahl kennt. Das Medium »Buch«, »Film«, »Theater« ist längst ein Massenmedium. Das Radio vereint heute keine Massen mehr. Das Buch erst recht nicht. Zeitungen, Zeitschriften und Fachgazetten (außer vielleicht *Spiegel* und *Kicker*) spielen im Meinungsmonopoli kaum mehr eine Rolle – es sei denn, ihre Auflage übersteigt die Viermillionengrenze wie die *Bild*-Zeitung. Absoluter Sieger und alleiniger Träger des goldenen Bandes »Massenmedium« ist das Fernsehen.

Und wer sieht wohl mehr fern? Frauen oder Männer? Es sind die Frauen. In absoluten Zahlen: Rund 19 Prozent mehr Frauen als Männer sitzen vor der

Glotze. Und entsprechend wird das TV-Angebot auch gehäkelt. Da Frauen, so eine Studie des Schweizer Fernsehens zu »Themenwünschen nach Geschlecht« aus dem Jahr 1990, Unterhaltung, Show, Quiz, lustige Filme, Heimatfilme und Komödien sehen wollen, werden diese bis zum Erbrechen gesendet.

Auf Frauen sind auch die Nachrichtensendungen zugeschnitten, über die MICHAEL O'NEILL, lange Chefredakteur der auflagenstärksten Tageszeitung in den USA, *The Daily News*, bereits befand: »Die Methoden, mit denen wir das Publikum informieren, sind durch das Fernsehen korrumpiert worden.«

Fernsehen kennt keine Längen, keine Nebensätze, keine Schachtelkombinationen, setzt nichts voraus, erwartet nichts, liefert nur. Fernsehen lebt von Schlagwörtern, von auf verbfreie Sätze verkürzte Ereignisse, von Personen. »Menschen sind Nachrichten« heißt die Losung. Der Mensch wird im Bild gezeigt und ist bereits Aussage genug. Vorurteile, Urteile, der ganze Cocktail dreister Volksverdummung wird im Bild transparent. Dazu der TV-Sprecher, der in 35 Sekunden Kriege als »gut«, »nützlich«, »verwerflich« oder »schrecklich« wertet.

Am nächsten Tag zieht die Tageszeitung nach: mit Erklärungen für das, was die Fernsehzuschauer tags zuvor bereits gesehen haben und gerne noch mal wiedersehen wollen. Vor allem: sie gieren nach einer Erklärung. Die wird ihnen dann wie Patienten tröpfchenweise in Berichten, Reports, Meinungen und Kommentaren mundgerecht verabreicht.

Die Illustrierte erklärte früher die Welt. In bunten, farbigen, neuen Bildern und langen, spannenden, informativen Texten. Die Zeiten haben sich geändert. Unter der Maxime »Menschen sind Nachrichten« ziehen nun die Illustrierten den Mann bis zur Unterhose aus. »Welche Farbe hat Ihre Unterwäsche?« – das ist keine unübliche Frage, die ein Prominenter zu beantworten hat. Und selbst einst seriöse Magazine wie der *Stern* degradieren sich heute zu einer wöchentlich neu gedruckten »In & Out«-Liste. Immer mit Bildern aus dem großen Archiv, die frau erkennt – und Männer zum Gähnen bringen. Doch erhaben dank eines ungeheuren Sendungsbewußtseins und in Abhängigkeit gehalten dank horrender Gehälter, wird die Wirklichkeit in »Absteiger, Aufsteiger, Aufschneider« gekastelt und Lebenshilfe à la »Einsichten« geboten, in denen wir von »Robert und seiner Neuen« die Kunst erlernen sollen, »sich der Meinung des Partners anzupassen und dennoch Persönlichkeit zu zeigen«.

Der Mann – so schlecht wie seine »Presse«?

Einäugig werden Neigungen, Richtungen, Bewegungen erfunden. Der Mann wird zum debilen Stichwortgeber degradiert, für alle Frauen, die auf der »Höhe der Zeit« sein wollen.

In der deutschen Zahnpastakultur siegen die Vulgärpsychologie, die Trivialsprache und die Pfarrer-SOMMERAUER-Diktion. Es hat sich eine neue Sprache gebildet: die Sprache gegen die Minderheit, gegen den Mann.

Was muß man den Kerl auch schonen, der 75 Prozent der Sozialleistungen erbringt, davon aber nur 25 Prozent verbraucht? Der frauengerecht acht Jahre vor der geliebten Lebensgefährtin das Zeitliche segnet? Die dann als »arme Witwe« den fetten Dackel besser behandelt als ihren Langzeiternährer zu dessen Lebenszeiten?

Egal – der Mann, das minderwertige Wesen, läßt sich bestens vermarkten. Was er macht – er macht es falsch. Das Feindbild der Frauenmagazine wakkelt nicht, wie die folgenden Originalzitate beweisen: Mal ist er eine »lügenhafte Maulhure«, mal »ein penisfixierter Macho«, mal »ein sexbesessener Triebtäter«, immer ist er aber »eine totale Enttäuschung im Bett«. Überhaupt: Der Mann ist »ein rücksichtsloser Egoist«. Der Mann ist »eingebildet«. Der Mann ist »plump, unsicher, schwach, vergeßlich, wehleidig und häßlich«. Der Mann »kann keine Kritik ertragen«, hat »keinen Geschmack«, »ist ein Grapscher, Fummler, sexueller Belästiger« und »hat nur deshalb soviel Spermien, weil er unbedingt die ganze Welt mit seinem Samen überschwemmen will«.

Mann o Mann! Welchem Mann verschlägt es da nicht die Sprache!

Nun wäre es falsch, anzunehmen, die Feministinnen beherrschten die Medien. Das nicht, zumindest nicht direkt. IRIS BURTON von der englischen Frauenzeitschrift *Woman's Own* weiß aber: »Natürlich spielt die Frauenbewegung eine große Rolle. Die Feministinnen sind nicht in der Überzahl, aber sie haben einen enormen Einfluß.« Auf die vielen Mitläufer und Mitläuferinnen.

Und so spitzen die Frauen und ihre vielen Sprachrohre, die in den Redaktionen deutscher Frauenzeitschriften dümpeln, täglich ihre Stifte neu, um »den SADDAM HUSSEIN in jeder Familie«, den Mann, klitzeklein zu schreiben.

Das Lernprogramm, mit dem Radikalfeministinnen den Mann zu neuer Aufgeregtheit stimulieren, dann programmieren und schließlich umkrempeln, trägt reiche Früchte: »Der Mann ist ein Idiot. Beim Sex und in der Politik. Er ist feig, eitel und geschwätzig. Er ist ein aufgeblasener Waschlappen, ein unbegabter Machtdarsteller, ein waidwunder Sexender«, bemerkt MATTHIAS FRINGS artig frauenbewegt über seine Artgenossen.

Die Männer sind emanzipationskrank, erkannte Amerikas Nummer eins für männliche Sexualprobleme, der Therapeut BERNIE ZILBERGELD: »Der Titel ›Mann‹ wird nur auf Zeit verliehen. Eine Aufgabe schlecht ausgeführt zu haben, ein Versagen, ein Anzeichen von Schwäche – schon ist ein Mann kein Mitglied des erlauchten Kreises mehr.« Doch schon Urvater SIGMUND FREUD wußte: »Die Absicht, daß der Mensch glücklich sei, ist im Plan der ›Schöpfung‹ nicht enthalten.«

Da soll der Mann nicht sprachlos werden?

Früher sprach und las man viel von unverstandenen Frauen. Die unverstandene Frau war der Ladenhüter der Romanliteratur. LEO TOLSTOI konnte zwei dicke Bände über *»Anna Karenina«* vollschreiben, bis sie sich unter die Räder der heranbrausenden Lokomotive warf. *»Madame Bovary«* konnte über 285 Seiten hinweg ständig ihre Liebhaber wechseln. Doch erst als die Jetzt-Frau SIMONE DE BEAUVOIR und *»Das andere Geschlecht«* als Taschenbuch in Händen hatte, entdeckte sie die Segnungen des Nichtverheiratetseins und ihre eigene »Abhängigkeit«. Und als MERYL STREEP im Film »Kramer gegen Kramer« ihren Film-Ehemann DUSTIN HOFFMAN verließ, zündete der »Kramer-Virus« und Frauen riefen aus: Wie komme ich dazu, mit einem Kind sinnlos zu Hause zu sitzen und zu warten, daß irgendwann mal mein Mann heimkommt? Die unverstandene Frau, sie hat sich im Laufe der Jahre gründlich gerächt und eine ganze Sparte der Literatur erobert.

Man kann über die Stellung der Frau in der Welt denken, wie man will, jedenfalls ist es den Frauen bisher durchaus gelungen, sich in den Mittelpunkt zu drängen, von sich reden zu machen und ihre Wut auszukotzen – und uns Männer in einer sprachlosen Ecke zurückzulassen. Dabei treibt es dem Mann geradezu Tränen der Wut ins Auge, wenn er daran denken muß, auf welche Art und Weise Männer nicht verstanden werden sollen und dürfen.

Da soll der Mann nicht sprachlos werden?

Da soll der Mann erhobenen Hauptes durch die Welt schreiten?

Da soll der Mann noch liebevoll zu seiner Frau, seinen Kindern, seinen Freundinnen, seinen Geliebten sein?

Da soll der Mann vergessen, warum er arbeitet und für wen? Wem er das Geld abzuliefern hat? Mit wem er seine Freizeit zu verbringen hat?

Der Mann ist sprachlos geworden. Es hat ihm im wahrsten Sinne des Wortes »die Sprache verschlagen«.

Stumm, waidwund geschossen von immer neuen Attacken, verkriecht, verweigert, verneint sich der Mann.

Der Mann schweigt. Er verkriecht sich hinter Akten, hinter dem neuen Computerheft oder taucht immer tiefer in die intergalaktische Welt der

Science-fiction-Helden ein, in denen der Mann noch Mann und die Frau noch Frau sein darf. Stoisch läßt er Tag für Tag die gegen ihn geschriebenen Attacken über sich ergehen. Ergeben wie das geduldigste Opferlamm schleicht er am nächsten Morgen wieder ans Fließband, in die Fabriken, in die Büros, um dem nachzugehen, was – so die »aufgeklärte, sozial eingestellte und kreative Frau« aus den Zeitschriften – seine einzige Daseinsberechtigung zu sein scheint: der »aufgeklärten, sozial eingestellten und kreativen Frau« ein möglichst sorgenfreies Leben zu ermöglichen.

Rafft sich der Mann doch mal auf, die Frau nicht täglich neu heiligzusprechen, bekommt er als Retourkutsche den gesamten Verbalmüll der Frauenpresse um die Ohren. Denn verbale Rundumschläge liegen der Frau gar prächtig, da sie nur eine einzige Zielscheibe kennen: den Mann.

Mama-Mann, Jammerlappen, Ramschware

Was der Mann auch anfängt, er macht es falsch. Sagt frau.

»Männer sind Super-Egoisten und wollen um keinen Preis erwachsen werden, Verantwortung übernehmen. Davor scheuen sie zurück wie der Teufel vor dem Weihwasser«, schreiben die Redakteurinnen der Frauenzeitschrift *Brigitte* und legen nach: »Wenn Frauen nach einer Familienpause wieder Anschluß an den Beruf suchen, entpuppen sich auch die gutwilligsten Männer als Bremser.«

Die Modezeitschrift *Petra*, die auf vielen bunten Seiten den Frauen einredet, was sie am Strand für einen Lippenstift auflegen sollen und welche Sonnencreme im Hochgebirge die zarte Haut am besten schützt und was der letzte Schrei in der Disco ist, weiß: »Der Mann will nur eines: sein Vergnügen!« Und weiter: »Außer sich selbst und der Sportschau nimmt er überhaupt nichts ernst.«

Elle, auch eine dieser schönen Hochglanzpostillen, zu denen immer mehr Frauen greifen, um sich daraus die geistigen Bretter zu holen, mit denen sie ihr Weltbild basteln, hat alles griffig in einen Sechspunktekatalog verpackt: »Ein Mann fühlt sich sicher, wenn die Frau

1. zu ihm aufblickt, auch wenn er 20 Zentimeter kleiner sein sollte;
2. konsequent behauptet, von allem, was er kann und tut, eigentlich nichts zu verstehen;
3. seine Feindbilder unbesehen übernimmt und jeden Konkurrenten zum Trottel, Intriganten oder Karrieristen erklärt;
4. schönere Männer für dümmer, klügere Männer für häßlich, reichere Männer für unzuverlässiger und erfolgreichere Männer für uncharmanter halten;
5. für seine Fehler, Macken und Lücken geeignete Synonyme findet. Sein

Bierbauch ist kräftig, seine Glatze viril, sein schlechtes Gewissen herzig und seine Falten markant;

6. ein bißchen ungeschickt formuliert, ab und zu Fremdwörter falsch ausspricht, nach der richtigen Formulierung sucht oder kindlich-belanglos brabbelt.«

Mann o Mann. Die arme Elle, die *Elle* als Ratgeber heranzieht. Doch *Elle* glaubt auch an den Schwachkopf »Mann« – Zeile um Zeile mehr. Was der Mann macht, er macht es falsch: »Der Blick, der Vertrauen erwecken soll, erinnert an Professor Brinkmanns schwarzwaldklinischen Augenaufschlag. Die Stimme, die überzeugen soll, klingt wie die des Bundespräsidenten. Sein beruhigendes Tätscheln, seine Verführungsversuche, wollen sich an HUMPHREY BOGART oder SEAN CONNERY messen. Die Manipulation der Männer wird mit einem Tusch angekündigt.«

»In Wahrheit sind Männer ängstliche Wesen«, analysiert *Elle* mit kurzem Blick in den Seelenspiegel. Und in seiner Angst vergißt er auch alles: »Muttertag und Weihnachten haben in seinen gedanklichen Dimensionen einfach nichts zu bedeuten. Bei seinem Terminkalender zu erwarten, daß er in der knappen Mittagspause noch Rosen einkauft – also das kann eine moderne Frau nicht im Ernst meinen.«

Ist der Mann aber mal krank, was ja immerhin in der Entwicklungsgeschichte der Menschheit nicht Männern allein vorbehalten ist, ruft ihm *Cosmopolitan* nach: »Seine Halsschmerzen sind immer eine Angina – Männer sind einfach Jammerlappen.«

Ach ja – die einzige, die mit uns »Jammerlappen« Mitleid hat, ist der natürliche Feind aller Ehefrauen, Geliebten und Teilzeitfreundinnen – die Mama des Mannes. »Hinter der männlichen Fassade verbirgt sich ein unselbständiger kleiner Junge, der seine Mutter braucht«, erzählt uns *Elle*, die zum Todesstoß ausholt: »Gäbe es nur Männer auf der Welt, sie würden sich entweder ausrotten oder, was wahrscheinlicher ist, sie würden den ganzen Tag lang spielen, träumen, singen, trinken, bis sie plötzlich feststellen, daß sie allein sind, und erschreckt nach der Mama schreien.«

Wie anders steht da doch die Frau im Leben. Da wird nicht gespielt, geträumt, gesungen, getrunken – nein, die Frau hat die Hosen an: »Wir werden erwachsen. Nicht so der Lebensgefährte.« Wie das? *Cosmopolitan* hat des Rätsels Lösung: »Auch der Vizepräsident des Großkonzerns spielt immer gerne ›Backe, backe Kuchen‹.«

Apropos Backen: Die Meinung von WOLFRAM SIEBECK, dem feinsten und teuersten Topfgucker der deutschen Nation, wäre zu folgendem Satz nicht uninteressant. Schreibt doch *Elle*: »Männer, die sich weltweit als Gourmets gebärden, sehnen sich in tiefster Seele nach Mutters Töpfen, ganz egal, wie gut deren Inhalt war.« Und immer ist Mamas Liebling der impotente

Sexbanause: »Gute Verführer sind so selten wie Mönche in Nonnenklöstern oder Stiere im Schweinestall. Die großen Verführer sind tot. Aufschneider, Langeweiler und Jammerlappen (die kennen wir doch schon!) dilettieren auf dem Schlachtfeld der Gefühle.«

Natürlich wird der »Mann ausschließlich vom Trieb geleitet. Daran hat sich seit der Steinzeit nichts geändert«, berichtet *Petra* und entdeckt unwidersprochen: »Der Mann ist nur die Ramsch-Ware der Natur«. Bei *Cosmopolitan* degeneriert der Haudegen zum Schlappschwanz, der es nicht ertragen kann, wenn eine Frau sich selbst befriedigt. »Dann sind sie sofort verstört, vermuten Abgründe. Plötzlich ist sie eine Hure, eine Lesbierin, eine Sado-Maso-Fetischistin.«

Trantüten, Ökozwerge, Magengeschwüre

Des Weibes Emanzipation vom Portemonnaie und der Liegestatt des Mannes ist abgeschlossen. Frauen sind nicht Männer-, sondern Frauensache. Der Moral und der Küche längst entlaufen, haben die Evas den Spieß umgedreht: Was dem Lustmolch einst recht, ist dem Lustobjekt lange billig. Adams angeblich größtes Verbrechen heißt: Er soll Menschenrecht mit Männerwelt verwechselt und gleichgesetzt haben. Wegen dieses Verbrechens aus der Vorsteinzeit läßt Eva heute die Strafe auf dem Fuß folgen. Und so wurde aus dem homo sapiens der »homo idioticus«, der Mann, der von einer Identifikationskrise in die andere getrieben, geschleift und geschrieben wird.

Schlimmer: Sprachlos geworden wird der Mann zwischen Softies und Brutalos, Spontis und Idealos, Spirituellen und neuen Bescheidenen verramscht. Garniert mit allen nur denkbaren Vorurteilen aus der untersten verbalen Kiste wird er zum Un-Menschen degradiert, der es angeblich nie gelernt hat, sich endlich vom weltweiten Patriarchat zu distanzieren.

Der neue Mann hat auf seinem Selbstfindungstrip in wenigen Jahren wahrlich viel erlebt: Nach dem »freien Sex« der Marke »Stets & Ständig« erging das Penetrationsverbot, dem der autonome Orgasmus folgte: sodann war Unisex der Marke »Androgyn« angesagt; dann folgte die Liebeserklärung an die Töchter und der Spaß am Sorgerecht; dem Verbot der Eigenliebe in Peepshows wurde mit einem Ausflug in die klinisch reine Sado-Maso-Welt begegnet, bevor der Mann in die feminine Reifeprüfung geschickt wurde, um sich runderneuern zu lassen: innen ADORNO, außen Adonis. Bis zur Bewußtlosigkeit mußte er lernen, daß »der Mann nicht durch die Frau verliert, sondern nur durch den Mann«, wie COLETTE DOWLING im *»Cinderella-Komplex«* schrieb und was von WILFRIED WIECK in seinem *»Männer lassen lieben«* noch männerverblödender verfeinert wurde. Egal, ob der Mann sich in Psychokursen und Therapien Magengeschwüre holte – als

»Hamster im Tretrad«, der sich Tag für Tag und Jahr für Jahr abschuftet, um der Familie ein Auskommen zu ermöglichen, stellt er keinen Wert mehr dar. Und zum Traummann fehlt ihm ohnehin alles. Dessen Pflichtenheft sieht nach Experte ROLAND MISCHKE so aus: »Quadratisch, praktisch und gut soll er sein, kein Ökozwerg, Makrobiote und archaischer Nichtdenker mit Ebbe im Portemonnaie, sondern sensibel und mit Lust auf Haut, Herz und Hirn, bereit zu allen Schandtaten und zum Lachen und Streiten.«

Der Penis – eine Fehlentwicklung der Natur

Dem großen Bluff sind die Männer also voll erlegen. Da hilft kein Lamentieren, kein Klagen, kein Chauvi-, kein Softiegetue. Denn all das bringt den Mann nicht weiter, eher näher ins Grab.

Was unterscheidet nun die Geschlechter? Die Proportionen jedenfalls sind es nicht, wie jeder Mediziner gerne nachweist: »Die Frau ist zwar im allgemeinen kleiner, dennoch ist der Rumpf durchschnittlich länger als beim Mann.« Daß der Mann mit im Durchschnitt knapp 1400 Gramm Hirngewicht ausgestattet ist, die Frau nur mit 1300 Gramm, ist marginal: Der Elefant besitzt noch sehr viel mehr Gehirnmasse (5000 Gramm) und wird auch älter als der Normalmann (er im Schnitt 67, der Elefant im Schnitt 75 Jahre).

Überhaupt sieht es mit der männlichen Vitalität schlecht aus. So rafft es den Deutschen, den Briten und Italiener im Schnitt sechs Jahre früher, den Österreicher gar sieben, den Polen, Franzosen und US-Amerikaner acht und den Russen zehn Jahre früher als die Frau dahin. Die Schweizer tummeln sich im Mittelfeld: Sie sterben rund sieben Jahre früher als ihre Eidgenossinnen.

Daß Männer gar ein »Fehlgriff der Natur sind«, wie dies unlängst der deutsche Professor RAINER KNUSSMANN formulierte, ist – gottlob – bestritten. Sicher, »Männer neigen überproportional mehr zur Glatzenbildung als die Frau; auch können sie sich noch damit abfinden, daß ihre Brustwarzen nicht der verkümmerte Rest eines wesenhaft weiblichen Organs« sind. Doch daß »der Penis eine Fehlentwicklung der Natur ist, sozusagen der häßliche Bruder der schönen Klitoris« – das mag nicht mal eine Frau gern hören.

Den Tatsachen stellt sich aber der Mann besser als seine Vorgänger. So weiß er, daß er gegenüber der Frau zwar mehr Knochen (19 zu 15 Prozent), mehr Muskeln (41 zu 36 Prozent), mehr Blut (8 zu 7 Prozent) und auch mehr Kraft und Ausdauer hat – aber mit der Geschicklichkeit hapert's, mit der Vitalität auch und beim Fett überholt uns jede Frau mit satten zehn Prozent (Frau: 30 Prozent, Mann: 20 Prozent). Und auf den Überfluß an Samen dürfen wir uns auch nichts mehr einbilden. Im Gegenteil: »Diese Übermäßigkeit bedeutet, daß der einzelne Mann nicht viel wert ist, denn es gibt davon zuviel. Für die Fortpflanzung genügten eigentlich einige wenige Männer.«

Letztlich überflüssig, wie frau gern betont, verliebt sich die Frau später als der Mann, dessen »leidenschaftliches Stadium« trotz aller Ratschläge in Frauenzeitschriften nur zwischen sechs und 30 Monaten andauert. Allerdings: Wenn es ums Scheiden geht, sind Frauen heute schneller beim Anwalt und auch wählerischer bei der Zweitehe als Männer. Auf zwei geschiedene Männer kommen heute bei uns bereits drei geschiedene Frauen – grob gerechnet.

Zwar werden rund drei Viertel aller Führungspositionen immer noch von Männern eingenommen, doch bei näherer Betrachtung könnten sich diese Zahlen bald ändern. So kommen heute schon auf 1000 Schweizer bereits 1030 Schweizerinnen, auf 1,9 Millionen männliche Erwerbstätige bereits 1,05 Millionen weibliche, und bei den »offenen Stellen« werden immer mehr Frauen verlangt und weniger Männer.

Die Feinbitter-Mischung aus der Psycho-Retorte

Die Verwirrung ist total. Die Verwirrung hat ihm die Sprache geraubt. Sein Bild hat der Mann verloren. Der Mann und seine Sprache, sein Körper samt Penis und Hoden sind keine »kleinen Unterschiede« mehr, sondern als lebensunwertes Quintett zum Souvenir degradiert. Dabei gibt es den »Patriarch mit Wohnort Kneipe«, den »Schrottplatz Mann« und den »ignoranten Egomanen« nur mehr in der Phantasie unbelehrbarer Feministinnen. Vom Gebärmutterneid wird auch kein Mann mehr gepeinigt. CASANOVA, Don Juan, Herkules oder Siegfried sind auch keine Vorbilder: Casanova und Don Juan waren »übelste Psychopathen«, wie uns lustfeindliche Psychologinnen erklärten, Siegfried lehnte in neuer Enthaltsamkeit die von ihm besiegte Brunhild dankend ab, und Herkules tötete verächtlich die von ihm besiegte Amazone.

Fragen wir uns also: Kann sich der von Frauen psychosomatisch Totgesagte ein neues Selbstverständnis erarbeiten? Kann sich der Mann, hin- und hergerissen zwischen *Emma* und EASTWOOD, zwischen *Cinderella-Komplex* und *Carmen*, zwischen *Terminator* und *Thelma & Louise*, zwischen Hausmann und Hausherr, zwischen Wirklichkeit und Wunschdenken, aus der stillen Ecke wieder zu Wort melden? Kann er die ihm eingeschwätzte Sprachlosigkeit, die Männermigräne, die Männer-Selbstfindungsgruppe, den Männer-Feminismus verlassen und sich im Spätkino ungestraft »Ladykillers« ansehen?

Es geht nicht um einen »verlorengegangenen Mama-Sohn«, einen sattelfesten »Marlboro-Cowboy«, einen haarlos gewordenen »Camel«-Abenteurer, einen nervenden Woody-Allen-Imitator, einen Schwarzenegger-Verschnitt mit Goldkettchen oder den Androgynen aus der Feinbitter-Mischung »hart-zart«. Es geht um die Entmythologisierung der Sprachlosigkeit, um den stummgeschriebenen, gestylten und geworbenen Mann, der lust- und liebevoll seine Sprache zurückgewinnt.

Den Cocktail aus antrainierten Feministinnen- und Soziologenkauderwelsch können wir getrost ad acta legen. Die Wortbläher, die in Sigmund Freud einen Lüstling entdeckten, ihn dann mit C. G. Jung ächteten und schließlich ihre Seelchen in den Wind der Gruppenanalysen à la Josef Rattner betteten, können wir getrost vergessen. Vergessen können wir auch die Allzeit- und Allzweck-Propheten, die uns professoral erst den Ehrgeiz, die Wut, den Zorn, die Freude und die Liebe vermiesten, um uns Männer heute als ängstliche Herdentiere gänzlich ins Abseits zu katapultieren. Und uns dem Bild des Mannes zuwenden, das zum Abziehbild verkam. Dazu gehört auch, daß wir uns neben den wortgewaltigen Emanzen im Afro-, Anden- und Hafenstraßenlook der schmalhüftigen Librettosänger vom androgynen Ufer annehmen, die den Mann auf »null Bock« minimalisierten. Aus dieser Ecke wehte ein warmes Lüftchen die »Idole der Männlichkeit« ins Fadenkreuz der Kritik und machte den Mann ton- und sprachlos.

Es geht in der Männerliteratur längst nicht mehr um Körperliches, da geht es um Gräßliches: Stets sind dort die Männer müde, niedergeschlagen oder depressiv; ständig taumeln sie von einer Abhängigkeit in die andere; immer versagen sie, werden seitenweise von starken Frauen verlassen und diskutieren tief gekränkt in »Selbstfindungsgruppen«, in »Männerhäusern« oder auf »Männertagungen« über Selbstmordvarianten, Depressions- und Therapieformen, wobei weibliche Aggressionen als »aktiv« gelobt, männliche als »chauvinistisch« verteufelt werden.

Sprachlos der Mann, der all das glaubt und ganz schön auf den Hund gekommen ist.

Schon Adam machte alles falsch

Und wenn sich der Mann 1992 verändert hat? Adam also in Wirklichkeit ganz anders als in der verzerrten Medienwelt ist? Wie kommt er dann weg? Nicht besser als vor hundert Jahren, als Mark Twain bereits seinem Adam nachwies, daß er alles falsch mache – wie Eva nicht müde wurde zu betonen.

»Etwas verändert haben sich die Männer schon, was ihr Rollenverhalten betrifft. Aber ein bißchen Veränderung genügt nicht – ich wünsche mir Männer, die in der Lage sind, sich von ihrem alten Rollenverhalten genauso zu emanzipieren, wie das die Frauen schon lange tun«, verriet Renate

Schmidt, die Vizepräsidenten des Deutschen Bundestages, der Frauenillustrierten *Freundin.*

»Je mehr ich die Männer beobachte, desto mehr entdecke ich, wie schwach diese vermeintlich starken Kerle doch sind. Männer nehmen Reißaus von den fordernden Frauen«, weiß die Filmregisseurin Petra Hafter. »Frauen machen, was ihnen paßt. Mit den Männern, ohne sie oder über ihre Köpfe hinweg.«

»Männer plustern sich auf, nehmen sich unglaublich wichtig«, findet Desiree Bethge im »Polit-Magazin« des *Stern-TV.*

»Den richtigen emanzipierten Mann finde ich nicht. Die Wut packt mich aber, wenn ich Kontaktanzeigen lese. Da glauben Sechzigjährige, ihnen stehe eine viel Jüngere zu«, tobt die Professorin für Psychologie, Eva Jaeggi.

»Männern fehlt der Mut zu einem anderen Lebensstil«, läßt uns Ministerin Waltraud Schoppe wissen.

»Männer geilen sich doch nur an ihrer Karriere, an ihrem Erfolg, an ihrem Besitz auf und nicht an uns«, läßt Ana Weiss in ihrem Buch *»Solo-Frauen«* die dreiundvierzigjährige Hotelbesitzerin Hanna sagen.

»Männer sollen wie Frauen sein, unabhängig und zärtlich, selbstsicher und nachgiebig, männlich und weiblich«, fordert Sandra Lipsitz Bem, Psychologin an der Stanford University in Kalifornien.

Sandra Paretti, Schriftstellerin aus Herrliberg, wünscht sich »einen Mann im Mond – so fern und doch so erreichbar«.

»Ich will einen Märchenprinzen im Minirock«, verlangte noch kurz vor ihrem Krebstod Schauspielerin und Ulknudel Helga Feddersen.

Und der sprachlose Mann entdeckt befriedigt: Ein Rezept für »den« neuen Mann haben Frauen keineswegs. Schlimmer: Die Frau weiß heute nach dem Vollbad in der Medienpsychologie nicht mehr, was und wie sie den Mann will. Fürwahr: Adam taumelte in den letzten Jahren von einer Identifikationskrise in die andere Psychotherapie und zurück. Im Supermarkt der Gefühle haben Mann und Frau zwischen Liebe und Leidenschaft, Elternschaft und Partnerschaft, Beziehungskiste und Bumsverhältnis, Ehe und Treue, Sexualität und Erotik, Geilheit und Zartheit, Weichheit und Härte, Aids und »Safer Sex« längst die Übersicht verloren.

Schlimmer: In der »Männerfrage« suhlen sich die jungen und die alten, die Karrieremacher und die Latzhosenträger, die Linken und die Rechten, die Ossis und die Wessis, die mit Aktentasche und die mit Ring im Ohr, die aus Poona und die von der Wall Street, die aus dem Häkelkränzchen und die aus dem Haus für geschlagene Männer. Der Mann will den Dialog mit sich und der Frau zwar aufnehmen, sich auch neu entdecken und definieren – doch dazu müßte frau nicht wieder einer neuen Medienlüge auf dem Leim kriechen.

Halten wir es also mit dem Schriftsteller Otto F. Walter, der sprachgewaltig den sprachlosen Mann aus seinem stillen Eckchen zieht: *»Die Schubkraft der Rollendressur macht uns Männer tendenziell zu Schwerbeschädigten, zu Wahrnehmungsidioten, zu Liebesunfähigen: zu Helden.«*

»Frauen alles zu verzeihen, nur weil man mit ihnen ins Bett gehen möchte, ist Selbstmord. Ich kenne keine einzige, die nicht genau wüßte, daß sie mit den Männern alles machen kann, was sie will – nur weil die begonnen haben, sich auf das Spiel einzulassen –, und dieses Spiel der Spiele nennt man Liebe.
Die Karten sind ungerecht verteilt, und das weiß jeder, der sich an den Tisch setzt, denn auch das gehört zu dieser Partie.«
Gabriel Barylli in: *»Butterbrot«*

Der Mann – der neue Teufel

Frauen können heute Männer beleidigen und beschimpfen. Niemand hindert Frauen daran. Wenn ein Mann dies täte – dann wäre der Teufel los.

Jeder lesende und sehende Mann weiß es längst: Frauen können heute Männer beleidigen, beschimpfen und verbal beferkeln – und kein Mann wagt es, aufzumucken, verbal zu kontern, antifeministisch zu argumentieren.

Trotzdem: Machen wir die Nagelprobe. Fragen wir uns, was passieren würde, wenn ein Mann so menschenverachtenden verbalen Müll über Frauen kippte, wie er sich täglich, wöchentlich, Monat für Monat über uns Männer ergießt.

Treten wir also den Wahrheitsbeweis an. Uli Dönch hat mutig in der Zeitschrift *Esquire* Ende 1991 die verdienstvolle Aufgabe übernommen, insgesamt 180 Artikel über Männer, Sex, Sprache, Machtgehabe, Schwächen, angeblich nichtvorhandene Gefühle und natürlich den Penis in großen Frauenzeitschriften wie *Cosmopolitan, Freundin, Petra* und *Brigitte* unter die Lupe zu nehmen.

Ausgehend von diesen Sätzen und garniert mit vielen neuen Originalzitaten aus der Frauenpresse wie *Bild der Frau, Wienerin, Vogue, Annabelle, Das Neue, Die Aktuelle, Marie-Claire, Mädchen* und anderen frauenbewegten Magazinen, Blättern und Büchern hat der Autor alles zu einer brisanten

Textcollage zusammengefaßt. Und aus dieser Textcollage ist leicht zu ersehen, wie heute der Mann in den Medien typisiert, charakterisiert, niedergemacht wird.

Wobei Leserin und Leser eines wissen müssen: Die gemeinen, widerlichen, negativen, grausamen Bezeichnungen sind alles Originalzitate.

Der Mann: der Affenpascha

Der Affenpascha ist eine Zumutung für uns Frauen: Sexsüchtig sitzt der Neurosenkavalier verblödet-stumm vor der Glotze und guckt Fußball. Immer ist der rechte Mann am falschen Platz.

Männer sind wie Luftballons – aufgeblasen, unberechenbar, präpotent. Sie sind Schoko-Machos, die beim ersten heißen Lüftchen schmelzen und dann wie klebrige Masse an einem hängen bleiben.

Und dann sind diese Sexualkundler mit ihren Reform-Unterhosen auch noch so stolz auf ihr kleines Mikado-Stäbchen.

Überhaupt: Autos sind die besseren Männer.

Auf dem Mann liegt ein umgekehrter Midas-Fluch – alles, was er berührt, wird zu Scheißdreck.

Der Mann ist ein halbtoter, reaktionsloser Klotz, unfähig, Freude und Glück zu geben oder zu empfangen; so ist er bestenfalls ein altes Ekel, ein harmloser Tropf.

Der Mann ist irgendwo im Niemandsland zwischen Mensch und Affe stehengeblieben, wobei er schlechter dran ist als letzterer, denn im Gegensatz zu diesem verfügt er über ein großes Arsenal negativer Gefühle.

Dieser ungewaschene Kerl prahlt und lügt, wenn er über Sex redet. Er ist ein Schmierenkomödiant, hat die Hosen gestrichen voll und weiß nicht, daß »schamlos« das neue Lebensgefühl ist. Der Mann ist eine Drohne, die mit der letzten Samenlieferung stirbt.

Der Mann: der Impotente

Die impotenten Sexmaniacs dichten sich gern ein Dutzend Bettgefährtinnen an, um als echter Feger zu gelten – in Wirklichkeit haben sie außer der Fähigkeit, an sich selbst Hand anzulegen, nichts gelernt! Und dann wollen sie auch noch ständig wissen: War ich gut?

Männer sind schlimme Finger, Fummler, Grapscher, Betatscher. Ganz besonders wenn sie unter sich sind. Da legt der geile Bürohengst und Sex-Münchhausen erst so richtig los: Da redet der Kerl vom Superorgasmus, von prallem Sex und nicht mehr von Frauen, sondern nur noch von Hasen oder strammen Mäusen. Dabei verwechselt der Langweiler in der toten Hose, der abgeschlaffte Bürohengst und hilflose Sextechnokrat das Zitieren der Tantra-Bibel mit der hohen Kunst der Erotik.

Und wenn er nicht kann, hat er erkannt, daß ihm seine Verweigerung ein starkes Druckmittel in die Hand gibt. Indem er schweigt und unzugänglich bleibt, bekommt er Macht über die Frau. Wenn er nicht will, kann er nicht, sagt er, weil er keine Zeit hat.

Der Mann: der Sexteufel

Wie seine Traumfrau aussieht, weiß der Sexteufel ganz genau. Der Sexjunge weiß aber nicht, wie sich das Zusammenleben gestalten soll. Dabei steckt in jeder grauen Maus eine Göttin. Jede Frau ist sinnlich, nur Männer sind unsinnlich. Selbstbewußt kann jede Frau heute sagen: »Ich wünsche mir, daß mein kleiner Unterschied noch größer wäre.«

Sein widerlicher Trieb! Der Trieb zwingt ihn dazu, ein Frauenfeind zu werden. Der Mann ist ein Triebtäter mit Testosteron: dem Aggressions-, Dominanz- und Sexualhormon des Mannes. Diese Hormonproduktion verkürzt sein Leben. Sex, seine stärkste Waffe, bringt ihn allmählich zur Strecke. Eunuchen leben im Schnitt vierzehn Jahre länger.

Der Mann: der Pornograph

Der Triebtäter Mann ist haarsträubend. Er ist ein Pornograph. Sein Tagesablauf ist davon bestimmt, sich Pornos zu beschaffen und anzusehen. Männer sind Pornobenutzer, nur für sie werden Pornos gemacht, damit sie gewalttätig gegen eine Frau werden, sie schlagen und sie vergewaltigen.

In der Sauna ist er der Exhibitionist: Unsensibel und rücksichtslos betritt er den Schwitzraum wie ein Pfau. Mit Bierbauch, Hängepo und schwabbeliger Brust. Dabei erinnert er an eine Tierart, die immer mit Bananen gefüttert wird. Jetzt schwingt er auch noch sein naßgeschwitztes Handtuch durch die Luft, jauchzt und stöhnt. Widerlich, dieser ständig sich selbst beweihräuchernde Mann!

Der Mann: der Feigling

Okay. Männer sind schlau, aber feig: Sie lassen die Sau nicht mehr frischwärts von der Leine, wenn eine Frau in der Nähe ist. Sie reden der Frau nach dem Mund und labern: Ihr Frauen wollt eben nicht nur Matratzen der Männer sein. Dabei lügen sie, wenn sie den Mund aufmachen, diese geborenen Schwindler. Während sie nur ihre Mama wollen, tickt in der Hosentasche die Stoppuhr: Wann habe ich die Alte endlich rumgekriegt?

Ihre Gehirnschaltzentrale für Lügen treibt sie ständig zum Schwindeln. Sie lügen, stehlen und betrügen, um einer Niederlage zu entkommen, um sich besser und größer zu machen, als sie sind.

Der Mann: der Prahlhans

Der Mann ist ein Prahlhans. Er leidet unter Bindungsangst, Liebesangst, Gefühlsflucht. Er hat keine Gefühle. Oder er zeigt sie nicht. Er ist ein Fehler der Natur, ein Unfähiger: Es entspricht nicht der Polung des männlichen Gehirns, sich fallenzulassen, sich anzuvertrauen.

Und dann die anderen, die weichen, soften, lieben, frauenbewegten Männer? Das sind doch Waschlappen, die sich an uns Frauen nur rächen wollen.

Dem Mann, der mich demütigt, dem laufe ich hinterher – das meint er auch nur.

Männer sind ganz einfach traurige Figuren. Nur eine geschlechtsneutrale Erziehung kann aus Söhnen keine Macker machen.

Der Sexprotz ist doch nur ein Strohmann, Biedermann, Blödmann, Buhmann, Hampelmann und Flachmann. Er hat ein labiles Seelenleben; er ist das wirklich schwache Geschlecht: Eine berufliche Krise oder eine private Trennung läßt ihn viel schneller straucheln als uns Frauen. Daß dreimal so viele Männer wie Frauen Selbstmord begehen, bedeutet doch für den Lebensgefährten, daß er nie erwachsen wird. Ihm fehlt überhaupt mit zunehmendem Alter flexibles Denken.

Ach, wie er doch wieder starrsinnig und phantasielos vor sich ins Leere starrt, um zweiundzwanzig homophilen Kerlen zuzuschauen, wie sie einen einzigen Ball jagen.

Dabei sehnt er sich doch nur, einer Frau hörig zu sein.

Der Mann: der Neandertaler

Aber er zwängt sich in ein Korsett aus Terminen, Druck und noch mehr Akten. Er schnürt sich selbst die Luft ab. Dabei ist er ein wehleidiger Hypochonder, der selbst bei einer leichten Erkältung Höllenqualen leidet: der Held des Hauses, dieser Feigling, der hofft, daß ihm irgendein weibliches Wesen eine stärkende Suppe einflößt.

Der Mann ist ohne uns Frauen doch hilflos. Er hofft immer, daß Frauen dem Steinzeitmann die Lanze abnehmen.

Der Ossi soll im Bett ja ein wahrer Wunderknabe sein. Er soll bindungswilliger, liebevoller, jungenhaft, verträumt, zärtlich sein, auch geht er seltener fremd.

Der neue Vater soll auch toll sein. Er durchlebt die Schwangerschaft so richtig mit, horcht am Bauch, geht zur Schwangerschaftsgymnastik und schwelgt vom Nachwuchs.

Der Mann: der Homosexuelle

Der gute Mann ist aber nur der schwule Freund, er allein ist selbstlos und kenntnisreich. Nur der schwule Freund hat Verständnis für die Probleme meines Alltags und meines Alterns, er kann mich getrost als seinesgleichen betrachten und bekommt doch mehr als nur ein Spiegelbild. Er liebt wie ich, die friedfertige Frau, die Zärtlichkeit; er ist der einzig zuverlässige Verbündete gegen die Normalen. Nur beim schwulen Freund entsprechen die Vorstellungen von einem lustvollen Liebesspiel denen von uns Frauen.

Überhaupt: der fortschrittliche Mann ist der schwule Transvestit.

Der Mann: die Bohrmaschine

Und immer hat er da seinen Penis, dieses dumme Ding, zwischen seinen Beinen, das zwar lachen und grinsen kann, aber immer stumm bleibt.

Der Mann vergöttert sein Glied. Immer will es stechen und landen, dieses Zentralorgan des Mannes, und erschrickt schon bei der ersten Vorfreude. Manche armen Kerle sprühen bereits, bevor sie die Frau überhaupt nur berühren. Dabei weiß man doch: den Penis kurz vor dem Erguß mit dem Fingernagel drücken. So kapiert er, daß er noch nicht dran ist.

Der beste Freund des Mannes? Daß ich nicht lache: Der Penis des Mannes reicht zwar zum nackten Überleben. Doch wer wird davon wirklich satt?

Der Mann: der Neurosenkavalier

Der Neurosenkavalier scheint immer weniger Lust zu haben. Er hat mit der Sexualität ein für allemal abgeschlossen. Sex und Frauen sind ihm einfach zu anstrengend. Er ist der geborene Versager.

Ein Frusthaufen. Frauen stehen doch nicht auf grauhaarige Kinder, die nichts als die Mutterbrust suchen. In Deutschlands Betten regiert der Frust. Die Frau fordert frei und offen ihre Lusterfüllung. Die Legende um seine Lenden hat ausgedient. Der Dauerkönner ist als Lügner enttarnt.

Penis in Panik vor Pussy. Die Ekstase der Frau macht ihm angst. Er mag nicht zerkratzt und gebissen werden. Er mag keine Frau, die im Bett schreit wie am Spieß. Doch den einsamen Superhöhepunkt kann ich mir nur selbst verschaffen – und nicht der Kerl, der nicht weiß, was er will.

Der Mann: der Mama-Macho

Und immer sucht er seine Mama, die einzige Frau, die er liebt, die er vergöttert, an deren Rockzipfel er hängt. Keine kann so kochen, keine kann so lieben, keine kann ihn so verstehen wie seine Mama.

Jeder Mann will seine Mutter imitieren, sie selbst sein, sich mit ihr vereinigen. Der Weg in die neue Gesellschaft führt über die Eliminierung der Mutter.

Jetzt steht er auf ältere Frauen. Die sind einsame Spitze im Bett. Dabei finde ich Lust pur, wenn ich die knusprigen Siebzehn-, Achtzehnjährigen entjungfere: Was für ein Genuß, wenn seine Bewegungen ungelenk, seine Küsse sehr feucht sind und der Kindmann eine grenzenlose Experimentierfreudigkeit zeigt – und ich grenzenlose Schamlosigkeit.

Doch jetzt gibt es ja schon wieder neue Frauen und Männer im Geschlechterkrieg. Dabei hat sie sich doch emanzipiert und er den Macho (beinahe) überwunden.

Der Mann: der Angsthase

Und jetzt hat er schon wieder Angst. Die Machofrauen kommen. Und er – er steckt den Kopf in den Sand, hat völlig veraltete Vorstellungen über Aufgabenverteilung der Geschlechter, treibt eine Exotenpolitik und will doch immer nur Pantoffeln, Bier, ficken.

Vor den neuen Frauen hat er Angst. Sie sind arrogant, brutal und üben Macht mit Genuß aus. Die Männer verharren geknickt in einer Mischung aus Scham und Faszination, da die Machofrau überheblich, egoistisch, kompromißlos ist – und alles von der männlichen Machoart gelernt hat.

Da lobe ich mir die Ego-Frauen: Sie sind aggressiv, lustvoll, egoistisch. Männer, die mir keinen Orgasmus verschaffen, schmeiße ich noch in derselben Nacht raus.

PS.: Der Mann, der geborene Versager, in der Frauenpresse.

Doch fragen wir Männer uns, was los wäre, wenn wir so über Frauen schreiben würden (einmal außer Betracht gelassen, daß Männer durchaus ihre »eigene« – andere – Darstellung der Frau haben)? *Esquire*-Autor Uli Dönch meinte: »Der Teufel wäre los.« Ich möchte präzisieren: Die Teufelinnen wären los!

2. Lektion
Der Mann, die Frauen und die Zeit

Sag mir, wo die Männer sind...

Besuche bei Toten und Lebendigen, bei LILLI PALMER, SANDRA PARETTI. *Streifzüge durch die Zeit, in der Männer sprachlos geworden sind und ihnen die Lust an der Frau mit rüden Methoden aberzogen wurde.*

Bücher entstehen aus Erinnerungen. Auch dieses Buch.

Ein trüber Nachmittag im Januar. Ich lande in Zürich-Kloten und fahre nach Herrliberg, suche und finde das Haus am Waldhang über dem Zürichsee. Hier wohnt SANDRA PARETTI. In Regensburg wurde sie als Sandra Schneeberger geboren. In München, Paris und Rom hat die Journalistin über »Kunstmärchen« promoviert. Senator FRANZ BURDA, der Verleger der Illustrierten *Bunte*, hat »das Mädele« 1967 überzeugt, ihren ersten Roman zu schreiben. Seither hat Frau Dr. Schneeberger als Sandra Paretti Bestseller wie *»Der Winter, der ein Sommer war«*, *»Der Wunschbaum«* – und den *»Paradiesmann«* veröffentlicht.

Der Chefredakteur der Zeitschrift, bei der ich 1984 arbeitete, fand den Titel *»Sag mir, wo die Männer sind«* für eine Serie gut. Und er gab mir den Rat auf den Weg: »Bitte such dir Frauen aus, denen man auch glaubt, daß sie noch Frauen sind.«

Und so klingelte ich bei der Autorin des *»Paradiesmann«* in Herrliberg.

Es war die Zeit, in der Männer begannen, ihre Sprache zu verlieren. »Der Mann hat den Kontakt zu seinen Gefühlen und zu seiner Körperlichkeit verloren«, las ich bei HERB GOLDBERG in seinem *»Verunsicherten Mann«*. »Der Mann ist sexuell ein Idiot«, fetzte einem frauenbewegt der homosexuelle VOLKER ELIS PILGRIM mit Büchern wie *»Manifest für den freien Mann«* um die Ohren. Ich erfuhr, daß der Mann stets ein »selbstbefriedigter Mann« ist und überhaupt vom »Untergang« bedroht sei. Um mich als Mann zu retten, müsse ich, so lehrte mich später Psycho-Knigge WILFRIED WIECK in seinem Bestseller *»Männer lassen lieben«*, erst die Mutter, dann den Vater, am besten aber beide Elternteile, in einem Aufwasch aus meiner Seele, meinem Kopf, meinen Gefühlen vertreiben. Von BARBARA EHRENREICH bekam ich die Lektion, daß »die Kardiologen die männliche Biographie umschreiben, Männer immer auf der Flucht vor Verantwortung als Brotverdiener sind und mit der Psyche ringend nach einer neuen Rolle suchen«. Die Feministin JANE LAZARRE brachte es mit ihrem *»Über die Liebe zu Männern«* auf den Punkt: »Ich bin Feministin, ich fürchte und hasse Männer.«

Daß die »Hausfrauenehe« zu Ende ist, brauchte mir nicht die ganz und gar nicht friedfertige MARGARETE MITSCHERLICH beim Tee zu erzählen, nur, weil sie gerade ein flammendes *»Plädoyer gegen die trügerische Existenzgrundlage«* verfaßte. Eine Hausfrauenehe hat der Mann, der nach dem Zweiten Weltkrieg geboren wurde, gar nicht mehr miterlebt.

Klar doch: *»Neue Männer für die neuen Frauen?«* sagte INGE SOLLWEDEL und ließ sieben ausgewählte Männer zu Wort kommen, die über Geld, Haushalt, Kinder, Liebe und die Karrieren ihrer Frauen sich ausließen – und ihre Sache gar nicht so schlecht machten. Interessiert verfolgte ich die Diskussion, ob es »als Frau wohl leichter ist, Mensch zu sein«, die von der Theologin DOROTHEE SÖLLE und der zwischenzeitlich von ihrem Ehemann VOLKER SCHLÖNDORFF geschiedenen Filmemacherin MARGARETHE VON TROTTA mit einem vollmundigen »Ja« beantwortet wurde. Gebannt verfolgte ich den *»Einbruch in den Herrenclub«*, den CORNELIA EDDING wagte und die von Erfahrungen berichtete, die Frauen auf Männerposten sammelten. Es waren – natürlich – ungute Erfahrungen.

Mit ganz anderen Augen wanderte ich durch die Straßen, nachdem ich das Buch *»Der Mann auf der Straße«* der Feministinnen CHERYL BENARD und EDIT SCHLAFFER gelesen hatte. Das Autorinnen-Paar bleute uns ein: »Die Verhältnisse zwischen Männern und Frauen sind kompliziert; sie ruhen auf einer Grundlage von netzwerkmäßigen Macht- und Abhängigkeitsverstrikkungen. Sie stellen ein Gebäude von Illusionen dar. Das Resultat sind Beziehungen, Entfremdungen, Erfüllungen, Enttäuschungen, Angst, Gewalttätigkeit. Überflüssige Befürchtungen, irreale Erwartungen, Fremdheit vergiften das Verhältnis zwischen Frauen und Männern. Diese Zustände der Entfremdung und Ungleichheit sind nicht Abweichungen, sondern vorprogrammiert.« Danach wären »männerfreie Straßen« die einzige Lösung für Benard und Schlaffer. Ein Lösung, die schon dem Münchner Kabarettisten KARL VALENTIN hätte einfallen können: Montags sind nur Frauen auf der Straße, dienstags nur Jungfrauen, mittwochs nur Männer, donnerstags nur Jungmänner und so weiter...

Aus Zeitungen entnahm ich, daß die »normale Frau 110 Stunden pro Woche arbeitet« und daß »Liebe Sklaverei ist«. Ein »Verein für das Absterben der männlichen Archetypen« wurde gegründet, deutsche Feministinnen begrüßten den Fundamentalismus im Islam, da dort die Frau verschleiert sei und sich ohne den täglichen Sexismus der Männer frei entfalten kann.

Psychologinnen schrieben die ehemalige DDR als gelobtes Land für »freie, selbstbewußte Frauen« herbei. Linguistinnen erklärten, daß es keinen Säugling mehr geben könne, da der Säugling das gewaltverherrlichende »der« vor sich stehen habe, während »das« Baby wenigstens geschlechtsneutral sei.

Aus dem *Stern* der Vor-HITLER-Tagebuch-Ära erfuhr der Mann, daß »nicht die Frau aus einer Rippe des Mannes gemacht worden ist, sondern der Mann ein Ableger der Frau ist – noch dazu, biologisch gesehen, ein überflüssiger. Die Frau leistete ihn sich als Luxus für die Fortpflanzung, doch der Ableger geriet außer Kontrolle: Er wurde zum Affenpascha.« Das schrieb der deutsche Professor RAINER KNUSSMANN in seiner Serie *»Der Mann. Ein Fehlgriff der Natur«*. Er erläuterte seitenweise, daß unsere Brustwarzen nichts als »verkümmerte Reste eines wesenhaft weiblichen Organs« sind, daß »der Penis eine Fehlentwicklung der Natur ist, sozusagen der häßliche Bruder der schönen Klitoris«, und der einzelne Mann »nicht viel wert ist«: Ein weibliches Ei ist 85 000mal größer als der Samenfaden, den der Mann in Übermasse herstellt.« Und so las ich wie viele Männer, daß wir für die Fortpflanzung gänzlich überflüssig sind, da wir so viele Samenfäden produzieren. »Die Frau ist für die Erhaltung der Art viel wichtiger«, erklärte Knussmann ungerührt.

»Die Waffe der Frau ist ihre Zunge«
(GERMAINE GREER, Frauenforscherin)

»Männer zum Nachtisch« wurden in SONYA FRIEDMANNS Buch folgerichtig der Frau gereicht. Während BRIGITTA KRESS uns über unsere *»Zeugungsangst«* aufklärte sowie darüber »Was der Mann von heute wirklich will«. Was wohl? Richtig: »Tiere als Hausgenossen und Miterzieher«, wie CHRISTA MEVES schrieb. Und als eine Freundin mir JÖRN PFENNIGS Gedichte *»Abschied von der Männlichkeit«* schenkte, dachte ich daran, »noch einmal von vorn anzufangen«, wie die Lebensberatungsfibel von WOLFGANG KÖRNER heißt.

Schlimm schien es um den Mann im allgemeinen und den Mann im besonderen bestellt zu sein. Bücher über den Mann schrieben das schnelle Ende Adams herbei.

Was tun? GERHARD VINNAI wußte es: Er schrieb *»Das Elend der Männlichkeit«* herbei und schwafelte ausgiebig über Heterosexualität, Homosexualität und ökonomische Strukturen. *»Ich geh fremd – gehst du mit?«*, fragte WENDY LEIGH. Zu *»Männer. Liebe«* lockten MATTHIAS FRINGS und ELMAR KRAUSHAAR in ihrem Schwulenbuch, während WERNER ZURFLUH in den *»Quellen der Nacht«* neue Dimensionen und Selbsterfahrung für den Mann sah.

Langsam dämmerte wohl allen Männern, daß das »Mann-Sein« in der Identitätskrise steckte und die Rolle des Mannes neu definiert werden mußte. Mit dem »Orgasmus des Mannes« stand es trotz *»Hingabe«* (so das Buch von TOR NOERRETRANDERS) wohl schlechter denn je. Wir lernten von KARIN RICK etwas über »das Sexuelle, die Frauen und die Kunst«, von KAREN SHANOR die »Verschwiegenen Träume und sexuellen Phantasien der Frau«, und gleich vier Autorinnen brachten uns den »G-Punkt« bei, auf dessen Suche noch heute die allermeisten Männer vergeblich sind. Folgerichtig jubelte HERB GOLDBERG im *»Blockierten Mann«*: »Gott sei gedankt für die Impotenz.«

Wer nicht alt werden will, wird folglich nie potent und bleibt ein ewiger Peter Pan. Und siehe da: Der amerikanische Familientherapeut DAN KILEY hörte den Aufschrei der Männer und schenkte uns *»Das Peter-Pan-Syndrom«*, seine Analyse der angeblichen Tatsache, daß Männer nie erwachsen werden können.

Blieb der Mann also ein ewiges Kind, so mußte auch für die Frau etwas Gleichwertiges gefunden werden. Die New Yorker Autorin COLETTE DOWLING fand es: *»Der Cinderella-Komplex«*. Wie Aschenputtel im Märchen wartet auch die heutige Frau auf den rettenden Prinzen, denn sie hat eine »heimliche Angst vor Unabhängigkeit«, meinte Miss Dowling unkonventionell.

Ganz konventionell stelle ich fest: Der Mann wurde langsam aber sicher in Grund und Boden geschrieben. Die Frau begann sich das große Sagen unter den Nagel zu reißen. Frauen durften ab sofort den Mann beleidigen, ihn öffentlich bloßstellen, ihn mit Schimpfwörtern belegen. Aber wehe, nähme ein Mann mal »Krampfhenne« in den Mund: Die Teufelin wäre los! Der Mann – er verschwand im Dickicht der Wortwälder, ward nicht mehr gesehen.

Eine ideale Zeit also für eine Serie unter dem Titel *»Sag mir, wo die Männer sind«*?

»Dreißig Jahre lang hat man den Mann als Fehlkonstruktion abgestempelt«

(SANDRA PARETTI, Schriftstellerin)

Sandra Paretti ließ Tee servieren. Ich brachte ihr das Thema auf den Tisch. Und sie sah mich entgeistert an: »Aber, es kommt doch eine Männerzeit! Es kommt die Zeit, die dem selbstbewußten Mann gehört ... Dem Mann, der die Arbeit liebt, den Erfolg liebt und die Frauen liebt. Nur ein bisserl Geduld.«

Zehn Tage später lag in meinem Postfach ein Manuskript: von Sandra Paretti. Und auf der ersten Seite standen die Sätze:

»Dreißig Jahre lang hat man den Mann als Fehlkonstruktion der Schöpfung abgestempelt.

Der Mann war der Neandertaler, der es nicht geschafft hat, ein zivilisierter Mensch zu werden. Er war der Höhlenbewohner, der nur Fell und Keule gegen Straßenanzug und Pistole getauscht hat, aber sonst war er ein atavistisches Monster geblieben. Der Golem des Kapitalismus, der King Kong der Technik, von Kopf bis Fuß ein Umweltverschmutzer. Die Frauen sagten dem Mann den Kampf an:

Die Radikalen wollten den Mann mit Sumpf und Stiel ausrotten. Sie organisierten einen Guerillakrieg gegen den Mann.

Die Gemäßigten gründeten Erfahrungsgruppen und unternahmen den Versuch, den Mann wenigstens partiell zum Partner heranzubilden.

Vergeblich. Ihr niederschmetterndes Fazit: Der Mann taugt nicht zum Vater, nicht zum Ehemann, nicht zum Liebhaber, nicht zum Boß.

Der Mann machte alles falsch. Selbstbewußte Männer reagierten mit göttlicher Gleichgültigkeit, das heißt, sie reagierten überhaupt nicht.

Weniger Selbstbewußte versuchten sich den Forderungen der Frauen anzupassen.

So oder so, der Mann war der Verlierer.«

Ist der Mann der Verlierer?

»Ja und nein. Nein und ja.« Das sagte mir acht Tage später in Hamburg die Journalistin und Katzenliebhaberin Fee Zschocke. Wir hatten in einem Restaurant an der berüchtigten Herbertstraße sehr gut gegessen und wanderten durch regentrübe Straßen an die Außenalster. Fee Zschocke erzählte von den Machtkämpfen der Männer im *Stern*, als sie noch zum erlauchten Kreis um Henri Nannen gehörte, sie erzählte von dem Mann, den sie soeben kennen- und lieben gelernt hatte. Sie erzählte von ihrer eigenen Vergangenheitsbewältigung, ihren Männergeschichten, ihrem Buch *»Er und Ich«* und den Verlust von Fairneß in vielen Beziehungen.

Und pünktlich hatte ich eine Woche später ihren Text. Kurz, federnd, schnell, amüsant, charmant. »Wir Frauen müssen uns was einfallen lassen…«, stand mit Handschrift darüber. Und schon nach den ersten Sätzen wissen wir, was angesagt ist: »Sag mir, wo die Männer sind… Ja, wo zum Teufel sind sie? Verprellt haben wir sie. Verschreckt und verstört haben wir sie mit immer neuen Forderungen. Und nun haben sie eine Identitätskrise, und die Frauen sitzen da und jammern, daß es keine Männer mehr gibt. Selber schuld, sage ich. Ein Mann ist doch kein Chamäleon, das sich blitzschnell immer wieder dem sich ständig wandelnden ›Manns-Bild‹ der Frauen anpassen kann!«

»Die Helden sind müde geworden«

(Lilli Palmer, Schauspielerin)

»Ja. Die Helden sind müde geworden.« Das raunte mir zwei Wochen später Lilli Palmer zu. Wieder saß ich in der Schweiz. Diesmal keinen See zu Füßen, sondern ein weites Tal. Und im höchsten Haus über dem Tal, einer weitverzweigten Villa, kam Lilli Palmer aus ihrem Malatelier. Zweimal verheiratet, ein Sohn. Ihr erster Ehemann war Rex Harrison, der unvergessene »Professor Higgins« aus dem Musical *»My Fair Lady«*. Ihr zweiter Ehemann saß in einem entfernten Zimmer und schrieb an einem Nachfolgebuch über Winston Churchill.

Lilli Palmer, die einsam an Krebs verstorbene und in Los Angeles von ihrem Ehemann begrabene Schauspielerin, Schriftstellerin, Malerin, wußte, von wem sie schrieb, wenn es um »Männer« geht. Und der »diszipliniertesten Preuße«, dem ich je begegnete, wollte ihre Gedanken zum verlorengegangenen Mann auch für mich niederschreiben. »Natürlich nur gegen Bargeld. Aber bitte keine Mark, sondern Schweizer Franken«, lächelte sie entwaffnend offen.

Zehn Tage später machten wir den Deal. Manuskript gegen Bargeld. Und im Flugzeug nach München las ich die Zeilen ihres Beitrags:»Der Mann von heute lebt in einer Epoche, die die jahrtausendalte Sehnsucht der Menschheit, den Traum von der Freiheit, am weitestgehenden erfüllt. Jedenfalls in den Ländern der Demokratie. Wenn er ein bißchen nachdenkt, so muß er sich die bange Frage stellen, ob der Mensch diese kostbarste Errungenschaft wert ist...«

Und in Lilli Palmers Handschrift stand der letzte Satz: »Der Mann von gestern hoffte noch. Der Mann von heute – hat er resigniert?«

Hat der Mann von heute resigniert? Hat er sich in die Stille zurückgezogen? In die Einsamkeit? Ist er müde geworden vom ewigen Kampf um Worte, Ideologien, Ideen, Strategien, Meinungsmuster, Denkanstöße? Haben ihn Feministinnen mit verbalen Blattschüssen emotional und sexuell erledigt? Ist er stumm geworden? Ist der Mann heute sprachlos?

Die Wünsche der Frauen: »Es muß doch mehr als alles geben«, sind ins Unermeßliche gestiegen, befand Fee Zschocke, eine Frau.

Und sie hatte recht: Männlich muß der Mann sein. Und verschmust. Und einfühlsam. Und erfolgreich. Und gutaussehend. Und ein toller Liebhaber, ein nimmermüder Hausmann, ein geistreicher Gesprächspartner, ein guter Kumpel. Er muß ein »neuer« Vater sein. Dazu die »neue« Bescheidenheit verinnerlichen. »Frauenstreik-Tage« muß er ebenso verstehen wie Quotenregelung, Ausgrenzung, Verweigerung und was der Frau sonst gerade als neue Disziplinierungsmaßnahme einfällt.

»Ich habe es aufgegeben, mir noch einen Mann vorzustellen«
(GISELA ELSNER, Schriftstellerin)

Männer sind heute Frauensache. Und wie wünschen sich Frauen den Mann?

»Männer sollen wie Frauen sein, unabhängig und zärtlich, selbstsicher und nachgiebig, männlich und weiblich«, forderte die Psychologin SANDRA LIPSITZ BEM von der Stanford-Universität.

»Schlaksig, aber nicht blutleer« soll der Mann für die österreichische ELFRIEDE JELINEK sein.

»Sinnlich« ist der Idealmann für die *»Flambierte Frau«*, die Schauspielerin GUDRUN LANDGREBE.

Mit »Humor und Selbstironie gesegnet« soll der Germane für *»Männer«*-Regisseurin DORIS DÖRRIE sich neu begreifen.

Was heute »ein Mann können muß«, hat PAULA ALMQVIST, eine Edelfeder der Illustrierten *Stern*, in ihrem Buch *»Mitgefangen – mitgehangen«* in folgende Gebote zusammengefaßt: Er soll

- nicht die große Liebe schwören, wenn er nur eine kleine im Sinn hat;
- nicht von Sport reden, wenn er nur TV-Fußball meint;
- nicht Mitglied bei Greenpeace sein und beim Anblick einer Hausmaus durchdrehen;
- nicht von seinen Zeiten als 68er reden wie sein Vater von Stalingrad;
- schwache Momente im Bett nicht mit seinem bösen Chef entschuldigen und schwache Leistungen im Büro nicht mit der bösen Freundin;
- nicht so tun, als ob er die Frauen verstünde;
- nicht über getunte Autos fachsimpeln, wenn er im Ernstfall nicht mal einen Reifen wechseln kann;
- nicht Experte für Mietrecht, Pädagogik oder Steuer sein und die alltäglichen Verhandlungen mit Vermietern, Lehrern, dem Finanzamt seiner Allerliebsten überlassen, die er zu diesem Behufe zwar mit ausgeklügelten Spickzetteln versieht, welche aber von Aug' zu Aug' nichts taugen;
- Familienfeste oder Partys bei *ihren* Freunden gutgelaunt ertragen können oder von vornherein wegbleiben, ohne die Last der Entschuldigung auf seine Partnerin abzuwälzen;
- ruhig seine Angst vor Aids unter einem Präservativ verstecken, aber dann sollte er's in der Hosentasche haben und nicht sie zum Automaten schicken;
- nicht auf Revoluzzer machen und vor seinem Chef und/oder gewissen In-People katzbuckeln;
- nicht Gesundheitsvorträge in seinem Freundeskreis halten, bloß weil der Arzt ihm vorläufig Alkohol verboten hat oder er seit gestern joggt;
- sich nicht so wichtig nehmen;

- ○ die Frauen lieben – doch den Spruch, daß Frauen die besseren Menschen sind, lieber unterdrücken, wenn es darum geht, die Betten frisch zu beziehen oder dem Kind die Windeln zu wechseln;
- ○ nicht mehr »Nähe« wünschen, wenn's ihm schlecht geht, und weniger »Nähe«, wenn ihm die übrige Welt grad zu Füßen liegt.

Kurz: Ein »Mister Perfect« hat er zu sein. Eine Vereinigung von vielen »neuen« Männertypen. Wie die Männer typisiert werden können, auch das haben wir Männer Frauen zu verdanken. Eine repräsentative Untersuchung über die Lebenssituation und das Frauenbild zwanzig- bis fünfzigjähriger Männer für die Zeitschrift *Brigitte* legte den Mann endgültig an die Leine. Danach lassen sich die extremen Männertypen wie folgt festlegen:

Der Egalitäre: Er ist bereit, Frauen beruflich zu fördern und seine eigenen Interessen hinter denen der Frau zurückzustellen. Er übernimmt Hausarbeit.

Der Liberale: Er tritt aktiv für die Frau ein. Eigene Besitzstandswahrung und Gleichberechtigung der Frau sind für ihn kein Widerspruch.

Der Schwankende: Er ist je nach politischer und ökonomischer Großwetterlage mal frauenfreundlich, mal frauenfeindlich.

Der Konservative: Er möchte das hierarchische Geschlechterverständnis so beibehalten, wie es früher selbstverständlich war.

Der Chauvinist: Er würde liebend gern alle Rechte, die die Frau errungen hat, wieder zurücknehmen (wenn er könnte).

Ob der Mann aber egalitär, liberal, schwankend, konservativ oder ein Chauvinist ist, ist letztlich den Feministinnen völlig egal: Solange er ein Mann ist, bleibt er der Feind Nummer eins, der Gesinnungstäter.

Da half es dem Mann wenig, daß er sich Latzhosen, Ökomüsli und einen Knopf im Ohr kaufte. Solange unter dem Kettchen des Zwitterwesens ein Phallus hängt, bleibt er Gesinnungstäter.

Da half es dem Mann wenig, sich dem galoppierenden Wunschbild von BETTY FRIEDAN zu unterjochen und Hand in Hand mit ihr und ihren Gesinnungsgenossinnen den Aufstand zu proben. Gerade auf den Barrikaden angelangt, wurde er von GERMAINE GREER zum Eunuchen degradiert. Auf den harten Boden der feministischen Wirklichkeit zurückgeholt, wurde ihm auch noch sein einziges Merkmal, der »kleine Unterschied«, von ALICE SCHWARZER aus der Hand gerissen. Und SHERE HITE bot gleich fünftausend Frauen auf, die alle ihrer Meinung waren: Der Mann ist beim Sex so überflüssig wie ein Kropf.

Im Stafettenlauf rund um den von Dogmen bereits niedergeschriebenen Mann gaben Frauen frauenbewegten Männern den Stab weiter. VOLKER ELIS PILGRIM verknüpfte seine Homosexualität flugs wieder mit der des Mannes und prügelte noch mit seinem »Untergang des Mannes« verbal auf den bereits Wehrlosen ein. Und als noch WILFRIED WIECK larmoyant die Seiten wechselte und den Mann zum »seelischen und globalen Weltzerstörer« stilisierte, »wenn er nicht sofort weibliche Werte zu verwirklicht« – ja, da blieb jedem Mann die Spucke weg. Und – er ward sprachlos.

In der Tat verschlägt es dem Mann die Sprache, wenn er in den Zeitschriften schnuppert, die seiner Frau, Freundin, Geliebten, Partnerin heute sagen, wo es im Kampf gegen den Mann langgeht – wenn der Mann also mehr als nur einen flüchtigen Blick in Frauenmagazine wirft.

Der böse Mann

Wie wird der Mann in Wort, Bild, Werbung, Fernsehen und Radio dargestellt? Titelbilder suggerieren: Vorsicht, Mann! In Untersuchungen, Studien und Umfragen werden Fragen so vorformuliert, daß das Ergebnis der »böse Mann« ist, der irgendwann unter diesem Zahlensalat sterben wird.

Ich weiß, wovon ich schreibe. Wer wie ich fast zwei Jahrzehnte in Redaktionen von Zeitschriften und Zeitungen verbracht hat, weiß, wie der Hase läuft. Doch mit Verblüffung stelle ich fest, daß ausgerechnet angeblich seriöse Blätter den Mann noch brillanter verarschen: Sie breiten ihr intellektuelles Mäntelchen über ihre verlogenen Ansichten (die Wahrheit können die Männer in diesen Redaktionen nicht schreiben – sie würden sofort von Frauen ausgegrenzt), und fertig ist ihr Einheitsbrei, der keinem Mann schmeckt – und keine Feministin wirklich interessiert.

Nun wäre dies nicht weiter schlimm, wenn nur Männer diese Blätter lesen würden. Und über den neuen Unsinn, der da schwarz auf weiß oder in schönen Bildchen vor einem ausgebreitet wird, lachen würden. Da perfiderweise die Macher dieser und anderer Druckwerke auf die niedrigsten Instinkte bei der weiblichen Leserschaft zielen, haben wir zu Hause nicht etwa die liebende, fröhliche, lachende, selbstbewußte, emanzipierte Frau, Freundin, Geliebte oder Kindfrau sitzen, sondern ein frustriertes, lustloses, feministisch-ungeschminktes medienbewußtes Wesen, das das Feindbild, das ihm seit dreißig Jahren eingehämmert wird, verinnerlicht hat: den bösen Mann.

»Jahrelang haben wir uns mit uns beschäftigt. Jetzt sind die Männer dran«

(Elke Lang, Filmregisseurin)

Auf den ersten Blick ist klar: Frauen haben in den letzten hundert Jahren zunehmend »Terrain gewonnen«. Im Kampf um Gleichheit und Freiheit haben sie Rechte und Selbständigkeit errungen. Heute wollen sie nur mehr Rechte und Pflichten: Der Mann soll für uns malochen, wie wir für ihn malocht haben, heißt die radikale Losung. »Früher mußte man ein richtiger Mann sein. Heute muß man ein guter Mann sein, und das ist unheimlich schwer«, formuliert der einunddreißigjährige Peter G. das Fazit seiner Frustration. Der sechsunddreißigjährige Heinz B. sucht Hilfe beim anderen Geschlecht und »möchte von Frauen lernen, wirklich viel lernen«. Der dreiunddreißigjährige Walter L. befindet sich als Mann derzeit »in so 'ner Art seelischem Interruptus«.

In diesen »seelischen Interruptus« paßte ideal die filmische Demontage alter Männerprivilegien, die Komödie *»Männer«* der deutschen Filmregisseurin DORIS DÖRRIE, die über eine Million Zuschauer entzückte. Inhalt: Ein alter Macho und ein junger Softie streiten sich um eine Frau, vollziehen den Rollentausch: Aus dem Macho wird ein geläuterter Softie, aus dem Softie ein karrierebewußter Macho.

Die Hollywood-Romanze *»Pretty Woman«* avancierte auch deshalb zum Filmhit, weil die bezauberende Nutte, gespielt von JULIA ROBERTS, ihren Freier, einen sprachlosen Manager (gespielt von RICHARD GERE), in seiner Krise das Sprechen, Formulieren von Reden wieder lehrte und erlaubte – und zwar das, was ein Mann wirklich sagen will.

An Vorformuliertem, das sprachlos macht, herrscht in den Medien kein Mangel. Denn deren Macker und Mackerinnen wissen: Nur die Masse zählt – und das sind Frauen. Auf die Klasse – und das sind Männer – kann sich heute kein Verlag mehr verlassen.

Infolgedessen fahnden die Medienmacher in ihren unergründlichen Archiven und werden immer fündig. Und stets ist der Mann der Schuldige. Erst war es Herpes, dann Aids, dann Sadomaso, dann kamen Therapiegruppen für die ganze Familie, dann Lack, Lederfrauen, Ledermänner, schließlich Gummi für die, die sich in Selbsthilfegruppen zu »neuen wilden Männern« im Wald beim Indianerspiel bekehren lassen.

Und alle sorgen sich ungebremst um das sprachlose Mannsbild:

- Der *Stern* entdeckte zunächst: »Wie Mann's macht, ist's verkehrt«, Wochen später folgerichtig den »Unfruchtbaren Mann«.
- Die Zeitgeistpostille *Tempo* sorgt sich um »Das neue Männerbild«, titelt kurz später »Die ewige Sau«.
- Die *Wienerin* wies »den harten Weg zum weichen Mann, brachte kurz später dann den Mann auf den Punkt: »Der Liebesschinder«.
- *Basta* deckte Probleme mit der »toten Hose« auf, *Cosmopolitan* brachte ein Sonderheft zum »Männerwunder« heraus, und *Tele* titelte »Männer über Bord«.
- *Psychologie heute* klärt mit einem Sonderheft über »Harte und Zarte« auf und beschwört die Frauen: »War das wirklich alles?«
- *Profil* preist das »Lustobjekt Mann« an. *Elle* geht auf 69 Sonderseiten dem

»Geheimnis Mann« nach, stellt »Muster-Männer«, eine männliche Jungfrau und den »Eiertanz – das Geheimnis unter der Gürtellinie« vor, um kurz später festzustellen: »Mama macht den Mann«. Der *Spiegel* nimmt »Abschied vom Softie«, findet die »neue Männlichkeit« und läßt ihn schließlich seitenlang »Affären im Büro« treiben.

- Die *Münchner Abendzeitung* rät zum Einschlafen zu »Liebesaffären mit Pappkameraden«. Und die *Zürcher Sonntagszeitung* titelt wegweisend: »Die Männer und der Sex: Nichts geht mehr«.
- *Esquire* gibt dem Mann in einem Heft (März 1992) gleich zweifach Hilfestellung: Erst packen fünf Frauen schonungslos über »Liebe, Sex und Männer« aus, dann wird der Beziehungskrüppel in »Schulen der Lust« geschickt: »Wo Männer lieben lernen«.
- *Brigitte* beginnt den »Kleinkrieg beim Frühstücksei«, weiß: »...und schon ist der Zauber dahin«, bevor sie mit dem Dossier »Jetzt reicht's« Frauen auffordert, ohne Männer so zu leben, wie frau es will.

Männer lassen sich immer noch gut verkaufen. Fast täglich flattert unter dem Rubrum »Mann« Neues an: *»Was ist nur mit den Männern los?«*, *»Der Ungeliebte«*, *»Die heilige Ordnung der Männer«*, *»Der emanzipierte Liebhaber – Das Handbuch für Tag und Nacht«*, *»Manifest des freien Mannes«*, *»Männerängste/Männerwünsche«*, *»Das Schwinden der Sinne«*. *»Wenn Männer sich verweigern«*, *»Eisenhans«*, *»Feuer im Bauch«*, *»Tarzan, goodbye«*, *»Die Herzen der Männer«*, *»Mann-Sein«* oder *»Viel erlebt und nichts begriffen«* heißen die derzeit gängigen Titel. Ob sich der Mann verändert hat oder nicht, egal, was er macht – der Mann bleibt das, was die Medien aus den Schriften von KATE MILLET, GERMAINE GREER, BETTY FRIEDAN, SUSAN BROWNMILLER, HELGE PROSS, ALICE SCHWARZER zusammengetragen haben und was den Mann sprachlos macht. Es ist das männer- und menschenfeindliche Bild des Mannes, das Frauen tagtäglich vermittelt wird. Persönlichkeit: stumpf; Sexualverhalten: grob; Sensibilität: null; Änderungsaussichten: gering.

»Ach wissen Sie«, seufzte SANDRA PARETTI, die immer noch am Zürichsee wohnt und mit der ich immer noch befreundet bin. »Schon Adam machte alles falsch. Schon Adam war sprachlos.«

Der sprachlose Adam?

Es ist an der Zeit, daß Mann was sagt!

Oder wie es mein langjähriger Freund UDO JÜRGENS ausdrückt: »Dreißig Jahre hat sich die Frau emanzipiert. Jetzt muß sich der Mann emanzipieren.«

3. Lektion
Was Männer sprachlos macht

> »Vielleicht sollten wir das Wort ›Mann‹ für solche männlichen Wesen reservieren, die nicht mehr wie Stammeskrieger handeln und nicht mehr in Frauen Feinde sehen, die es zu erobern gilt.«
> Sam Keen in: *»Feuer im Bauch«*

Zehn Klischees, die jeden Mann sprachlos machen

Der Mann ist kein Mann mehr, sondern das, was Frauen heute als »feministisch geprüften Mann« gelten lassen. Bei diesen Hürdenläufen hat er keine Chance – der Mann wird von Hirngeburten zur Sprachlosigkeit verurteilt.

Der Mann erscheint in der Frauenpresse – und nicht nur dort – stets als Negativum. Und diese negative Rolle kristallisiert sich besonders in den folgenden zehn, sich ständig wiederholenden klischeehaften Vorurteilen heraus, die von Frauen erfunden, im November 1991 in Worte gefaßt und in Milionenauflagen verkauft wurden.

Erstes Klischee: Männer sind Egoisten
Der Mann »ist immer sehr beschäftigt, wenn wir eine Kiste Mineralwasser bräuchten oder die Waschmaschine kaputt ist. Kurz: Diese Männer verhalten sich, als würden sie alleine leben.« *(Brigitte)*

»Diese Männer sind Super-Egoisten und wollen um keinen Preis erwachsen werden, Verantwortung übernehmen. Davor scheuen sie zurück wie der Teufel vorm Weihwasser.« *(Brigitte)*

»Was für Männer noch nie ein Problem war, fällt Frauen leider immer noch schwer: an sich selbst zu denken.« *(Brigitte)*

»Er nimmt eigentlich außer sich selbst und der Sportschau überhaupt nichts richtig ernst.« *(Petra)*

»Die Mehrzahl der Männer will vor allem eines: ihr Vergnügen.« *(Petra)*

»Wenn Frauen nach einer Familienpause wieder Anschluß an den Beruf suchen, entpuppen sich auch die gutwilligsten Männer oft als Bremser.« *(Brigitte)*

Zweites Klischee: Männer sind eingebildet

»Männer brauchen nun einmal das Gefühl, für ihre Partnerin gleichsam die Inkarnation aller Wünsche zu sein.« *(Petra)*

Die Männer sind »Gockel, die aufleben, wenn Hühner um sie herumflattern«. *(Petra)*

»Sosehr glauben Männer daran, machiavellistische Manipulatoren zu sein und selbst vor Überredungskünsten und subtilen Einflüssen gefeit zu sein, daß man ihnen fast alles andrehen kann.« *(Elle)*

»Ein Mann fühlt sich sicher wenn sie: 1. zu ihm aufblickt, auch wenn er 20 Zentimeter kleiner sein sollte; 2. konsequent behauptet, von allem, was er kann und tut, eigentlich nichts zu verstehen; 3. seine Feindbilder unbesehen übernimmt und jeden Konkurrenten zum Trottel, Intriganten oder Karrieristen erklärt; 4. schönere Männer für dümmer, klügere Männer für häßlich, reichere Männer für unzuverlässiger und erfolgreichere Männer für uncharmanter hält; 5. für seine Fehler, Macken und Lücken geeignete Synonyme findet. Sein Bierbauch ist kräftig, seine Glatze viril, sein schlechtes Gedächtnis herzig, und seine Falten markant; 6. ein bißchen ungeschickt formuliert, ab und zu Fremdwörter falsch ausspricht, nach der richtigen Formulierung sucht oder kindlich-belanglos brabbelt.« *(Elle)*

Drittes Klischee: Männer sind plump

»Der Blick, der Vertrauen erwecken soll, erinnert an Professor Brinkmanns schwarzwaldklinischen Augenaufschlag. Die Stimme, die überzeugen soll, klingt wie die des Bundespräsidenten. Sein beruhigendes Tätscheln, seine Verführungsversuche wollen sich an HUMPHREY BOGART oder SEAN CONNERY messen. Die Manipulation der Männer wird mit einem Tusch angekündigt.« *(Elle)*

»Männer, die Frauen anmachen, halten sich für unwiderstehlich. Sie haben kein Gefühl für den Zeitpunkt, an dem sie lieber aufgeben sollten. ›Nein-Danke-Signale‹ verstehen sie nicht.« *(Elle)*

»Ein paar Jahre zu alt für seinen Sechstagebart, ein paar Kilo zu schwer für seinen lässigen Gang. Und – mein Gott – er hat kurze Hosen an.« *(Elle)*

Viertes Klischee: Männer sind unsicher

»Machos wollen verführen, enthüllen, siegen. Nach ihren eigenen Regeln. Frauen, die sie anmachen, machen sie scheu. Starke Männer haben Angst, wenn Frauen rangehen.« *(Elle)*

»In Wahrheit sind Männer ängstliche Wesen.« *(Elle)*

Fünftes Klischee: Männer sind vergeßlich
»Muttertag oder Weihnachten hat in seinen gedanklichen Dimensionen einfach nichts zu bedeuten. Bei seinem Terminkalender zu erwarten, daß er in der knappen Mittagspause noch Rosen einkauft – also das kann die moderne Frau wie seine doch nicht im Ernst meinen.« *(Elle)*

Sechstes Klischee: Männer sind wehleidig
»Er kann wirklich einiges wegstecken, er ist bei Gott kein Jammerlappen. Aber bei ihm sind die Halsschmerzen nun mal schlimmer als bei ihr, also eigentlich ist das schon meistens eine Angina.« *(Elle)*

»Andere hat es arg erwischt, und sie frönen in Männergruppen der neuen Wehleidigkeit.« *(Cosmopolitan)*

Siebtes Klischee: Männer ertragen keine Kritik
Männer wissen etwas nicht? »Das würden sie aber niemals zugeben, und kluge Frauen weisen besser nicht darauf hin – denn dann reagieren Männer blindwütig wie verletzte Panther.« *(Petra)*

»Wenn Sie über die offensichtliche Intrige seiner geliebten Mutter, die Macken seines bewunderten Vaters oder die Dummheiten seines besten Freundes lästert, wird er sauer. Stinksauer.« *(Petra)*

Achtes Klischee: Männer sind Muttersöhnchen
»Es gibt ja auch Bereiche, wo er ihr nicht dreinredet. Es sei denn, sie versucht, Gerichte wie seine Mama zu kochen.« *(Elle)*

»Aber zu Hause wird der starke Mann zum Sohn. Gern liegt Sven morgens im Bett, bis Mama mit dem Frühstück kommt. Liebevoll hat sie es auf einem Tablett angerichtet: ein krosses Brötchen mit Nutella, ein Ei, exakt vier Minuten und dreißig Sekunden gekocht, ein frischgepreßter Orangensaft, Kaffee mit frischer Sahne.« *(Elle)*

»Hinter der männlichen Fassade verbirgt sich ein unselbständiger kleiner Junge, der seine Mutter braucht.« *(Elle)*

Neuntes Klischee: Männer sind im Bett Versager
Er erträgt es nicht, »wenn sie sich heimlich selbst« befriedigt. Dann fragt er sich sofort verstört: »Reiche ich ihr nicht? Befriedige ich sie nicht?« *(Petra)*

Frauenphantasien ertragen Männer nicht. »Sie vermuten Abgründe in ihr. Plötzlich ist sie eine Hure, eine Lesbierin, eine Sadomasofetischistin.« *(Petra)*

Männer ertragen keine Seitensprünge ihrer Partnerin. »Die Verletzung und der Vertrauensbruch, das wissen Frauen, verzeihen Männer nie.« *(Petra)*

»Viele Männer vertragen nicht einmal zärtlich versteckte Kritik an ihren Sexqualitäten – sie kratzt zu sehr an seinem Ego.« *(Petra)*

Die Männer »schwindeln von Liebe, nur um schnell ans Ziel zu kommen. Die sinnlichen Geheimnisse einer Frau lassen sie eigentlich kalt.« *(Petra)*

Der Mann wird vom Trieb geleitet. »Daran hat sich seit der Steinzeit nicht viel geändert.« *(Petra)*

Der Mann will alle Frauen befruchten, drum hat er so viele Spermien: »Der Mann als Ramschware der Natur.« *(Petra)*

»Männer versuchen's überall. Im Fitneß-Studio, an der Hotelbar, auf dem Flughafen und an der Bushaltestelle. Sie flirten, baggern, buhlen und werben – fürs Bett, fürs Leben, fürs Ego.« *(Elle)*

Schmusebär und Kuscheltier? »Da war etwas gründlich mißverstanden worden. Aus weich wurde da nämlich schnell lasch, aus zart fad. Der Haudegen degenerierte zum Schlappschwanz.« *(Cosmopolitan)*

Zehntes Klischee: Männer hassen Hausarbeit

Sie hat gekocht, »er nörgelt auch noch rum«. *(Annabelle)*

»Er half ja gern mal aus, aber zu mehr ließ ihm sein Job wirklich keine Zeit, und für wen arbeitete er eigentlich so viel?« *(Brigitte)*

Mann und Hausarbeit? »Vielleicht ist das der Hauptgrund, warum Sie kaum damit rechnen können, daß er Sie bei Ihrer Arbeitssuche mit Begeisterung unterstützt.« *(Brigitte)*

Der Mann wird modern. »... auch der begeisterte Hausmann erntet weder im Supermarkt noch bei den Kindergärtnerin scheele Blicke.« *(Annabelle)*

> »Ich möchte nicht, daß meine Redakteure heiraten und dann eine Menge Unsinn im Kopf haben über ›Zusammengehörigkeit‹, Haus, Familie und all den Quatsch.«
> Hugh Hefner, Erfinder des *Playboy*

Abschied vom Weiblichkeitswahn

Der Mann kann sich aus dem Spinnennetz des Weiblichkeitswahns der Gesellschaft befreien, wenn er den Mut findet, sich von Frauenthemen zu verabschieden und künstlichen Welten nicht mehr auf den Leim kriechen.

Legen wir eine kurze Atempause ein auf dem Weg zum Abschied von der verweiblichten Welt und fragen wir uns: Sind das, womit uns die Medien heute berieseln, die Themen, die uns Männer sprachlos machen? Die Frauen wirklich interessieren? Die Frau und Mann auseinandertreiben? Und aus der Frau einerseits die königstreue Medienglucke machen, der das Liebesleid von CAROLINE oder sonst einem fließbandfernen Blaublütler näher ist als der eigene Mann? Und andererseits aus der Frau eine Emanze konstruieren, die sich nur durch die Überwindung des Mannes als Lebensbegleiter selbstverwirklichen kann? Ersticken nicht Mann und Frau gemeinsam in dem herbeigeschriebenen, herbeigeredeten und herbeigesendeten Wortgestrüpp?

Oder sind die frauenbewegten mittelschichtspezifischen Magazine wie *Cosmopolitan* wirklich anders als die Herz-und-Schmerz-Blätter der Regenbogenpresse? Ähneln sich die Themen nicht doch fatal? Ist nicht auch bei den Billigpreis-Postillen stets der Mann der Böse, der Prügler, der Trinker, der Schläger, der Betrüger, der Bursche, der keinen Spaß am Sex hat und der Frauen erst prügelt und dann büßen läßt? Ist der Mann nicht auch in der Regenbogenpresse letztlich der Primitivling aus dem Affenreich, der verblödet durch das Leben tapst, nie weiß, was er will, wer er ist und was er mag? Keine Frau je anerkennt? Keine Kollegin je schätzt? Keine Chefin je duldet? Jedem Gespräch aus dem Wege geht? Im Bett eine totale Null ist? Eine Ehetherapie ablehnt und grundsätzlich sauer ist, wenn seine Frau für andere statt ausschließlich für ihn arbeitet?

Sind die Bilder, die feministische Blätter vom Mann entwerfen, nicht doch deckungsgleich mit den Bildern, die sich altbackene Klatsch-und-Tratsch-Blätter vom Mann machen? Erfährt die Frau die Ereignisse der Welt, der Technik, der Wissenschaft, der Chemie, Physik, der Aids-Forschung, der Medizin nicht mittels Frauen? Ist nur die von Medien in den Mittelpunkt gerückte Frau in der Lage, der lesenden, sehenden, hörenden Frau das alles zu übersetzen? Erwecken nicht ausschließlich »Frauenschicksale« das Interesse der Frau? Schafft allein diese motorische Reduktion auf die »totale Frau« es noch, diese als Adressatin von interessanten Botschaften zu erreichen? Botschaften, die von Männern ausgesandt, ins »Weibliche« übersetzt, zur Frau und von dort zurück an den Mann gelangen?

Ist der Mann angesichts dieses Kreislaufs nicht längst in die Sprachlosigkeit gestolpert? Und verweigert er sich nicht der Frau, die ihm die Lust, Liebe und Worte längst aus der Hand gerissen hat?

Der Medienphilosoph Henri Lefebvre findet zwar »die Frauenpresse bewundernswert gemacht«, da sie aufgrund ihrer Quantität und Qualität ein Beweis für den offenkundigen »sozialen Aufstieg der Frauen« sei. Doch dann spricht er aus, was viele denken: »Alles spielt sich so ab, als wäre das Bildnis (oder der Mythos, die Ideologie, die Utopie, ganz wie man will) der totalen Frau an die Stelle des Bildes oder der Idee vom totalen Manne getreten, nachdem dieser versagt hat. Die weibliche Strategie hätte durchaus ein bewußtes oder unbewußtes Ziel: die Modellierung und Durchsetzung des Bildes der totalen Frau, der modernen und praktischen Version des verblichenen ›ganzen Mannes‹. Nach dem Versagen des letzteren würden die Männer selbst die Übertragung und Verlagerung akzeptieren: aus Ohnmacht.«

Das Bildnis der totalen Frau entspricht aber nicht jenem des totalen Mannes. So wie Lefebvre es sieht, ist es »eindeutig reformistisch und apolitisch, wirr und synkretistisch«.

Doch eben das ist die große Kraft des femininen Totalitarismus: die Neuheit, der Überraschungseffekt, dazu die Konfusion und der Synkretismus. Die totale Frau wird dies alles, weil sie dies alles tut: »Sie produziert und lenkt den Konsum; sie bringt die Kinder zur Welt, zieht sie auf und erzieht sie; sie regiert die Familie; sie gestattet dem Manne, sich sterilen Spielen hinzugeben: der Politik, dem Krieg, dem Sentiment, dem Intellekt. Die Künstler indessen schaffen für sie, für die Frau und um ihretwillen.«

Machen wir die Probe aufs Exempel – und fragen wir uns: Ist die Medienwelt, die wir heute erleben und erleiden, nicht eine »weibliche Welt« geworden? Ist sie nicht durch und durch unpolitisch und wird von emotionalen Vorurteilen bestimmt und nicht von wissenschaftlich nachprüfbaren Urteilen? Hat das, was bis heute in unseren Köpfen als Leitgedanken einer Welt schwirrt, überhaupt noch den Hauch einer Chance in der real existierenden, alles beherrschenden und alles konsumierenden Frauenwelt?

Werden nicht alle Themen, die der breiten Masse des Volkes »schmackhaft« gemacht werden sollen, auf dessen Mehrheit, die Frau, zurechtgetrimmt? Sind sogenannte »Männerthemen« nicht längst Schnee von gestern – und heute Frauenthemen? Und ist der gewaltige Einbruch, den viele Zeitschriften in den letzten Jahren erleben mußten, nicht darauf zurückzuführen? Daß Männer sich immer mehr separiert haben, sich in Nischen zurückgezogen haben, sich stillen Hobbys oder sonstigen interessanten Beschäftigungen zuwandten als dem Nachspüren von Fürstenhochzeiten und debilen Schickimickispielen?

Da sie ihre männerspezifischen Themen in Presse, Radio und Fernsehen nicht mehr fanden, greifen Männer zu den sogenannten Special-interest-Zeitschriften: Magazine, die ausschließlich auf ihre begrenzten Interessen und Bedürfnisse zugeschnitten sind und nicht wie Soße über jeden Brei gegossen werden können. Die großen, einst dominierenden Presseerzeugnisse wie *Stern*, *Bunte* oder *Quick* sind heute verkappte »Frauenzeitschriften« geworden. Sie stülpen sich nur mehr das Deckmäntelchen des »politischen Magazins« über, um die Kapitulation wenigstens nicht gleich auf dem Titelblatt eingestehen zu müssen.

Die »weibliche Welt«, die uns die Frauenpresse vorsetzt, gibt sich total, um der totalen Frau zu entsprechen und ihr Bildnis durchzusetzen. Sie erreicht die Totalität in der Konfusion. Alles findet sich darin wieder: Klatsch, Tratsch, Königshäuser, Stars, Sternchen, Kochrezepte, Psychokuren, Seelentrips – immer erzählt aus der Frauenperspektive. Jedwedes vermag sich darin auch zu erkennen: Die Frau als Schicksalsträgerin wird verallgemeinert, wird total.

»Mit der Anwendung der Techniken hat die weibliche Welt sich sämtliche vergangenen gegenwärtigen oder möglichen ›Welten‹ einverleibt«, meint Lefebvre. Sie akzeptiert noch die ältesten Mythen und die scheinbar abgegriffensten Symbolismen. Im Modus einer triumphalen Selbstbehauptung treten die Bilder jener Zeiten erneut hervor, in denen »die Frau« zugleich Sklavin und Köchin war, Tier und Göttin, Magd und Herrin, Mutter und Gattin, doppelt gemartert und unters Joch gebeugt. Die weibliche Welt ist ein Gewebe aus unentschiedenen Entsprechungen und ungewissen Analogien. Sie lebt von einer Konfusion, die sie selbst weiternährt. Das Individuelle verallgemeinert sich mühelos.

Und der Mann? Er steht sprachlos in der Ecke, wenn er wieder einmal in einem Rundumschlag angeprangert wird und durch ein neues griffiges Etikett identifizierbar gemacht wird. Der Mann als Individuum hat in dem Verallgemeinerungsprozeß und auf dem Altar der totalen Feminisierung wenig bis nichts verloren. Allein sein Geschlecht ist Garant dafür, daß er nicht in der Einzahl, sondern immer nur in der faßbaren Gesamtheit auftreten kann.

Einzelfälle als Gesamtschicksal

Trotz neuer Frauenzeitschriften wie *Cosmopolitan, Elle* und *Marie-Claire* blieben die meisten Magazine das, was Frauen anscheinend über alles lieben: Medien, die den Einzelfall zur Gesamtheit stilisieren, das individuelle Schicksal zur allgemeinen Überlebensfrage und die einzelne Frau zum Sprachrohr für alle Frauen im Kampf gegen den Mann werden lassen.

Nun wäre dies nicht weiter schlimm, würden Frauen auf die Lebensweisheiten dieser Hefte so eingehen wie Männer auf die Illustrierten: nämlich kaum bis gering. Liebend gern würden Männer von Frauen anderes hören als undifferenzierten Quatsch. Doch anspruchsvolle Magazine für Frauen, die auch Männer interessieren, haben kaum eine Chance.

Trotz vehementer verbaler Attacken in dreißig Jahren Emanzipation, Feminismus und radikalem Lesben-Fundamentalismus gegen den Mann erkennt letzterer staunend, daß sich in ebendiesen drei Jahrzehnten kaum etwas im Themenspektrum für die Frauen verändert hat. Die Worte sind heute soziologisch durchtränkt und psychologisch aufgemotzt, doch alles wird immer noch reduziert auf den kleinsten gemeinsamen Nenner. Frauen interessieren sich nur für Frauen – basta.

So möchte ich die amerikanische Feministin Betty Friedan zitieren, die wiederum in ihrem Buch *»Der Weiblichkeitswahn«* auflistete, was die US-Frauenzeitschrift *Mac Call* im Juli 1960 – also vor mehr als 30 Jahren – ihren sechs Millionen Käuferinnen als Lesestoff bot:

1. einen ausführlichen Artikel über Kahlköpfigkeit, die Frauen befallen kann;
2. ein langes Gedicht über ein Kind mit dem Titel »Ein Junge ist ein Junge«;
3. eine Erzählung über ein junges Mädchen, das noch nicht zwanzig ist, nicht studiert und das daher einer erfolgreichen Studentin den Verlobten ausspannen kann;
4. den ersten Teil der Erinnerungen des Herzogs von Windsor: »Womit sich die Herzogin und ich die Zeit vertreiben und wie Kleidung meine Stimmung beeinflußt«;
5. eine zweite Story über die Abenteuer eines achtzehnjährigen Mädchens, das Unterricht nimmt, um zu lernen, wie man beim Gehen das Hinterteil bewegt, mit den Wimpern klimpert und beim Tennis verliert. »Kein junger Mann wird dich haben wollen«, bringt ihr die Mutter bei, »wenn du seine Rückhand parierst«;
6. sechs Seiten mit Fotos von sehr attraktiven und besonders schlanken Mannequins, die Schwangerschaftsmode vorführen;
7. etwas ganz Bezauberndes: Schnittmuster für Paravents;
8. eine lückenlose Anleitung dafür, wie man zu einem zweiten Ehemann kommt.

Und außerdem Artikel von Claire Luce, Eleanor Roosevelt; Grillrezepte, Schönheitstips.

»Diese Zeitschriften haben wir doch auch schon einmal irgendwo gelesen, oder?«, fragte die französische Bestsellerautorin und Feministin Benoîte Groult und analysiert treffend: »Unsere Frauenzeitschriften waren schon immer Katechismen, Sammlungen von Geboten, Ratschlägen und Tips, die nur ein Ziel haben: ein Spinnennetz zu weben, in dem wir einen Mann fangen und in dem wir ihn halten können. Ich frage mich, was eine Frau in diesen Zeitschriften finden kann, die nicht gerade einen Mann sucht, mit einem Mann zusammenlebt oder einem Mann hinterherweint und sich dabei über die Möglichkeiten informiert, wie sie am schnellsten einen neuen Mann an die Angel bekommt.«

Die Antwort ist einfach: Die Frau findet in diesen Zeitschriften ihresgleichen. Etwas anderes interessiert sie nicht.

Männer ohne Frauen: uninteressant

Ich weiß: »Emanzipierte« Frauen und Feministinnen schreien auf ob soviel Wahrheit – und sehen den Mann als stillen Mann im Hintergrund die Fäden ob der grassierenden Verblödung ziehen. Doch machen wir den Test: Glaubt man den Feministinnen, verzeichneten Intelligenzblätter schwindelerregende Auflagen, und Blättchen wie *Bild der Frau* würden wie in der ehemaligen UdSSR als Samisdat-Exemplare von Hand zu Hand gereicht und im Untergrund abgeschrieben. Das Gegenteil ist der Fall.

Via Frauen läßt sich alles verkaufen. Bei den »Schicksalsstunden der Menschheit« gaben und geben die Frauen die Takt an. Hinter jedem Genie steht eine Frau. Das weiß man, das haben Mann und Frau des öfteren schon in immer neuen Varianten gelesen. Natürlich steht auch hinter jedem Nobelpreisträger eine Frau. Und so kommt, was Frau will: Nicht die heroische Denkleistung EINSTEINS wird medial gewürdigt, sondern sein dilettantisches Geigenspiel macht das Genie Frauen sympathisch. RICHARD BURTON, der beste »Hamlet« aller Zeiten, wurde nur durch ELIZABETH TAYLOR weltberühmt – und machte den Saufbold Frauen sympathisch. ROBERT SCHUMANN lernt man über CLARA SCHUMANN kennen. Und NAPOLEON bleibt nur dank seiner diversen Amouren bis heute präsent, ebenso wie GOETHE, dessen Liebe zu jungen Damen heute in zahlreichen Büchern gewürdigt wird. THOMAS MANN erlebt derzeit eine Renaissance, weil er in seinen Tagebüchern einen Schweizer Kellner mit liebenden Worten bedacht hat – erst als vermeintlicher »Schwuler« hat er die Chance, auch für Frauenzeitschriften als wert befunden zu werden. ERNEST HEMINGWAY, der Nobelpreisträger für Literatur, wurde fürs Fernsehen zu einem Casanova umgestylt, dem es nur um Fressen, Saufen und Weiber ging. Daß er einer der fleißigsten Schriftsteller der Weltliteratur war, interessiert keine Frau.

Zugegeben – das ist leicht übertrieben. Und doch: Egal, was ein Mann allein und ohne Hilfe einer Frau erfunden, entdeckt, entwickelt oder erkannt hat – erst per »Homestory« wird dem weiblichen Volk klargemacht, daß es – natürlich – nicht der Mann allein war, sondern die Frau, die hinter, vor oder neben ihm stand, die sich als »wahre Wertvolle« herauskristallisiert. In Text und Bild geht es stets um die Frau, die Geliebte, die Ehefrau, »die immer um sechs Uhr aufstehen muß«, um den Hund, »für den die Frau die alleinige Veranwortung hat«, Gassi zu führen, und die »herzigen Kinder, die ihr jeden Tag Freude bereiten«, zu vesorgen. Daß ihrem Mann ein sensationeller Durchbruch in der Wissenschaft gelungen ist, findet in einem Nebensatz Erwähnung.

Völlig uninteressant sind Politiker, solange sie nicht mediengerecht Dinge erfüllen, die Frauen interessieren: Sie müssen dick, verheiratet, gemütlich sein, eine Frau und/oder eine attraktive Sekretärin haben, über die man erfährt, was er wie macht (Beispiel: HELMUT KOHL). Sie müssen unverheiratet, geschieden oder sexuell anfällig sein (Beispiel: WILLY BRANDT, GARY HART). Und wenn gar noch die Gesundheit eines Politikers angeschlagen ist, lernt selbst die Frau den knallharten Alltag eines Ministers kennen (Beispiel: HANS-DIETRICH GENSCHER). Nebenbei wird ihr aus professoralen Mündern Neues über Herzinfarktprophylaxe und die »Pille gegen den Herzinfarkt« eingeflößt.

Verdummt von den Frauenmedien bis zur Schmerzgrenze, erfahren heute aus Illustrierten Männer via Frauen Triviales, Trends, Neuheiten und sonst »Lebenswichtiges«, das frauengerecht zu einer Pseudowichtigkeit hochgeblasen wird.

Wohlgemerkt: Ich spreche hier nicht von seriösen Tageszeitungen, die erfahrungsgemäß überflogen werden und umgehend beim Altpapier landen oder von Fischverkäufern am Markt später zum Einpacken Verwendung finden. Nein, es geht um die Millionen Exemplare der deutschen Frauenpresse, die Woche für Woche erst den Frauen, dann über jene den Männern die Köpfe verblödet.

Beispiel: Politik

Nehmen wir als Beispiel den einstigen deutschen Kanzerkandidaten OSKAR LAFONTAINE: Erst seit der Sozialdemokrat von einer irren Frau mit dem Messer in den Hals gestochen und gefährlich verletzt wurde und seit ein Buschfotograf ihn und seine Freundin Christa an einem Strand in der Karibik ablichtete, ist er auch bei Frauen ein bekannter Politiker. Nebenher erfuhren wir in diesem Zusammenhang viel über neue Rehabilitationsmöglichkeiten von Verletzten, lernten Namen von Professoren und Spezialkliniken kennen und lernten den Satz, »daß für den Mann Karriere nicht alles ist«.

Beispiel: Querschnittslähmung

Oder nehmen wir den deutschen Innenminister WOLFGANG SCHÄUBLE: Erst als er von einem Wirrkopf angeschossen wurde, viele Monate im Spital lag, mit einer ungeheuerlichen Willensanstrengung seinem Schicksal Paroli bot, dann im Rollstuhl von Interview zu Interview gefahren wurde – erst da nahm ihn die deutsche Frau als Politiker, Mensch, Familienvater, Konstrukteur der deutschen Vereinigungs- und Ostpolitik wahr.

Beispiel: Depression

Oder nehmen wir den depressiven niederländischen Prinzgemahl CLAUS VON AMSBERG. Nichts würden wir über die Probleme der Finanzen, des Staatshaushaltes oder der grassierenden Drogensucht in unserem Nachbarstaat erfahren – würde Claus nicht zusammengesunken, hohlblickend und fahläugig in deutschen Frauenmagazinen erscheinen. Nebenbei sind wir am Puls der Zeit der Depressionsforschung, wissen, daß »jede zweite Frau latent depressiv« ist, »jeder zweite Mann an Einsamkeit« leidet und daß Depression mehr ist, als »in ein tiefes, schwarzes Loch zu fallen«. Als ganz besonders schlimmes Beispiel sei der Fall ROMY SCHNEIDER genannt. Erbarmungslos wurde diese wohl beste deutschsprachige Filmschauspielerin der Nachkriegszeit durch die Gazetten gezogen und bis auf die letzte Seelenwindung nackt dem gierigen weiblichen Publikum zum Fraß vorgeworfen.

Beispiel: Kriege und Revolutionen

Erinnern wir uns – und seien wir ehrlich. Was hat den Deutschen am fernen Persien in den fünfziger Jahren interessiert? Nicht ein Öltropfen. Dann aber kam SORAYA. Und die war unfruchtbar. Und sofort lernten wir den Iran, seine Ölbohrtürme, den Schah und seine Gattin kennen. Die brachte im Gefolge auch Ärzte mit, die angeblich etwas gegen Unfruchtbarkeit erfunden hatten. Umgehend schrieben sich Heerscharen von Ghostwritern die Finger wund über die neuen Themen »Sterilisation«, »Unfruchtbarkeit«, »Neue Wege zum Kind«, »Die Medizin hilft unfruchtbaren Frauen« und so weiter, und so weiter.

Dank Soraya blieb die medienbewegte Frau an Persien interessiert, verfolgte den Niedergang des Schahs anhand immer neuer Krebsbulletins, erlebte hautnah seinen Krebstod. Und wieder war es eine Frau, die der Frau erklärte, was es mit den Ayatollahs im Iran wirklich auf sich hat: BETTY MAHMOODYS Weltbestseller *»Nicht ohne meine Tochter«* ist ein schonungsloser Report der Amerikanerin, die von ihrem persischen Ehemann in

Teheran festgehalten wurde und unter dramatischen Umständen mit ihrer Tochter dem Terrorregime der Mullahs entfliehen konnte. Plötzlich war der Iran wieder in den Medien. Plötzlich handelten Politiker. Plötzlich sorgte man sich im Westen um mutmaßlich in den Iran verschleppte Menschen. Doch Radikalfeministinnen prügelten auf Betty Mahmoody ein wie sonst nur auf Männer.

Eine Frau liest Frauen die Leviten

Frauen als Täter und Opfer – das scheint viele Frauen mehr zu interessieren als jede Politik, jedes Wirtschafts-, Finanz- und Sozialproblem, jedes wirkliche Problem. ESTHER VILAR war eine der ersten Frauen, die den Mut aufbrachte, diese Verdummung der Frauen öffentlich anzuprangern. Sie schrieb bereits 1971: »Dieses Prinzip trifft eigentlich auf alle Sparten zu und gilt ganz besonders für die Politik. Da Frauen sich nur für Frauen interessieren und nicht für Männer, kann man ihnen auch aktuelle politische Ereignisse nur dann nahebringen, wenn diese den Eindruck erwecken, als hätten sie eine Frau zum Mittelpunkt. Der Vietnamkrieg etwa wurde erst populär, als die ersten Fotos jener sagenhaften MADAME NHU in der Presse erschienen, die Probleme der nordirischen Katholiken sind erst seit BERNADETTE DEVLIN aktuell, und das Drama um die unfruchtbare Soraya hat wahrscheinlich zum Verständnis der Probleme des Iran mehr beigetragen als alle anderen Publikationen über dieses Land zusammengenommen.«

Fazit der satirisch-streitbaren Esther Vilar: »Die erste politische Tat eines Machthabers sollte daher seine Heirat mit einer möglichst fotogenen Frau sein. Man kann nur ahnen, welch ein Gewinn es für ein Land wie Israel oder Indien bedeutet hätte, wenn GOLDA MEIR oder INDIRA GHANDI nach den strengen Maßstäben der Frauen schön gewesen wären, wenn ihre Fotos anstelle der GRACIAS von Monaco, SIRIKITS von Thailand oder FARAH DIBAS von Persien die Titelseiten der Illustrierten geschmückt hätten. Die entsprechenden Reportagen hätten dann Überschriften gehabt wie ›Die Juwelen der Golda Meir‹ oder ›Was den Männern an Indira Ghandi so gefällt‹ – und ganz nebenbei hätte man auch der anderen Hälfte der Weltbevölkerung (der wohlhabenderen Hälfte) immer wieder klarmachen können, daß beispielsweise in Israel der Teufel los ist und in Indien jedes Jahr soundsoviel hunderttausend Kinder den Hungertod sterben (die man von dem Geld leicht ernähren könnte, das Frauen für Nagellack und Nagellackentferner ausgeben).«

Beispiel: Michail Gorbatschow

Hat sich etwas in den letzten Jahrzehnten trotz »Emanzipation«, »Feminismus«, »frauenbewegten Männern« etwas verändert?

Nehmen wir das Beispiel MICHAIL GORBATSCHOW. Fragen wir uns ehrlich:

- Hätte Gorbatschow eine Frau mit dem Aussehen SVETLANA STALINS geehelicht, wären dann die westlichen Medien wirklich so auf den Erfinder von Glasnost und Perestroika eingestiegen?
- Wäre RAISSA GORBATSCHOWA eine aus allen Nähten platzende, rotwangige, dicknasige Babuschka – hätten *Stern, Bunte, Quick, Spiegel, Frau im Spiegel* wirklich so oft über den wichtigsten sowjetischen, ja Weltpolitiker am Ende des zwanzigsten Jahrhunderts berichtet?

Beispiel: US-Wahlen

Hand auf's Herz:

- Würden wir heute noch den einstigen US-Präsidentschaftskandidaten GARY HART kennen, wenn er nicht über ein Fotomodell gestolpert wäre? Also eine Frau, die sich medienwirksam an ihre kurze Affäre mit Herrn Hart erinnerte – und somit ihren und Garys Namen in aller Welt bekannt machen konnte?
- Würden wir heute noch so oft an die Brüder JOHN F. und ROBERT KENNEDY denken, wäre da nicht deren verhängnisvolle Affäre mit Sexidol MARILYN MONROE gewesen?
- Und wäre der Prozeß gegen einen Kennedy-Neffen, der eine Frau vergewaltigt haben soll und dann freigesprochen wurde, wirklich zum Medienereignis des Jahres 1991 geworden, wenn es sich nicht um einen Kennedy gehandelt hätte – einer Familie also, die immer mittels Frauen sich in den Mittelpunkt der Weltgeschichte drängten?

Tatsache ist: Erst wenn eine Frau im Spiel ist, wird der Mann für die Frauen interessant.

Beispiel: Hunde sind wichtiger als Männer

Natürlich – die amerikanische PR-Maschinerie, die auf die niedrigsten Instinkte zielt, weiß genau: Man lasse den Hund der Frau des Präsidenten ein Buch schreiben – und er wird ein Bestseller. Da interessiert keine politische Entscheidung des Präsidenten – und sei sie für die ganze Welt von weitestreichender Bedeutung. Wenn aber der Hund ein Buch aus der Dackelperspektive »schreibt« – dann rauscht es im Blätterwald. Dreieinhalb Millionen verkaufte Exemplare des Buches vom Hund der amerikanischen First Lady – das sollte jede Emanze verstummen lassen.

Oder wie Henri Lefebvre in *»Medienforschung«* (Band 3) ungerührt feststellt: »Die Frauen- und ›Regenbogen‹-Presse wurde nur wenige Jahre nach ihrer Entstehung, kurz vor dem Zweiten Weltkrieg, zu einer bedeutenden Macht. Sehr bald bestimmte sie den Ton der allgemeinen Presse, des Informationsjournalismus und sogar der reinen Männerpresse (die seither ein isoliertes und nahezu spezialisiertes Dasein führt).«

Späte Erkenntnisse des sprachlosen Mannes

Das Leben des Mannes hat auch mehr Facetten als das, was die frauenbewegte Presse uns gern eintrichtert. Es geht dabei überhaupt nicht um eine Neugründung männlicher Hauptquartiere oder eine neue männliche Kriegspropaganda. Es geht aber um den bewußt vollzogenen Ausbruch aus der stillschweigenden Konvention, daß sich alles dem Bildnis der totalen Frau zu unterjochen hat. Es geht auch keineswegs um einen Rückfall in präemanzipatorische Zeiten, in denen allein *Kicker* und *Spiegel* dem Mann als Lektüre genügten. Es geht auch nicht um die Wiedereinführung der gottlob aus den meisten Boulevardblättern verbannten »Nackedei«-Bildchen, die so vorgestrig sind wie jene, welche diese Fotos als »üblen männlichen Sexismus« brandmarken. Es geht aber um den Ausbruch aus dem von Frauen reglementierten Beziehungskampf, der mittels frauenbewegter Medien in jede Partnerschaft geschleift wird.

Die Geschlechtereinteilung in »Böse und Gute« muß vom Mann überwunden werden. Nicht mit Standardklagen, sondern mit liberalen Befreiungsstrategien und der Vision, daß der Mann sehr wohl fähig ist, sich von den Fesseln der ihm oktroyierten Sprach-, Lust- und Lieblosigkeit zu befreien.

Die neue Reife des Mannes hat nichts mit altbackener Ideologie oder männlichen Althypotheken zu tun. Es ist aber eine bewußt angetretene Flucht aus der Knechtschaft, der sich der Mann in den letzten Jahren unterwarf. Das Bewußtsein einer männlichen Revolution muß wieder geschürt werden – und nicht das Bewußtsein einer von Frauen inszenierten Revolution. Statt frauenbewegte Egoanalysen, feminine Psychodramen und Gestalttherapien für Seelenkrüppel im Abonnement zu buchen, muß der Mann sich als Nonkonformist und Außenseiter von der Starrheit weiblicher Mittelwerte trennen. Der Mann, der seine Sprache und seine Lust wiederfinden will, sollte sich aber auch von seinen vielen falschen Freunden befreien. Freunde, die in ihrer törichten Romantik dem Feminismus huldigten und in der Übernahme der Alleinschuld versuchten, von diesen Frauen gesellschaftlich, sozial und kulturell akzeptiert zu werden.

Das vermeintliche Allheilmittel »Der Mann lernt von der Frau« darf nicht mehr verschrieben werden. Es führt den Mann nur immer tiefer in die isolierte Abhängigkeit.

Der Mann muß endlich wieder kapieren, wer, was, wann, wo und wie sagt. Und was hinter all diesem steckt. Worte sind die gemeinsten Waffen. Ohne Worte gäbe es keine Kriege. Wenn der Mann aber erst einmal gemerkt hat, daß beispielsweise die wichtigsten Themen des Jahrzehnts, wie Aids, Ost-West-Gefälle, Überbevölkerung, Hunger, Armut, Gefahr von vielen Tschernobyls, nicht über »Frauenschicksale« gelöst werden können, hat er schon einen großen Schritt getan. Aids kann nicht mittels einer Wohltätigkeitsgala gelöst werden, bei der ein Star jodelt. Der Hunger im Osten kann nicht von den Medien beseitigt werden, die nicht einmal in der Lage sind, die von ihren Lesern gespendeten Gelder zu verteilen. Der Überbevölkerung kann nicht mit Geschichten über Frauen wie MUTTER TERESA ein Ende bereitet werden.

Probleme, die unser aller Zukunft betreffen, dürfen nicht vom Bildnis der »totalen Frau« übertüncht werden. Falls der Mann diese Tatsache erst einmal durchdenkt, dann erkennt und schließlich seine Folgerungen daraus zieht, wird es ihm nicht jedesmal die Sprache, die Lust und die Liebe verschlagen.

Wenn der Mann lernt, das Bildnis der »totalen Frau« ins rechte Licht zu rücken, nicht Frauenthemen als Männerthemen zu begreifen und sich selbst nicht mehr in Tag für Tag auf Papier frisch und neu gedruckten »Schauprozessen« selbst schuldig spricht – dann ist er nicht nur weniger sprachlos, er ist auch wieder auf dem Weg, seiner grassierenden Verdummung durch die Frau etwas entgegenzusetzen: sich selbst von »Frauenthemen« zu befreien und mit der Frau wieder über echte Themen und nicht über von frauenbewegten Medien in den Mittelpunkt gerückten Unsinn zu reden, zu diskutieren, zu streiten und zu debattieren.

Immerhin: ein erster Schritt dahingehend, wieder ein Mann zu sein, der sich selbst als solcher begreift, nicht zu falscher Götterspeise greift und der sich von den Frauen nicht die Liebe, die Lust und die Worte entziehen läßt.

4. Lektion
Der krankgeworbene Mann

> »So wie ein Affe durch Lernprozesse, so kann ein Konsument dazu abgerichtet werden, eine positive Haltung zu einem Produkt einzunehmen.«
> Werbeprofessor WERNER KROEBER-RIEL

Der Mann – im Visier gemeiner Verführer

Frauen sagen: Die Werbung ist frauenfeindlich. Die Wahrheit ist: Werbung ist männerfeindlich. Der Mann verkommt zum unfähigen, dümmlichen Trottel – die Frau wird zur alles überstrahlenden Konsumdiva hochgestylt.

Die Werber sind keine geheimen, sondern gemeine Verführer – schlimmer: Sie sind öffentliche Verführer. Sie wissen, wie Insider gestehen, warum Frauen weiche, stinkende Käse für ihre Männer kaufen und keine harten, geruchsneutralen. Sie wissen, warum Frauen dicke Autos und Männer dünne Frauen begehren. Sie wissen, warum Frauen männlich zu Zigaretten greifen, der Mann trottelig den Abwasch erledigt und sich auf der Seidenbettwäsche ein androgyner Edelsoftie rekelt, während der Mann sich in einem Büro mit Kollegen eine Kirsche mit Schokoladenüberzug gönnt.

Das Geschäft mit der Frau als »Konsumentin« floriert wie nie zuvor: Laut einem bekannten deutschen Institut für Werbeanalyse hat sich der Werbeaufwand auf dem westdeutschen Markt in den klassischen Werbeträgern Fernsehen, Radio, Tageszeitungen, Publikumszeitschriften und Fachzeitschriften in nur sechs Jahren um fast 50 Prozent erhöht. In Zahlen: Betrug 1984 der Werbeaufwand »nur« 10 348,3 Millionen Mark, so stieg er 1991 auf 16 211,4 Millionen Mark an. Kein Wunder: Die Frauen, die 54 Prozent der Bevölkerung ausmachen, wollen zu immer neuem Firlefanz verführt werden. Frauen sind die kaufkräftigere Zielgruppe als Männer. Sie haben im Durchschnitt weit mehr Geld zum Ausgeben als Männer – auch wenn die selbiges nach Hause schleppen.

Und die gemeinen, öffentlichen Verführer verstehen ihr Handwerk. VANCE PACKARD konnte bereits vor zwanzig Jahren in seinem Bestseller *»Die geheimen Verführer«* ein Lied davon singen: »Mit oft eindrucksvollem Erfolg werden in großem Maßstab Anstrengungen unternommen, unsere gedankenlosen Gewohnheiten, unsere Kaufentschlüsse und unsere Denkvorgänge zu steuern, indem man sich der aus der Psychologie und den Sozialwissenschaften aufgelesenen Einsichten bedient. Bezeichnenderweise gelten diese Anstrengungen einer Schicht unterhalb unserer Bewußtseinsebene, so daß die Antriebe, die uns bewegen, oft gewissermaßen ›verborgen‹ sind.«

»Die Werber – so sah das kollektive Feindbild der sechziger Jahre aus – manipulierten die Menschen gegen ihren erklärten Willen in den Konsumrausch und zwangen ihnen mit hypnotischer Gewalt Produkte auf, die nichts taugten und die niemand brauchte. Und sie hatten ihre Agenten an der Werbefront, die ihnen die Geschäfte verrichteten und diesen Manipulationsprozeß forcierten. Jeder von uns ist ihnen bereits begegnet: Frank S. Thorn von Puschkin-Wodka, Frau Sommer von Jacobs-Kaffee, der Camel-Mann, die Palmolive-Tilly, Ariels Clementine, der Tchibo-Experte und der Marlboro-Cowboy. Eine wahrhaft illustre Gesellschaft von Verführern.« Das schreibt RAINER BAGINSKI, der seit mehr als zwei Jahrzehnten in der Werbung arbeitet und Mitinhaber einer Agentur in Frankfurt am Main ist, in der Monatsbeilage der *Neuen Zürcher Zeitung*.

Johnny Walker humpelt aus dem Bild

Doch wo sind die »harten Männer« wie Puschkins Frank S. Thorn und der Camel-Mann geblieben? Rainer Baginski weiß, warum ihre Zeit abgelaufen war: »Frank S. Thorn mußte schon sehr frühzeitig erkennen, daß sein wortkarger Umgang mit harten Spirituosen die Konsumenten nicht überzeugte. Auch der Tchibo-Experte kehrte frühzeitig von einem seiner Trips zu den afrikanischen Kaffeeplantagen nicht mehr zurück. Das HB-Männchen konnte noch so sehr zappeln, seine lange Zeit marktführende Zigarette verlor von einem gewissen Zeitpunkt an unaufhörlich Marktanteile... Ebenso rapide verbrauchte sich das Trümmerfrauen-Charisma von Ariel-Clementine, ähnlich wie der desinfizierte Charme der blondgelockten Jacobs-Kaffeefee Frau Sommer, der nicht mehr ins Bild von der modernen Frau paßte. Und eines Tages war auch der Camel-Mann an der Reihe, endgültig aus dem Dschungel heimzukehren, weil sich an seinem Lagerfeuer nicht mehr genügend Raucher die Zigarette seines Namens anzünden wollten. Nur der Marlboro-Cowboy geht einsam und unbeirrt, wie es Cowboyart ist, seinen Geschäften nach. Fragt sich, wie lange noch.«

Trendsetter in Sachen »sprachloser Mann« ist einmal mehr die Werbung: Dynamisch, stark, nüchtern, erfolgreich, braungebrannt, lässig, flott, topmodisch und meist leicht feminin sind die Herren, die uns auf den Hochglanzseiten der einschlägigen Frauenmagazine, der Illustrierten und der Herrenmagazine entgegenblicken. Meist wird für alle drei Mediengattungen ein und dasselbe Motiv geschaltet.

Dynamisch schreitet der von der Werbung erfundene Mann ans Fließband, ins Büro, zur Arbeit. Dynamisch trägt er seine Haut zu Markte, verpfändet seine kurze Lebenszeit. Dynamisch folgt er dem einzigen Lebensinhalt, den ihm die Frau zugesteht: das Geld nach Hause zu tragen, damit sie das kaufen kann, was ihr findige Texter, Layouter, Kontakter und Konzeptionisten so alles vorgaukeln. Auf seine Kosten, versteht sich.

Die Werbefritzen wissen ganz genau, für wen sie ihre Seifenblasen mit Worten füllen. Sie sind sich darüber im klaren, daß die Frau, und nur sie, entscheidet, was ansteht. Sie haben längst begriffen, daß der Mann entmündigt und stumm ist, daß die Frau alles für ihn wahrnimmt, kauft und anschafft. Ganz besonders machen sie sich eine Eigenschaft zunutze, die der Frau in die Wiege gelegt scheint: sich Dinge zu beschaffen, die kein Mann braucht. Und so sehen auch die meisten Wohnungen, die von Frauen eingerichtet wurden, aus: wie Kulissen für Gewinnspiele wie »Das Glücksrad« oder »Der Preis ist heiß«-Sendungen, bei denen 75 Prozent der Zuschauer aus Frauen bestehen!

Die Reklamewirtschaft hat sich längst verständigt, den Mann als Absteiger, die Frau als Aufsteiger zu bewerten. Dieser Trend erfreut ganz besonders die frauenbewegte Presse, die in *Cosmopolitan* einen vierunddreißigjährigen Journalisten namens Holger zu Wort kommen läßt: »In der Werbung kannst du es am besten verfolgen, der Mann, also ich, wird neuerdings als Trottel dargestellt, der Mama beweisen muß, daß er brav ißt. Oder er wird kräftig geschimpft, weil er die falsche Kaffeesorte gekauft hat. Au, Mann, shit!«

Umworbene Rockschöße

Und wie sieht der »Trottel« neuerdings aus?

- So wirbt die Deutsche Bank unter dem Titel »Erfolg an der Börse ist keine Frage der Größe, sondern des Verstandes«. Das Bild zeigt vierzehn Männerbeine in schwarzem Flanell, zwischen den Männerbeinen vier und fünf die schönen Beine einer Frau, die auf einem Packen Geschäftspapieren stehen. Um alles noch zu verdeutlichen, dichtet die Deutsche Bank: »Nicht die Geldgrößen sind in den letzten Jahren an der Börse groß herausgekommen, sondern die Frauen.«
- So wirbt Sony mit dem Slogan »Scenario. Design für klare Verhältnisse«

für einen Musikgeräteturm mit den Sätzen: »Er will Technik. Sie will mehr«. Ergebnis: Er kann nur mehr kontern mit einem: »Habe ich doch schon immer gesagt.«

- So wirbt die deutsche Commerzbank mit dem Slogan »Commerzbank-Kunden sparen nicht am neuen Auto, sondern am Kredit«. Das Bild zeigt ein Fräulein im offenen Coupé.
- England wirbt nicht mehr für sich mit Bobbies, sondern mit einer Britin mit Queen-Hütchen.
- Suzukis Werber haben sich für ihr »Alto«-Auto den Text einfallen lassen: »Für Evastöchter, Karrierefrauen, First Ladies, Zu-Haus-Frauen«. Erst in der zweiten Zeile kommt der Mann als »Sportfan, Naturbursche, Gipfelstürmer, Globetrotter« zum Zug.
- So läßt der französische Werbespot-Regisseur für das Männerparfüm »Egoïste« von Chanel 72 Frauen Balkontüren auf- und zuschlagen – und stets mit dem wütenden Schrei: »Egoïste«. Der Mann, der Egoist, na klar, das kommt an – bei den Frauen, die zu achtzig Prozent die Herrendüfte käuflich erwerben.

»Die Frau hat viele Rollen des Mannes übernommen«, resümiert WILLI SCHALK, Ex-Chef des Werbegiganten BBDO. »Die Frau wird künftig sicherlich zu einem noch weit wichtigeren Werbeträger als der Mann. Denn für den Mann ist heute die Frau der Sympathieträger, nicht der erfolgreiche Artgenosse.«

Der Frauen Lust, des Mannes Frust

Schlimmes entdeckte die amerikanische Modebranche schon 1955: Der Verbraucher hat eine anhängliche oder aber ausgesprochen gleichgültige Einstellung zu seiner Garderobe. Auch kaufen Männer einfach zuwenig Schuhe. Warum, so wurde gefragt, sollte die Frau sechzig Prozent mehr für ihre Kleidung ausgeben als der Ernährer der Familie, der doch bestrebt sein müßte, im Beruf eine gute Figur zu machen?

Mit diesem Problem, so berichtet uns VANCE PACKARD in seinem bis heute lesenswerten Buch *»Die geheimen Verführer«*, befaßten sich alsdann die Psychologen. Und so stieß man auf das »zweite Ich« des Mannes – die Frau. Infolgedessen untersuchte man bereits im Jahr 1956 unter Einsatz aller psychologischen Mittel, wie die Werbung den Druck, den die Frau auf den Mann ausübt, profitbringend verwenden und sich den weiblichen Einfluß auf die Männer noch besser zunutze machen könnte. Fazit, so Packard: Mehr als die Hälfte aller Herrenanzüge und zwei Drittel aller Oberhemden kaufen die Frauen. Das Institut für Motivational Research erläutert: »Wenn eine Frau mit dem Bild ihres Mannes, wie es sich in seiner Kleidung widerspiegelt, unzufrieden ist, wird sie jede Gelegenheit wahrnehmen, seine Einkäufe zu erledigen, und sein Bild ihren Vorstellungen entsprechend zu wandeln.« Und er fügte hinzu, daß der starke Aspekt der Mamiherrschaft auf die damalige Männergeneration viele Männer wünschen lasse, die Frauen möchten sich, ebenso wie es ihre Mütter getan hatten, ihrer Kleidungsprobleme annehmen.

Das Institut mahnte, die werbende Wirtschaft möge bedenken, daß eine auf die Frau abgestellte Werbung für Herrenbekleidung andere Merkmale betonen müsse als eine Werbung, die sich an den Mann wende.

Das war in den fünfziger Jahren. Und in den letzten dreißig Jahren hat die Werbung die Frauen total vereinnahmt. Kaum ein Männerprodukt, das nicht via Frau an den Mann gebracht wird. Hosen, Hemden, Jacken, Freizeitblousons, Schuhe, Brillen, egal was – immer steht die Frau im Zentrum der Verführung zum Kauf.

Der Grund: Die Werbung ist sich ganz genau bewußt, wer das Sagen, das Kaufen – und vor allem das Geld hat: die Frau. Und nicht der Mann.

Die Frau und der legale Taschendiebstahl

Werbung, an die Frau adressiert, ist das Geheimnis des legalen Taschendiebstahls. Das wissen ganz besonders die großen deutschen Illustrierten. Der *Stern* beispielsweise gilt zwar als »männerorientiertes Blatt«, aber mit fast vier Millionen Leserinnen pro Ausgabe gehört er zu den großen »Frauenzeitschriften«. Noch markanter sieht es bei der Illustrierten *Bunte* aus. Dieses Blatt sollte sogar mal als »Frauenzeitschrift« eingestuft werden, wogegen sich der Burda-Verlag erfolgreich wehren konnte. Tatsache aber ist, daß es sich bei *Bunte* um ein »Frauenblatt« handelt – nicht zuletzt deshalb wurde das Heft Ende der achtziger Jahre vom einstigen *Bild*-Chefredakteur Günter Prinz neu konzipiert – und komplett auf die Bedürfnisse von *Jasmin*, dem Idealtyp der Frau als Werbekundin, eingestellt.

Sehen wir uns also mal kurz an, wie die Frau in der Werbung vorkommt. Beispielsweise im *Stern*, Ausgabe Nr. 52, 1991, also dem Weihnachtsheft. Auf dem Titel ein besorgter Gorbatschow mit den Zeilen »Das Ende der Sowjetunion: Anarchie oder Neubeginn«. Für den Schlüssellocheffekt sorgt der zweite Anriß: »Der Streit ums ›Outing‹ – Hexenjagd auf Schwule«.

Und wie sieht die Frau in der Werbung aus? Sehr gut, immer jung, immer dynamisch, immer kalorienbewußt essend, immer auf dem Sprung, immer auf Reisen: Sie plätschert durch karibisches Gewässer für ein Duschbad, blinzelt einem ein Parfüm der Luxusklasse zu oder liegt zu der Zeile »Wir sorgen dafür, daß Sie immer richtig angezogen sind. Telekom« unter einem Sonnenschirm am Meer.

Daß der Mann einzig und allein dafür da ist, die Frau reichlich mit Geld und Geschenken zu verwöhnen, zeigen drei Anzeigen glasklar: »Würdest Du mit einem zusammenziehen, der im Mai sein Juni-Gehalt schon ausgegeben hat?« fragt ein Diamantenverkäufer und fährt im Text fort: »Liebe, die wichtiger als alles andere ist, ist den Diamant wert, der etwas Besonderes ist.« Es kommt noch besser: »Sie war schöner denn je, sein Curry-Huhn bestens gelungen – und nun dieser ärgerliche Schluckauf.« Zu sehen ist ein Jetztzeit-Mann (Brille wie Sylvester Stallone, weißes Chirurgenhemd, schwarzes Gilet, Zähne frisch aus der Porzellanfabrik und eine Mimik, die zwischen Lachen und Schluckauf schwankt. Schluckauf scheint überhaupt im Trend zu liegen: Eine miniberockte Dame betrachtet auf einer Reklame eine Rose, die in einer leeren Weinflasche steckt. Und daneben steht der Text: »Von Sprudel bekam sie Schluckauf, bei Whiskey häufig einen Antrag, doch von diesem trockenen Roten bekam sie einen guten Eindruck.«

»Wir ziehen stark an«

(Jil Sander, Modeschöpferin, in einer Eigenwerbung)

Der Mann, der Umweltverschmutzer, der aus der Mode gekommene Verbraucher und die Frau als Trendsetterin und beste Verbraucherin mit den guten Zukunftsaussichten: Dieses Bild hat die Werbebranche zynisch verinnerlicht und auf Hochglanz oder in sündhaft teuren Filmchen perfektioniert. So wirbt ein Hersteller von Styroporverpackungen mit einer umweltbewußten Verbraucherin – und einem männlichen Darsteller, dem zwischen den Zeilen der ganze Dreck zuzuschreiben ist, den der Mann in dieser Welt verursacht.

»Schlafen Sie sich gesund«, wird keinem Mann zugestanden, sondern einer Frau, die im Bett so daliegt, daß garantiert kein Mann neben ihr schnarcht. Und es fällt mir der Satz von Inge Sollwedel aus ihrem Aufsatz »Wie die Werbung die Frau verwertet« ein, der da lautet: »Nur ausgeruhte Frauen kaufen viel.«

Noch einen Schritt weiter geht BMW. Unter dem Titel »Falls Sie Ihren Firmenwagen auch für die Tochtergesellschaften brauchen« wird ein neuer 5er BMW Touring gezeigt, auf dessen Ladefläche es sich drei Mädchen bequem machen. Natürlich stehen Frauen heute an und auf der Spitze – wie bei der Colvera-Werbung, auf der eine Frau soeben den Montblanc bezwungen hat. Kein Wunder, daß die LBS-Bausparkassen mit dem Slogan wirbt: »In den eigenen vier Wänden bestimmen Sie, wo's langgeht« – und eine Frau im Brautkleid eine schwere Harley Davidson eine Treppe hochsteuert.

Überhaupt Geld: »Unser Silber ist für deinen Auftritt prima, Donna« wirbt Schmuckhersteller Christ mit einer Dame in Leder. Und natürlich symbolisieren die Frauen auf der Opel-Werbung die neuen Zeitgeist-

Themen: »Für uns eine klare Sache: Umwelt, Sicherheit, Opel Astra.« Der Mann darf gerade noch gestreßt Briefe austragen oder verschwitzt joggen, um die »Fitmacher aus deutschen Landen« zu präsentieren.

Folgerichtig wirbt ein Kamerahersteller mit den fein manikürten Fingern einer Frau und dem Text: »Raffiniertes kleines Ding.« Happig auf den Geldbeutel zielt auch die Eurocard (»Für Leute, die auch sonst gute Karten haben«). Das Bild zeigt ein sündhaft teures Parfüm, eine Puderdose aus purem Silber und eine Haarbürste aus Edelmaterial. Dazu der Text: »Die Eurocard sagt mehr über Sie als Ihr Lieblingsparfüm.« Und kleingedruckt folgt: »Wenn Sie in Ihrer Parfümerie mit der Eurocard bezahlen, zeigen Sie, daß Sie mit Geld gut umgehen können.«

Die Frau, das Luxusgeschöpf: oft unterwegs, oft liegend, mal im Bett, meist am Strand. Eine einzige locker durchgeblätterte Ausgabe des *Stern* ergibt: Frauen beschäftigen sich mit sich selbst, dem Luxus, den schönen Dingen des Lebens. Gleiches kann man auch bei einer internationalen Studie über Wirkung von Werbung bei Frauen aus dem Jahr 1980 nachlesen, welche die Werbeagentur Troost Campbell-Ewald GmbH intern fertigen ließ. Auch in den dort erwähnten »kreativen Anzeigen« ist der Mann im Beruf oder bei der Hausarbeit zu sehen, während die Damen sich wie üblich nur der Freizeit widmen.

Und der Mann ist einmal mehr sprachlos. Da wird ständig der deutsche Werberat von Frauen mit Strafanzeigen bombardiert, weil diese Wächterinnen der Tugend mal wieder ein »frauendiskriminierendes Plakat« entdeckt haben wollen. Und die Fachzeitschrift *W & V – Werben und Verkaufen* druckt seit Jahren ohne Kommentar Beispiele jener »sexistischen Werbung« ab.

Und wo bleibt der Mann? Welche Rollen verschreiben ihm die stets modernistischen Zukunftshirner und Schirner aus der Reklamebranche? Der Mann ist zum belächelten Abziehbild geworden, er »kauft das Segelflugzeug und least den Audi 100«, blickt glatzköpfig in die Glotze (Sony), kämpft »riesig gegen Schuppen«, raucht, weil »schwarz ist stark« (das wissen wir bereits aus *Cosmopolitan*, wo nur schwarze Helden echte Helden sind), und »trinkt Jägermeister, weil meine Frau mich als Corpus delicati bezeichnet hat«.

»Mann ist wieder Mann« läßt uns zwar das »erstaunliche Modehaus Spengler« wissen. Aber was versteht es unter dem »neuen Mann«? »Der neue Mann«, titelt der Modeprospekt, ist »unkonventionell, spontan, voller Ideen und trägt Baumwolle, Viskose und Polyester. Er ist Gentleman und Kavalier, elegant und gepflegt – aber nicht ohne eine Brise Lässigkeit!«

Männer werden in der Werbung meist arbeitend vorgeführt. Ob er ein Hähnchen (natürlich für die Frau) zu bruzzeln hat oder wie früher als doofer

Tellerwäscher, unbegabter Koch fungiert – immer hat der Mann was zu tun und ist – auch in der Abart des Werbesportlers – leicht verschwitzt.

Was für die Frau als Adressat der Werbung weit mehr wiegt: Endlich wird der Mann von jener wie seit jeher die Frau behandelt – als Sexobjekt.

Ein braungebrannter Adonis trägt für »Men's Classic« eine Parfümflasche; unter dem Motto »Lust auf Duft« rekelt sich ein nackter Mann für Zigarettenproduzent Davidoffs neues Wässerchen im zerwühlten Bett; die Sportfabrik Adidas wirbt mit blau verfärbten Männerschultern, und der Kamerahersteller Hasselblad rückt die Männerhaut von Skistar Ingemar Stenmark ins rechte Licht; »Care, die Männerserie mit anziehendem Duft«, läßt gar einen Twen auftreten, der wie einst Marilyn Monroe nichts als das Riechende anhat.

»Ma vanita diventa maschio«, meinte kürzlich das italienische Magazin *L'Espresso*. »Die Eitelkeit wird männlich«, analysiert die *Weltwoche* diesen Trend anhand »homoerotischen Tändeleien«. Und die Fotografin des Sammelbandes *»Männer«*, Herlinde Koelbl, meint mit Blick auf die Zukunft, daß »der Mann sich daran gewöhnen muß, daß die Frau sich traut, nun ihn zum Lust- und Kunstobjekt zu machen«.

»Frauen sind unsere wichtigste Zielgruppe«

(Internes Strategiepapier eines Automobilherstellers)

Drückt sich die Identifikationskrise des Mannes voll in der Werbung aus, versuchen viele Modedesigner das »dritte Geschlecht« hoffähig zu machen. Kein Wunder, schließlich sind sie dessen Protagonisten. Denn nur Ignoranten können sich einen verheirateten Karl Lagerfeld, einen Giorgio Armani oder einen Calvin Klein vorstellen. Auch wenn sie den Bund fürs Leben geschlossen haben, dürfte die Partnerin nicht dem urweiblichen Geschlecht anhängen. Was Wunder, daß der »normale« Mann ein Schattendasein führt, im Spiegel der Medien aber genau mit seinem unbekannten Bruder verglichen wird. Was Wunder, daß die Mode sich Fragen nach einem heutigen Männerbild entzieht und sich in knallbunte Phantasiewelten und knalleng konzipierte Trivialitäten flüchtet.

5. Lektion
Der Mann als Feindbild

»Indem Du in allen Dingen den Befehlen der Dame gehorchst, sollst Du stets darauf bedacht sein, Dich dem Liebesdienst zu widmen.«
ANDREAS CAPPELANUS, *»De Amore«*, um das Jahr 1180

Margarete Mitscherlich – eine friedfertige Frau?

Ihren verstorbenen Ehemann nennt sie einen »Macho«. Jeder Mann ist für sie eine krankhafte Person, die vaterlos dahinvegetiert. Der Mann, der Seelenkrüppel, hat nur einer neuen Leitfigur zu folgen: der neuen Frau.

Die Feministin und Psychologin MARGARETE MITSCHERLICH bietet den Männern seit Jahren Paroli.

»Ich bin eine seltene Kombination«, meint sie von sich selbst: »Feministin und Psychoanalytikerin.«

Sie sagt auch: »Männer sind gewalttätig, neigen zur Zerstörung. Wenn die Zukunft nicht weiblich ist, enden wir in der Katastrophe.«

Als Beispiel ihrer These legt sie von ihrem verstorbenen Mann das Zeugnis ab: »Alexander war ein Macho. Er hatte auf naive Weise typisch männliche Verhaltensweisen.«

Und über ihren seit Jahren in Nigeria lebenden Sohn äußert sie sich: »Auch er ist ein richtiger Macho und liebt es, typisch männliche Sprache von sich zu geben.«

Der Mann – der Selbstvernichter

Wie aber lauten die Kernthesen von Margarete Mitscherlich?

»Ist es vorstellbar, daß ein Teil der Gattung Mensch, der Mann, in sich einer Zerstörungsneigung unterworfen ist, die erst mit der Selbstvernichtung zur Ruhe kommt, und daß der andere Teil der Gattung, die Frau, einer solchen Neigung weniger ausgeliefert ist und dazu verurteilt scheint, den Zerstörungswillen des anderen Teiles mehr oder weniger widerstandslos, als Dienerin, als Opfer oder als erzwungene Komplizin, über sich ergehen zu lassen?« Das fragt Margarete Mitscherlich in ihrem Buch *»Die friedfertige Frau«*.

»Gewalt war bisher immer Sache der Männer und nicht Sache der Frauen. Also wie wollen Frauen gewaltlos Revolution machen? Oder zu welcher Form der Gewalt können Frauen greifen, um eine Veränderung, die offenbar sonst nicht zu haben ist, in Gang zu setzen?« Diese Fragen stellt sie in ihrem Buch *»Die Zukunft ist weiblich«*.

Weitere Gedanken zum Thema Mann und Frau:

»Eine Frau ist ein Wesen, das, solange wir denken können, zu den Unterdrückten dieser Welt gehört.«

»Ein Mann, dessen Werte um ›Ehre‹, ›Würde‹ und ›Erfolg‹ kreisen, kann einem leid tun. Ein solcher Mann hat eine armselige Gefühlswelt. Ein solcher Mann kann menschlich nur von Weiblichkeit profitieren.«

»Es herrscht das Radfahrerprinzip: der Mann tritt die Schwächeren, die Frauen.«

Wer aber ist nun diese Margarete Mitscherlich, welche die Frauen zum Widerstand animiert?

1917 in Dänemark als Margarete Nielsen geboren, stammt sie aus einer »gemischten Ehe«: Ihr Vater war Däne, ihre Mutter Deutsche. In Flensburg machte sie Abitur, unterstützt von ihrem Großvater, der in den zwanziger Jahren eine Bank gegründet hatte. »Von diesem Geld konnte ich mein Studium bestreiten, sonst wäre für mich als fünftes Kind eines schon recht alten und damals kranken Vaters kein Geld zur Verfügung gewesen.«

Zunächst studierte Margarete Literaturwissenschaften, später anthroposophische Medizin in München und Heidelberg. Während der Nazizeit (ab 1943) arbeitete sie in Arlesheim, später in Ascona an einem anthroposophischen Sanatorium. In der Schweiz beschäftigte sie sich »zunächst unkritisch mit allem, was mir über den Weg lief – sei es von Freud, sei es von Jung oder auch von anderen damals modischen Psychotherapeuten«.

In Ascona traf die charmante Dänin ihren zukünftigen Mann Alexander Mitscherlich. Der Psychologe und Sozialphilosoph, Sproß einer alten Familie von Wissenschaftlern, war vor dem Nationalsozialismus in die Schweiz geflohen.

1950 promovierte die heute so streitbare Dame in Tübingen, um anschließend, bereits dreiunddreißigjährig, in Stuttgart, London und Heidelberg Psychologie zu studieren. Wobei sie in ihrem Ehemann Alexander einen Lehr-, aber auch Zuchtmeister typisch deutscher Herkunft und Prägung fand: Sein Urgroßvater Eilhard gilt als Entdecker der Isomorphie und

Mitbegründer der modernen Chemie; der Großvater machte sich als Professor in Freiburg und Erfinder der Herstellung von Papier aus Holz einen Namen, und Alexander selbst arbeitete sich schnell als kosmischer Vergangenheitsbewältiger ins Rampenlicht.

Der Vater – kein Vorbild

Die intellektuell feine Bewältigung deutscher Geschichte in ihrem gemeinsamen Buch *»Die Unfähigkeit zu trauern«* (1967) liest sich zwar ebenso blendend wie Alexanders Untersuchung einer autoritätshörigen Gesellschaft in *»Auf dem Weg zur vaterlosen Gesellschaft«* (1972). Doch analysiert Margarete Mitscherlich heute deutlich den Zwiespalt zwischen Anspruch und Wirklichkeit des Autors und Familienvaters: »In seinen beruflichen Funktionen konnte der Vater kein Vorbild mehr darstellen, familiär dagegen bestanden Traditionen autoritär-patriarchalischer Art weiter.«

Damit zieht sie ihren Mann nachträglich an den Ohren, denn »in ganz bestimmter naiver Weise hatte Alexander genau diese männlichen Verhaltensweisen. Worüber wir in der Familie ihn dann immer ausgelacht haben.«

Betraf die harsche Philippika vorerst ihren Mann, so dehnte Margarete Mitscherlich ihre Kritik schnell auf alle Männer aus: »Mit absoluter Sicherheit hat sich Alexander auch nie wirklich um seine kleinen Kinder so gekümmert wie dies beispielsweise heute mein Sohn macht.«

Und das, obwohl immer gelacht wurde bei den Mitscherlichs? Margarete Mitscherlich läßt durchklingen, wie sehr sie es als Frau verletzt, daß ihr Mann, den sie in den letzten Monaten vor seinem Tod aufopferungsvoll pflegte, in seinem letzten Buch, *»Ein Leben für die Psychoanalyse«*, seinen eitlen Personenkult auf die Spitze trieb – und auch hier noch seine private Situation (Frau, Ehe, Kinder) vollständig ausklammerte.

Die Frau – die neue Leitfigur

Ist also die Frau als Mutter immer die Leitfigur des Mannes? »In der Familie ja«, meint die Witwe Alexanders und verweist aufs Generelle, »doch außerhalb rangiert die Frau laut sechstem Gebot hinter dem Besitztum, dem Haus und dem Hof.«

Daß sich Margarete Mitscherlich erst nach dem Tod ihres Mannes in langsamen Schritten zu befreien und als Großmutter selbst zu finden und zu verwirklichen sucht – wer will ihr das verdenken. Denn wer einen von zerebralen Altersbeschwerden gebeutelten deutschen Akademiker pflegte und eine durch und durch robuste Frau ist, kann am kränklich-weinerlichen deutschen Intellekt leicht zerbrechen.

Die streitbare Autorin des Bestsellers *»Die friedfertige Frau«*, die ich in den letzten Jahren mehrmals traf und bei Diskussionen erleben konnte, kann denn auch im Lauf eines Gespräches einem die unangenehmsten Theorien und Beweise um die Ohren schleudern – angesichts ihres schon fast legendären, einschmeichelnden Lächelns erträgt es jeder Mann, als »Macho«, als »Mythos, der sich selbst in die Luft sprengt«, als »angeblich rassisch Überlegener« und »Mensch mit wahnhaften Vorstellungen von Männlichkeitsidealen« tituliert zu werden.

Sicher: Ihre Thesen zu Männern, Frauen, Beziehungsproblemen und Aggression sind schlüssig, plakativ. So formuliert sie ohne Punkt und Komma, daß »es in allen uns bekannten Zeiten Kriege gegeben hat, die nur Männer führten«. Und als Gegenschluß stellt sie bündig fest, daß »in allen uns bekannten Kriegen die Frauen eine dienende oder unterhaltende Funktion hatten«.

Wobei sie ihre Kernthese mit dem Satz belegt, daß »in allen uns bekannten Zeiten vor allem Männer Gewaltverbrechen begangen haben und die Frau in der Gewaltindustrie nur eine dienende Funktion hat: Sie kann Maschinen bedienen, Bürotätigkeiten ausführen, Kantinen versorgen.«

Margarete Mitscherlich geht es bei ihren Theorien und Beispielen nie um Einzelfälle. Und Gegenbeispiele in Form von Frauenschicksalen wie dem von Englands »Eiserner Lady« MAGGIE THATCHER, die als Frau Karriere machte und den Krieg um die Falklandinseln durchstand, läßt die streitbare Feministin keine Sekunde gelten. Denn gerade dieser Einwand ist für sie »wieder mal typisch männlich«. Warum? »Weil das individuelle weibliche Verhalten mindestens so unterschiedlich wie das von euch Männern ist.«

Um was es geht, meint Frau Mitscherlich, »ist ja nicht die Überlegung, wie wäre die Geschichte mit Frauen anders verlaufen? Die Frage, die gerade ihr Männer nicht begreifen wollt, ist doch die, mit welcher Mentalität, welchen Haltungen, welchen Wertvorstellungen und mit welchen mitmenschlichen Beziehungen wäre die Geschichte anders verlaufen, wenn – ja, wenn Frauen wenigstens als Partnerinnen akzeptiert worden wären.«

Erste Chancen in dieser Richtung scheinen für die vergangenen Jahre jedenfalls bereits verspielt. So kamen die Krieger aus dem Zweiten Weltkrieg zwar mit einer gebrochenen Männlichkeitsideologie zurück, »aber dann kam doch sofort die Restauration der fünfziger Jahre, die totale Identifikation mit den Siegern«.

Selbst die 68er-Generation hat für die Psychologin und Zeitkritikerin völlig versagt: »Die Frau wurde doch letztlich genauso behandelt wie eh und je. Mit einem Unterschied: daß die Frauen langsam kapiert haben, ihre Kritik auf den Mann zu richten.«

Männer – die Hersteller von Dummheit

In Wirklichkeit hat der Mann seit fünfundzwanzig Jahren Federn gelassen. Die Frauen haben sich emanzipiert – zumindest können Männer das von Frauen erworbene Wissen um die eigene Selbständigkeit nicht mehr rückgängig machen. »Das läßt sich nicht mehr zurückschrauben. Das ist ein Teilerfolg, obwohl es Männern wie unseren lieben HELMUT KOHL gibt, der dumm genug ist, an ganz bestimmte und beschränkte Ideale und Wertvorstellungen zu glauben. Denn würde er dieses Weltbild erweitern können, würde sich herausstellen, daß er zumindest unterdurchschnittlich intelligent ist«, wie Frau Mitscherlich dem Autor anläßlich eines in der *Schweizer Illustrierten* veröffentlichten Interviews mitteilte.

Die laut Mitscherlich »von den Männern hergestellte Dummheit« der Männerwelt wehrt sich auf ihre Weise. So geben die Protagonisten dieser Denkungsart nicht klein bei und haben, so unterstreicht Margarete mit einer flüchtigen Handbewegung, »uns Frauen schon wieder nette kleine Spielwiesen zugeordnet: Frauen dürfen heute Filme drehen und auch mal in TV-Shows kritisch Männer unter die Lupe nehmen. Doch alles bleibt ein Minderheitenprogramm.«

Doch die grauhaarige charmante Dame mit dem forschen Mundwerk will keinesfalls klein beigeben. Sie beschwört geradezu die Frauen, »endlich und noch viel mehr fortschrittlich zu denken und männliche Rollenbilder, Wertvorstellungen und Haltungen nicht zu übernehmen, sondern in Frage zu stellen«.

Um die Deformation eines ganzen Geschlechts zu verhindern, fährt Margarete Mitscherlich weitere Geschütze auf. Ohne Punkt und Komma schleudert sie mir an den Kopf, daß »erstens die Masse der Männer genau so ist, wie wir Frauen es behaupten; zweitens die ältere Generation in den Kneipen immer noch vom Krieg schwärmt; und drittens heute im Sport ja wieder dieser männlich-verdrängte Patriotismus durchschlägt«.

Die einerseits als »Mutter Courage« und andererseits als »erledigter Fall« Bezeichnete läßt nicht locker: »Denn glauben Sie mir, es gibt immer mehr Männer, die anfangen, ihr Leben zu ändern: Denn der Mann braucht Zeit, Zeit, sich mit sich und der Frau auseinanderzusetzen.«

»Die Frauenseele ist für mich ein offenes Buch – geschrieben in einer unverständlichen Sprache.«
EPHRAIM KISHON

Männer – Ausländer im Land der Gefühle

CHERYL BENARD *und* EDIT SCHLAFFER *heißen die Seelenführer der modernen Frau. Die beiden Radikalfeministinnen schreiben Bücher mit schönen Titeln: über Männer, die beide weder lieben noch anerkennen.*

»Das Wort ›Emanzipation‹ kann niemand mehr hören«, schreiben die fleißigsten Damen des Emanzipationsgewerbes, die beiden in Wien lebenden, praktizierenden und unermüdlich neue Fallgeschichten ausgrabenden CHERYL BENARD und EDIT SCHLAFFER. Stets haben die beiden die Nasenspitze einen Trend voraus – und immer haben sie unglaublich viele Geschichten von Frauen und Männern zu erzählen. Der geneigte Beobachter befürchtet, daß jedes menschliche Wesen, das bei diesen Damen beruflich oder privat verkehrt, per »Seelenwanze« sogleich sein ganzes Innerstes auskübelt, was sofort in ein neues Buch verpackt wird.

Da Cheryl Benard und Edit Schlaffer heute die Galionsfiguren der Emanzipationsliteratur geworden sind, müssen wir uns auch intensiver mit ihnen beschäftigen.

Woher kommen eigentlich Cheryl Benard und Edit Schlaffer? Und was haben sie bisher schon alles angestellt? Was geschrieben, das die Frau dem Mann abends zwischen Essen und »Derrick« noch kurz um die Ohren pfeffert?

Cheryl Benard wurde 1953 in New Orleans/USA geboren, Edit Schlaffer kam 1950 im österreichischen Burgenland zur Welt. Beide studierten Politik und Soziologie und waren als Sozialwissenschaftlerinnen an der Universität Wien tätig. Heute leiten sie die »Ludwig-Boltzmann-Forschungsstelle für Politik und zwischenmenschliche Beziehungen« in Wien, gründeten 1981 die Menschenrechtsorganisation »Amnesty for Women« und versuchen, so ihre Eigenaussage, »seit Jahren unerschrocken, die Männer zu bilden, die Frauen rebellischer zu machen und die Gesellschaft zu verändern«.

Männer, aufgepaßt! Cheryl Benard und Edit Schlaffer verstehen ihr Handwerk. Sie spielen auf allen Klavieren perfekt. Und haben trotz der griffigsten Titel des Frauenbuchmarktes nur eines im Sinn: »den Mann zu erziehen«. Im Klartext: der Frau einzutrichtern, wie nutzlos, gefühlskalt und letztlich überflüssig der Mann, jeder Mann, ist.

Männer – die ewigen Schläger

Das begann bereits 1978 mit ihrem ersten Buch *»Die ganz gewöhnliche Gewalt in der Ehe«*. Ob jung oder alt, reich oder arm – auf den 192 Seiten prügeln, schlagen, quetschen, züchtigen, hauen und knüppeln Männer Frauen nieder, daß es einem schlecht werden kann. Die *»ganz gewöhnliche Gewalt in der Ehe«* ist Anlaß, um die feministische These des Duos zu untermauern, die da lautet: »Die Ideologie der Liebe und die Institutionen von Männlichkeit und Weiblichkeit verhindern die Erkenntnis, daß die Erwartungen an eheliches Glück von vorneherein zum Scheitern verurteilt sind. Enttäuschung und Aggression sind in die Beziehung einprogrammiert.« Wer also seine Frau nicht schlägt, ist einfach falsch programmiert!

Auch in ihrem zweiten Werk *»Der Mann auf der Straße«* wird der Mann als stets geiler Bock hingestellt. Und da Cheryl Benard und Edit Schlaffer in Wien leben, schonen sie auch berühmte Journalistenkollegen nicht, die sie unter Pseudonymen auftreten lassen. Trotzdem weiß ganz Wien seither, welch schlimmer Charakter in dem bekannten Herrn steckt, der soeben seinen siebzigsten Geburtstag feierte.

Cheryl Benard und Edit Schlaffer haben ein Kredo: »Männer sind Ausländer im Land der Emotionen. Weibliche Vorstellungen von männlichen Verhaltensweisen führen Frauen, die in der Welt der Emotionen zu Hause sind, nur zu oft in die Irre und enden kräfteverzehrend in Katastrophen. Frauen sollten wissen, wie Männer funktionieren, und daraus pragmatische Schlüsse ziehen. Nur dann ist ein Miteinander ohne allzu große Reibungsverluste möglich. Andererseits aber bietet das Männerverhalten eine durchaus sinnvolle Anleitung, wie Frauen mit dieser Welt, mit sich selbst, mit den Männern, mit ihren Gefühlen und im Berufsleben besser zurechtkommen können.«

Sehen wir uns dazu ihr Buch *»Liebesgeschichten aus dem Patriarchat«* aus dem Jahr 1981 an. Da werden einst weltberühmte Frauen, die so prominent und so reich sind, daß sich keine »normale« Frau mit ihnen messen kann, interviewt, wie die italienische Starjournalistin und Bestsellerautorin ORIANA FALLACI (»Ich habe gekämpft, instinktiv«) oder die millionenschwere SUSANNA AGNELLI (»Man muß die Eitelkeit der Männer nutzen«) aus dem FIAT-Imperium.

Der lesende Mann ahnt, was da kommt. Richtig – auf Seite 285 steht: »Und was will das Weib? Wir wollen alles ... Erlebnisse, Männer, Geld, Gerechtigkeit, Sinn, Kinder, Liebe, Selbständigkeit, einfach alles.«

Männer – Würger aus dem Dschungel

Im nächsten Buch von Cheryl Benard/Edit Schlaffer, dem Bestseller *»Im Dschungel der Gefühle«*, teilt uns das bienenfleißige Schreiberduett von der Donau mit: »Die zivilisatorischen Errungenschaften im ausgehenden zweiten Jahrtausend können sich sehen lassen: Blitzende Einbauküchen und Toilettenkomfort, Überschallflugzeuge und Bach im CD-System, soziale Marktwirtschaft und amnesty international. Wir hoffen: Zivilisation hat auch etwas mit der Zivilisierung von Menschen zu tun, mit Abnahme der Gewalt, zumindest der offen gezeigten. Irrtum.

Denken und Verhalten der Menschen (gemeint ist der brutale, schlagende, böse Mann – Anm. des Autors) richten sich vielfach noch nach den Gesetzen des Dschungels: ›Ein Mann erdrosselt zwei Frauen, weil sie ihm sexuelle Beziehungen verweigerten.‹ ›Ein vierzigjähriger Beamter erwürgt seine Frau nach einem Familienstreit. Danach tötet er den fünfjährigen Sohn, um ihn als ›Zeugen‹ aus dem Weg zu räumen.‹ ›Harald T. versuchte dreimal, seinen Stiefvater mit einer Axt zu erschlagen. Die Polizei ließ ihn laufen. Beim viertenmal war der Stiefvater tot.‹«

Der Mann, das prügelnde Feindbild aus dem Gruselkabinett der Doktoren Benard & Schlaffer: »Wegen des verbrannten Schnitzels wird die Frau zu Boden geschlagen, wegen des behutsamen Vorschlags der vorübergehenden Trennung die Freundin stranguliert. Männer erheben die Knochenkeule und schleifen die Frauen an den Haaren in die Höhle.« Immer wieder nur Männer? »Ja, nur selten setzen Frauen körperliche Gewalt ein, um den anderen zu beherrschen. Nur selten auch würden ihre Kräfte dazu ausreichen. Aber zu lange tolerieren sie Gewalt, gehen zurück, wenn die Würgemale nicht mehr sichtbar sind und der Mann nur verspricht, sich zu bessern.«

Cheryl Benard/Edit Schlaffer wollen den totalen Geschlechterkampf. Und so formulieren sie: »Abschreckung, Vergeltungsschläge, Gleichgewicht des Schreckens, diese Begriffe aus dem militärstrategischen Vokabular können auch für den Geschlechterkampf hilfreich sein.«

Und wer ist mal wieder an allem schuld? Falsch! Nicht der alte Mann, sondern: »Die Ideologie der neuen Machos verhöhnt Gleichmaß und Freundschaft; Frauenverachtung und Brutalität kommen mit lockeren Sprüchen in modischen Zeitschriften ›für den Zeitgeist‹ daher.«

Männer – zu doof für Frauen

1985 zünden Cheryl Benard/Edit Schlaffer eine neue Rakete gegen den Mann. Unter dem Titel *»Viel erlebt und nichts begriffen«* nehmen sie »Die Männer und die Frauenbewegung« ins Visier. Und das liest sich dann so:

»Die ›Männerfrage‹ gibt es nicht – zumindest nicht für Männer. Sie sehen keine Veranlassung, über sich selbst nachzudenken, es sei denn spielerisch, zum Zeitvertreib. Denn andere nehmen ihnen diese Aufgabe ab: die Frauen. Frauen denken pausenlos und unaufhaltsam über Männer nach. 80 Prozent der Denkkapazität von Frauen wird von Männern absorbiert, wird an Männer verschwendet, wie auch immer man es sehen will. In diesem Bad fraulicher Aufmerksamkeit suhlen die Männer sich trotzig, die jungen und die alten, die Karrieremacher und die Latzhosenträger, die Linken und die Rechten, die mit Aktentaschen oder mit Ring im Ohr. Über die Beziehung nachzudenken ist ebenso wie Plätzchenbacken und Kinderkriegen Frauensache. Aber die ›neuen‹ Männer? Sie können stricken, die Diskussion über die Frauenfrage ist ihnen geläufig, sie beherrschen die geburtsbehilfliche Atmung. Aber sonst? Was spielt sich in den Männergruppen ab? Warum entgleisen sie so leicht in wehmütige Zelebrierungen arachaischer Männlichkeit? Was ist denn nun neu an dem neuen Mann? Eines bestimmt: Auch den Feminismus weiß er noch für sich zu nutzen.«

Männer – nichts als Ausreden

Im Klartext: »Der Mann im Buch« oder »Der Mann im Bett« – es sind »Männer ohne Eigenschaften«. Der »sprachlose Mann« verweigert sich nur aus taktischen Gründen und mit der läppischen Ausrede »Meine Frau versteht mich nicht«. Überhaupt verkommt alles »im Sumpf der Gefühle«.

Trotzdem verfassen 1988 Cheryl Benard/Edit Schlaffer das Buch *»Männer«*, wobei der Untertitel bereits den Inhalt festlegt: *»Eine Gebrauchsanweisung für Frauen«*.

Und so erfährt der verblüffte Mann im Vorwort: »Die Vorgehensweise der Männer ist oft kräfteschonender und zielorientierter als die der Frauen. Wenn auch die Ziele selbst (mehr Geländewagen in den Citys verkaufen, den Zigarettenabsatz in Rotchina steigern, das seichteste TV-Programm herstellen) oft töricht, wenn nicht gar gefährlich sind, so können Frauen, frei nach dem Motto: ›Männer machen vieles besser, aber sie machen das Falsche‹, von den männlichen Durchsetzungsstrategien lernen.«

Soeben noch in die Abstellkammer der Gefühle wegen physischer Gewalt gegen Frauen verbannt, sind jetzt die Männer plötzlich dienlich als deren »Gebrauchsanweisung«.

Kein Mann kennt sich mehr aus. »Die Frage nach dem Sinn ihres Tuns stellt sich den Männern selten«, hören wir – und greifen zu dem Buch *»Rückwärts und auf Stöckelschuhen«*, das Cheryl Benard/Edit Schlaffer nur ein Jahr später (1989) auf den Markt brachten. Wieder vernehmen wir Neues zum Feindbild Mann: Hinter jeder erfolgreichen Frau steht ein »Vater (der sie bevormundet) oder ein Partner (der sie blockiert)«, lesen wir. Und abermals erzählen Silvias und Martinas, die Ingenieurin Katja und die Künstlerin Fabiana, was sie nicht schon alles geschafft hätten, wenn, ja, wenn da nicht immer diese Kerle ihnen im Weg rumgestanden oder rumgelegen hätten.

Männer – gefühllose Steinzeitmenschen

Ihr vorletztes Buch betitelten Cheryl Benard/Edit Schlaffer auch wieder gewinnträchtig: *»Laßt endlich die Männer in Ruhe«* (1990). Und hier zieht das feministische Duett wieder voll vom Leder: »Der Mann hat einfach nicht bemerkt, was einer Partnerin fehlt«, schreiben sie und liefern auch sofort die Begründung: »Er ist einfach unbelehrbar«.

Indes: »Erkannt hat der Mann, daß ihm seine gefühlsmäßige Verweigerung ein starkes Druck- und Machtmittel der Frau gegenüber in die Hand gibt.« Denn Männer sind für Benard/Schlaffer »eine sehr gut funktionierende Gewerkschaft von Gefühllosen«. Und dieses Kartell blockt Frauen ab, verriegelt ihr Innenleben, erpreßt Frauen mit einer gezielten Strategie der Verweigerung und Entsagung.

Schön wäre es ja, wenn uns Männern endlich mal eine kurze Verschnaufpause gegönnt würde. Aber nein: Jetzt hat das Wiener Feministinnenpaar den Vater im Visier. *»Sagt uns, wo die Väter sind«* heißt ihr neuestes Druckwerk. Dort handeln 252 Seiten *»von der Arbeitssucht und Fahnenflucht des zweiten Elternteils«*. Und bereits die Kapitelüberschriften zeigen, was der Mann hier zu erwarten hat: »Der Mann ohne Eigenschaften«, »Im Schatten des Patriarchats«, »Der diskrete Charme des Büros«, »Frauentreue und Kinderleid«, »Die Steinzeit ist noch nicht zu Ende« und – als High Noon – »Männer lassen richten – über den unbeirrbaren Kampfgeist der Scheidungsväter«.

Welcher Mann nun glaubt, es sei genug und abergenug, der irrt. Das neueste Werk von Benard/Schlaffer zerrt den geschiedenen Mann in die Öffentlichkeit. Und wie er es auch macht, was er auch zahlt – egal: Er bleibt der Neandertaler, der Mann ohne Eigenschaften, als Liebhaber, Gesprächspartner, Ehemann, Vater und Scheidungskrüppel.

Und natürlich wird alles, was an neuen Vorurteilen durch die Medien und über die Sofas der Psychotherapeuten dümpelt, erneut zu einem »J'accuse, Monsieur« zusammengequirlt.

6. Lektion
Neuer Haß – gegen den Mann

> »Wir müssen lernen, Männer zu hassen. Wir müssen sie ausgrenzen.«
> Flugblatt in Zürich

»Männer ausgrenzen« – eine neue feministische Strategie

Frauen gehen auf die Straße und demonstrieren gegen die Apartheid in Südafrika – und betreiben selbst eine Apartheidspolitik gegen Männer. Frauen gehen auf die Straße und demonstrieren gegen Fremdenhaß – und hassen jenen, der »Frau Fremden«. Sie gehen auf die Straße und fordern Gleichberechtigung – und schließen Männer von Jurys, Messen, Reisen, Seminaren und Kongressen aus.

»Vorsicht, geschlossene Gesellschaft. Immer mehr Anlässe werden von Frauen ausschließlich für Frauen organisiert. Männer müssen draußen bleiben, auch die männliche Presse. Was ist bloß mit den Geschlechtsgenossinnen los?« Das fragt am 20. Dezember 1991 Ulrike Meyer im *Tagblatt der Stadt Zürich*, dem städtischen Amtsblatt, und wird dann konkret:

»Spätsommer 1991: Ein Paar aus dem norddeutschen Detmold freut sich auf einen historischen Stadtrundgang, den es mit einem befreundeten Zürcher Paar unternehmen will. Besammlung ist beim Kanzleizentrum, von dort aus soll den Spuren starker und wichtiger Frauen nachgespürt werden. Was die Stadtgängerinnen und -gänger nicht wissen: Männer dürfen nicht mitgehen, obwohl gerade sie mehr über starke Frauen erfahren sollten.

Anfang November: Die ›Rote Fabrik‹ begeht die ›Frauenkonzepttage‹, eine Veranstaltungsreihe zur Rückeroberung des entfremdeten Frauenkörpers. Um Schönheitszwang dreht sich das Thema, und unter den setzen uns die Männer ja seit langem, besonders die Werbemänner. Rund die Hälfte der dreizehn Veranstaltungen wird deshalb ›männerabstinent‹ durchgeführt.

Mitte November: Im Spannungsfeld von Eros und Religion findet in der

Helferei Großmünster die erste Frauen-Kirchen-Nacht statt. Männer wurden ausgesperrt.«

Männer werden boykottiert und ausgesperrt

Für die vielen »Gleichstellungsbüros«, die sich nach und nach in jeder Stadt etablieren und von Steuergeldern großzügig finanziert werden, sind die »Ausgrenzungen von Männern« etwas völlig Normales, da jene Frauen immer stören. Egal, ob ein Mann in einer Frauenbuchhandlung ein Buch kaufen will – er wird rausgeschmissen. Begleitet er seine Frau in einen Frauenbuchladen, kann es ihm passieren, daß er von einer im wahrsten Sinne des Wortes brutalen Feministin niedergeschlagen wird – wie dies bereits geschehen ist. Nun kenne ich allerdings keinen Buchhändler, der das gleiche einer Frau angetan hat, nur weil sie bei ihm ein Buch kaufen möchte.

Felix Stern hat in seinem Buch *»Und wer befreit die Männer«* ein paar Beispiele der Geschlechterapartheid gesammelt. Wir zitieren, was es schon gibt:

- Buchläden, die nur Frauen bedienen;
- Boykottaufrufe, nicht bei Männern zu kaufen;
- Boykottaufrufe, nur Ärztinnen, Masseurinnen etc. aufzusuchen (*Emma*, 4/87);
- kommerzielle Frauenmesse »Top 91« vom 20. bis 23. Juni 1991 in Düsseldorf. Unternehmen, Verbände und Institutionen hatten Möglichkeit zur Selbstdarstellung und zum Verkauf, mit Symposien, Workshops zur Frauenfrage etc.
- Wahl des »frauenfreundlichsten Betriebs des Jahres«, beispielsweise in Hessen ist dieser jährliche Preis mit 20 000 Mark dotiert und wird von der Bevollmächtigten der Landesregierung in Hessen für Frauenangelegenheiten an kleine und mittlere Firmen vergeben, die »Frauen faire Chancen« ermöglichen;
- Hotels, die Frauen vorbehalten sind, in denen Männer nur an die Rezeption, nicht aber aufs Zimmer mitdürfen (unter anderem in Berlin, London, Paris, Schleswig);
- auch sind Hotels mit reinen Frauenetagen geplant;
- Frauenkneipen;
- Frauenreisebüros und -reiseveranstalter (etwa in Berlin);
- Frauenunternehmensberatung;
- Frauenanlageberatung (Frauennetzwerk Goldrausch e. V.);
- Frauenrechtshilfefonds gegen »frauendiskriminierende Rechtsprechung«;
- Frauentouristinformationen (Berlin, Fraueninfothek);
- feministische Reiseführer;

- Frauenstädte und -behördenführer;
- Frauenempfänge (unter anderem in Wiesbaden, Frankfurt, Köln, Hamburg, Berlin);
- Seminare, Kongresse nur für Frauen;
- Frauen, die nur für Frauen forschen;
- Frauenpartei;
- Frauenförderpreise, zum Beispiel der mit 100 000 Mark dotierte Frauenförderpreis für herausragende Leistungen in der Arbeitswelt, Journalistik, Kultur, Politik, Wissenschaft und im ehrenamtlichen Bereich für Frauen und Frauengruppen, die sich mit ihren eigenen Problemen, der Situation der Frau in der Gesellschaft und ihren Lebensbedingungen sowie mit ihrer Geschichte auseinandersetzen und neue Denkansätze und Handlungsansätze zeigen;
- »Sieziehung statt Erziehung«;
- Feministische Schul- und Mädchenarbeit, die Mädchen von Jungen separiert, um sie vom »schädlichen Einfluß« zu befreien (unter anderem in Nordrhein-Westfalen, Niedersachsen, Schleswig-Holstein);
- Grüne in Niedersachsen planen reine feministische Mädchenschulen;
- Aral-Journalistinnen-Handbuch des Deutschen Journalisten-Verbandes, in das Männer, die über Frauenthemen schreiben oder in der Yellow-Press beschäftigt sind, nicht aufgenommen werden;
- Frauenkulturveranstaltungen, etwa das jährliche »Festival für Frauen« in Hamburg mit musikalischen Allround-Shows, Komponistinnen, Sängerinnen, klassischem Frauenkammerorchester und dergleichen mehr;
- Frauenfestival nur für Frauen;
- Frauenkabaretts, deren bisweilen üble Männerkomik eher an diskriminierende Juden- oder Ossi-Witze denn an Humor erinnert;
- Künstlerinnenkongresse für bildende Künstlerinnen, Filmemacherinnen, Designerinnen etc. (so auch am 30. August 1990 in den Wiesbadener Brunnenkolonnaden);
- Frauenkunstquote, aufgrund einer mit Bundesmitteln finanzierten Frauenforschungsstudie gefordert;
- Frauenkunstausstellungen, beispielsweise »Künstlerinnen des 20. Jahrhunderts« im Wiesbadener Museum;
- Frauenmuseum;
- Frauenarchive;
- Frauenhäuser;
- Frauenkommunikationszentren;
- Parkplätze nur für Frauen;
- Planung eines frauenfreundlichen Nahverkehrs in Frankfurt;
- Initiativen für männerfreie Straßenbahnwagen;

- ○ Nachttaxis für Frauen;
- ○ Frauenaltersheime;
- ○ Architektinnenwettbewerbe, zu denen Männer nicht zugelassen sind;
- ○ feministische Stadtteilplanungen: »Mit Nachdruck pocht der Ausschuß für Frauenangelegenheiten darauf, daß bei Planung und Bau der Siedlung Sauerland (Wiesbaden) feministische, das heißt frauenfreundliche und damit auch familiengerechte Architektur zum Zuge kommt« (*Wiesbadener Kurier*, 10. Mai 1990);
- ○ Frauenstädtepartnerschaften (Wiesbaden und Berlin-Kreuzberg);
- ○ Bundesfrauenplan zur Koordinierung der weitverästelten, bundesweiten Frauenforderungen und Frauenförderungen;
- ○ eine internationale, offensive »EG-Frauenlobby« in Brüssel mit Ziel, »die einzelnen nationalen Frauenräte auf europäischer Ebene zusammenzuschließen, um den Forderungen mehr Nachdruck verleihen zu können ... und alle diejenigen Richtlinienentwürfe durchzusetzen, die die Lebenssituation der Frauen verbessern. Wir werden uns natürlich auch einmischen, wenn es etwa um die Zielrichtung von Frauenförderungsprogrammen der EG geht« (ANNELIESE MÜLLER vom deutschen Frauenrat, *Wiesbadener Kurier* 13./14. April 1991).

Das neue Feministinnenspiel »Sperr den Mann aus!«

Das neue feministische Gesellschaftsspiel »Sperr den Mann aus!« macht die Runde – nicht nur in Deutschland, sondern auch in der Schweiz, wo alles noch etwas mehr übertrieben wird als schon im diesbezüglich bekannten Deutschland: So überraschte das Zürcher Kammertheater Stok mit dem Spiel »Bruchstein spielt Bruchstein«, exklusiv für Frauen. Das Stück über Inzest ist vom eidgenössischen Büro für Gleichstellung von Mann und Frau ausgezeichnet worden, als Veranstalterin tritt unter anderen die Jugendberatungsstelle der Stadt Zürich auf. ERIKA HÄNSSLER, verantwortlich für das Theater, erfuhr zu ihrem Erstaunen erst aus Inseraten, daß die Aufführungen nur Frauen vorbehalten waren. Radikalfeministinnen haben mit ihrer Apartheidspolitik jede Art demokratischer Grundstrukturen außer Kraft gesetzt und faschistisch verfügt, daß Männer des Teufels sind, also nicht ins Theater dürfen.

Ein weiterer Fall aus Zürich: Wenige Tage später versammelten sich im mit Steuergeldern finanzierten, kleinen und den Bürgern gewidmeten Ortsmuseum Wiedikon Frauen zu einem Seminar unter dem Motto »Frieden und Gerechtigkeit«. Wieder wurden die Männer ausgesperrt.

Der neue Rassismus, den Feministinnen heute predigen, zeitigt ungeahnte Auswirkungen: In Städten beispielsweise sind tatsächlich Männer unterwegs, um die Verkehrsschilder, auf denen ein Fahrrad mit einer »Männerstange« auf einen Radweg hinweist, auszuwechseln – gegen ein Schild, das ein Damenrad zeigt. Gleichzeitig entblöden sich Kommunen nicht, Steuergelder in Höhe von Hunderttausenden aus dem Fenster zu werfen, um prüfen zu lassen, ob nicht auch die Ampelanlagen, die einen Mann im roten und grünen Fenster zeigen, ersetzt werden können durch »Strich-Frauen«.

Felix Stern, der bereits zitierte Autor, hat hinsichtlich dieser Problematik einen Fragenkatalog zusammengestellt, den wir im folgenden wiedergeben wollen:

Wird es vielleicht bald geben:

- ○ Sonderrechte für Frauen?
- ○ Weibliche Gerichtsbarkeit?
- ○ Frauensozialversicherungen?
- ○ Frauenparteien?
- ○ Frauenparlamente?
- ○ Frauenrathäuser?
- ○ Feministische Frauenvorherrschaft (stellenweise schon praktiziert, wenn alle Führungspositionen, zum Beispiel einer wichtigen Behörde, mit Feministinnen besetzt werden)?
- ○ Frauenbildungspolitik?
- ○ Männerfreie Stadtteile?
- ○ Wohnblocks und Schwimmbäder nur für Frauen (schon in Zürich vorhanden)?
- ○ Altenheime, Kliniken, Sozialstationen, Behindertenheime und dergleichen nur für Frauen?
- ○ Bibliotheken, Kinos, Theater, Kaufhäuser, Bürgerinnensteige, Parkhäuser oder Parkbänke nur für Frauen?
- ○ Frauen-Amüsiermeilen, -Kreuzfahrtschiffe und -Luftlinien?
- ○ Frauenstädte?
- ○ Frauenfertighäuser?
- ○ Lesbenfamilien, in denen Kinder keinen Vater, sondern Mütter und Vaterinnen haben?
- ○ Gebärautonomie als Frauengrundrecht?

Feministinnen bestimmen selbstherrlich, wer zu Veranstaltungen darf und wer nicht. Diese neue Form des Rassismus ist mehr als eine Modeerscheinung feministischer Zirkel.

Daß sich sofort männliche Wendehälse diesem Trend zum »Aussperren« anschließen, verwundert nicht. So verfiel Adriano Vigano, der Leiter des Züricher Kinos »Frosch«, auf die Idee, den Film *»Anna Göldin – Letzte Hexe«* zweimal in der Woche nur für Frauen zur Aufführung zu bringen. Die

Begründung des Kinoinhabers: Frauen sollten vor anzüglichen Bemerkungen und Sprüchen der männlichen Zuschauer geschützt werden.

Vigano aber machte die feministische Rechnung ohne die Wirtin: Erst tobten Frauen, die sich diesen Film gerade mit ihrem Partner ansehen wollten, an der Kasse. Und dann griffen die Regisseurin GERTRUD PINKUS und die Autorin EVELIN HASLER selbst ein. Und die möchten ihren Film beiden Geschlechtern zeigen.

Und was sagt die von Steuergeldern bestens bezahlte LINDA MANTOVANI-VÖGELI vom städtischen »Büro für Gleichstellung von Frau und Mann« in Zürich dazu? Frauen seien noch immer nicht gleichberechtigt, seien auf eigene Veranstaltungen und Räume angewiesen, um ihre Bedürfnisse ungestört artikulieren zu können.

»Sie möchte ihn nochmals töten.«
PIEKE BIERMANN in: *»Violetta«*

Frauen morden besser

Sind Männer brutal, mörderisch? Die Wahrheit: Feministische Krimiautorinnen morden viel brutaler und mörderischer als ihre männlichen Kollegen.

»Das Maß ist voll. Jetzt schlagen Frauen zurück. In der Literatur zumindest«, tut uns ISABEL MORF in der linken Schweizer *Wochenzeitung* am 5. April 1991 kund. Es geht um den neuen Trend: »Gewalttätige Frauen in der neuen Frauenliteratur«. In den neuen Frauenkrimis werden »Männer nicht mehr angeklagt, sondern umgebracht. Wegen Vergewaltigung. Wegen Belästigung. Wegen Anmache.«

Und das ist ein blutiges Geschäft, denn Männer sind zähe Wesen, wenn sie von Frauen um die Ecke gebracht werden. Doch in den neuen »Men-Killer-Romanen« hat die Frau immer das moralische Recht auf ihrer Seite. »Denn die feministischen Thriller werden nicht etwa aus Lust am Erzählen, am Aufbau eines Plots und der Freude an einer spannenden Geschichte geschrieben, sondern haben einen »politischen Hintergrund«: Teilen die Männer, so der neue Superstar der US-Thriller-Szene, die seit zwanzig Jahren als

»Feministin« bekannte SARA PARETSKY, die Welt in Geschlechter ein, sind Frauen zu »solch fragwürdiger Energie« nicht mehr fähig. Ein Mord an einem Mann ist folgerichtig nur das Ausradieren eines an sich bereits lebensunwerten Lebens – während Frauen stets das moralische Recht auf ihrer Seite wissen und keinen Hauch Mitleid mit dem Mann verspüren, der in ihren Augen eh nur ein »mieser Zuhälter«, »geiler Vergewaltiger« oder »widerlicher Großbetrüger« ist. Andere Männer tauchen folgerichtig erst gar nicht auf in den meisten frauenbewegten Krimis.

»Sein Kopf hing schlaff nach unten. Er schien nicht bei Bewußtsein. Sein bleiches Gesicht hatte blutunterlaufene Stellen, die Kopfhaut war kahl und zeigte entzündete rote Flächen, das Netzhemd, die Haut darunter und Arme und Hände waren blutverschmiert. Auf seinen Knien lag ein Pappschild: ›DIES IST EIN FRAUENHASSER, WIR HABEN IHN HEUTE SEINER GERECHTEN STRAFE ZUGEFÜHRT.‹ Es folgte etwas langes Kleingedrucktes. Ganz unten, wieder in großen Lettern: ›SO SEHT IHR BALD ALLE AUS, WENN IHR NICHT KAPIERT: WENN EINE FRAU NEIN SAGT, MEINT SIE NEIN! KOMMANDO JO ANN LITTLE.‹«

Das steht in PIEKE BIERMANNS Frauenkrimi *»Violetta«*, erschienen 1990 im Rotbuch-Verlag in Berlin.

»Sie schlägt mit dem Knüppel, auch wenn der Polizist schon am Boden liegt, sie prügelt noch, als sich schon nichts mehr bewegt und nichts mehr zu hören ist, sie haut und prügelt, schlägt, holt aus und drischt, schlägt, daß das Blut spritzt. Sie will weiter schlagen, aber es nichts mehr zu treffen, es ist schade, sie möchte ihn nochmals töten.«

Das steht in dem Frauenkrimi *»Eine Schädigung«* von LUBUSE MONIKOVA, veröffentlicht als dtv-Taschenbuch.

»Einer wollte sich mir aufdrängen, einer wollte mich bevormunden, zwei haben mich belästigt, und einer hat mich darum gebeten. Das nächste Mal ist vielleicht einer dran, der überheblich ist.«

Das sind die Motive der Frau, die sieben Männer ermordet im Frauenkrimi *»Lauter ganz normale Männer. Ein Krimi – nur für Frauen«*, von KATRIN & ERIK SKAFTES, erschienen als Taschenbuch im Fischer-Verlag.

Frauenkrimis haben den Mann »entmannt«, wie REGULA VENSKE in ihrem Buch *»Das Verschwinden des Mannes in der weiblichen Schreibmaschine«* anhand literarischer Beispiele belegt. So kommt beispielsweise 1986 in dem Krimi *»Zora Zobel zieht um«* die Autorin CORINNA KAWATERS mit einem einzigen Mann aus – und der tritt nur als Leiche in Erscheinung.

Kein Erbarmen mit den Männern

Morden Frauen besser? Zumindest literarisch? Sind Frauen bestialischer? Zumindest in ihrer Phantasie? Haben Frauen eine Mords-Lust an Morden?

Tatsache ist: Der »Frauenkrimi« hat den normalen Thriller in untere Verkaufsregale verdrängt. Und sprachlos sucht der Mann nach Frauenkrimis im Regal »Krimi«. Dort aber will frau nicht stehen, Seite an Seite mit DASHIELL HAMMET, GEORGES SIMENON, IAN FLEMING, JOHN LE CARRÉ, LEN DEIGHTON, TED ALLBEURY, DICK FRANCIS, BOILEAU/NARCEJAC, VÀZQUEZ MONTALBÀN, FRIEDRICH GLAUSER oder FRIEDRICH DÜRRENMATT. Die mordende Frau möchte literarisch höher angesiedelt werden. »Frauen schreiben nicht nur besser« (so die allgemeine feministische Grundüberheblichkeit) – Frauen schreiben auch für das bessere Geschlecht, die Frau (ergo: Männer raus aus den Regalen!). Und seit der Literaturfürst vom Bodensee, der mit der Sprache jonglierende MARTIN WALSER, mit seinem Tatort-Krimi *»Armen Nansoh«* eine kapitale Bauchlandung erlebte – seither feixen die literarisch mordenden Frauen nur noch mehr. Denn merke: Jede Zeile, die eine Frau sich aus den Fingern saugt, ist sofort Literatur, während der schreibende Mann im besten Fall durch die Spalten einschlägig bekannter Feuilletons gezerrt wird, bis er die Bescheinigung erhält, daß er erstens das Thema verfehlt, zweitens jenes gesellschaftspolitisch falsch ausgelotet hat und, drittens, überhaupt nicht schreiben kann.

Anders die schreibende Frau, besonders dann, wenn sie ihre mörderische Phantasie an Männern ausläßt. Dann kommt sofort Freude auf.

Freude an »Marlows schwarzen Schwestern« (so eine Überschrift in der linken Zeitschrift *Konkret*) haben auch die Verlage. Der Hamburger Verlag am Galgenberg verkaufte von DORIS GERCKES erstem, aber auch sehr gutem Krimi *»Weinschröter, du mußt hängen«* innerhalb des ersten Jahres 10 000 Exemplare, von Gerckes zweitem Thriller *»Nachsaison«* in nur sechs Monaten 8000 Exemplare. Die Sammlung *»Wie Frauen morden«* hat heute eine verkaufte Auflage von knapp 200 000 erreicht. Auch der Sammelband *»Tödliche Schwestern – 22 Spitzenstories von 22 tödlichen Schwestern«* bringt dem Heyne-Verlag fette Beute. Und PIKE BIERMANNS 13 Geschichten-Sammlung *»Mit Zorn, Charme & Methode«* lockt mit dem Untertitel: *»Die Aufklärung ist weiblich«* zu Nervenkitzel wie *»Die weiße Witwe«*, *»Der Babysitter«* und *»Man gönnt sich ja sonst nichts!«*. Begonnen hat die literarische Verwertung der »mordenden Frauen« aber nicht erst 1992, sondern bereits 1984. Damals erschien der von der »Gruppe Frauen schreiben« herausgegebene Band *»Mitten ins Gesicht. Weiblicher Umgang mit Wut und Haß«*.

Die neuen Superstars der Thriller-Literatur sind, wen wundert's noch,

Frauen. Die eine ist die in Österreich geborene und heute bei Bonn lebende CHRISTINE GRÄN: Mit ihren Thrillern *»Weiße sterben selten in Samyana«*, *»Nur eine läßliche Sünde«*, *»Ein Brand ist schnell gelegt«*, *»Dead is beautiful«* und den Stories *»Ein mörderischer Urlaub«* (alle Rowohlt Verlag) hat sie mit der ledigen, leicht dicklichen Journalistin Anna Marx eine neue Serienfigur ins Leben gerufen. Anders als ihre schreibenden Kolleginnen gewährt sie dem Mann wenigstens eine Chance, lebend davonzukommen.

Der neue Spitzenstar der mordenden Branche ist heute die bereits erwähnte SARA PARETSKY, eine 1946 in Kansas geborene Ex-Managerin eines Versicherungskonzerns. Sie hat ihre feministische Detektivin »V. I. Warshawski« mit allem ausgestattet, wie Frauchen sich Frauen heute vorstellen: V. I. ist eine junge, geschiedene, gutaussehende Juristin mit italienischer Mutter und polnischem Polizistenvater. Sie joggt täglich (ungern), trägt hochhackige Pumps (oft) und verbringt ihre Nächte ausgiebig bei Auftraggebern oder Verdächtigen, wenn ihre eigene Wohnung mal wieder in Flammen aufging – oder ein Mafia-Boß seine Schläger ihr als abendliches Empfangskomitee vor die Tür stellt. Sara Paretskys Bücher *»Blood Shot«*, *»Deadlock«*, *»Fromme Wünsche«*, *»Schadenersatz«*, *»Tödliche Therapie«* und *»Brandstifter«* sind keine dumm-deutschen Feministinnenkrimis mit hohem Sendungsbewußtsein, sondern »das Beste, was der amerikanischen Literatur überhaupt passieren konnte«, wie das Frauenmagazin *Ms* jubelte. Sara Paretsky erfand nicht nur ihre Titelheldin V. I. Warshawski, sie rief auch den weiblichen Krimi-Club »Sisters in Crime« ins Leben. Angeregt wurde sie hier, weil immer mehr Frauen Krimis schreiben, diese aber nicht von den Kritikern rezensiert wurden. Heute hat »Sisters in Crime« bereits sechshundert weibliche Mitglieder, darunter auch die literarischen Massenmörderinnen RUTH RENDELL und P. D. JAMES aus England.

Literarische Massenmörderinnen

Mit Morden Millionärin zu werden, hat Tradition. Nehmen wir das Beispiel AGATHA CHRISTIE. Keine ließ so perfekt Gifte schlucken, injizieren und einatmen. Keine ließ ihre ermordeten Männer länger und grausamer leiden. Keine ging wie die schüchterne literarische Massenmörderin perfekter über Leichen. Als die am 15. September 1890 als einzige Tochter eines reichen Börsenmaklers Geborene im Alter von 85 Jahren sanft entschlummerte, hatte sie 78 Krimis, 144 Kurzromane, 15 Theaterstücke, sechs Liebesromane (unter ihrem Pseudonym MARY WESTMACOTT) und über 300 Millionen Mark hinterlassen. In 63 Sprachen übersetzt und über eine millardemal verkauft wurden allein ihre Krimis mit dem geschniegelten belgischen Privatdetektiv »Hercule Poirot«, den sie 1920 für ihren Thriller *»Das fehlende Glied in der*

Kette« erfunden hatte, und der spleenigen »Hobbykriminalistin Miss Marple«, die erstmals 1930 den *»Mord im Pfarrhaus«* aufklärte.

»Die englische Häkelschule« nennt Krimiexperte JOCHEN SCHMIDT die beiden britischen »Mörderinnen« Agatha Christie und DOROTHY L. SAYERS. Letztere führte den eleganten »Lord Peter Wimsey« in die Thrillerliteratur ein, einen Bonvivant und deshalb der heute von Feministinnen verhaßten Männersorte angehörend. Seit Agatha Christie und Dorothy L. Sayers töten Frauen literarisch – besonders gern Männer. MARY ROBERTS RINEHART, MARGERY ALLINGHAM, NGAIO MARSH und PHILLIS D. JAMES komplettieren die mordende »englische Häkelschule«.

In den fünfziger Jahren beginnt die Texanerin PATRICIA HIGHSMITH ihren Siegeszug. Ihr »talentierter Mr. Tom Ripley« mordet mit solch einschmeichelndem Charme, daß es ein Lesevergnügen ist. Ist Ripley homosexuell? »Nein. Ripley ist nicht homosexuell, sein Sexleben ist lauwarm«, erklärt seine Erfinderin Highsmith, die von Feministinnen angegriffen wurde, weil ihr Frauenbild meist trist und Männer in ihren Büchern meist besser davonkommen: »So ein Unsinn«, meint Patricia Highsmith, »ich kann lediglich Frauen nicht leiden, die sich nicht für ihre Arbeit interessieren, die Kinder in die Welt setzen und dann darüber jammern, daß sie soviel Mühe machen.« Mit *»Ediths Tagebuch«* (1977) näherte sich die heute im schweizerischen Tessin wohnende Patricia Highsmith den Standards der neuen Frauenbewegung. Erzählt wird das ganz normale Leben der Hausfrau Edith Howland, die sich in Träume flüchtet, Traum und Wirklichkeit bald nicht mehr auseinanderhalten kann. Und dieser »Unterschied zwischen Traum und Wirklichkeit ist die Hölle.«

Das männliche Bewußtsein im Visier hat Highsmith-Kollegin MARGARET MILLAR, die den Mann in seiner jeweiligen Umwelt bestens kennt und ihn virtuos und literarisch oft brillant als Bestie enttarnt. Die Britin RUTH RENDELL, die auch unter ihrem Pseudonym »BARBARA VINE« weltbekannt ist, schaut hingegen in ihren Thrillern dem typischen britischen Kleinbürger in die mörderische Psyche.

Geboren wurden die neuen, heute von Frauen so geliebten »frauenbewegten« Detektivinnen in den achtziger Jahren, der Zeit, in welcher Feministinnen den Kampf gegen den Mann zum totalen Krieg erklärten. Alle neuen Detektivinnen bekennen sich zur Frauenbewegung – und so werden sie auch beschrieben: Tracy T. Baldwin (Heldin bei SHANNON O'CORK) gerät in eine lesbische Falle, Kinsey Millhone (Heldin bei SUE GRAFTON) läßt gern den Spruch: »Nach zwei erfolglosen Ehen bin ich in der Lage, die Augen offen und die Beine geschlossen zu halten« los, Sharon McCone (Heldin bei MARCIA MULLER) findet bei einem Discjockey sexuelle Befreiung und V. I. Warshawski (Heldin bei Sara Paretsky) verkehrt in Frauenzirkeln.

Morde aus Emanzipation

»Wirklich unsympathisch ist keine der Heldinnen«, notiert Schmidt in seinem dicken Wälzer *»Gangster, Opfer, Detektive«* und kommt doch zu dem vernichtenden Urteil: »So gut wie die besten männlichen Kollegen – und ich meine nicht nur die Klassiker DASHIELL HAMMET, RAYMOND CHANDLER und ROSS MCDONALD – ist keine unserer Autorinnen.« Auch bezeichnet Schmidt die Frauenkrimis als »Untergenre«.

»Eine Frechheit«, konterten die Frauenbewegten. Sie betrachteten den Frauenkrimi nicht als Gebrauchsliteratur, sondern als Emanzipationsmunition. So hat der Roman von MARION FOSTER, *»Wenn die grauen Falter fliegen«* (Argument Verlag), nicht nur einen Frauenmord zum Thema, sondern ist auch die Geschichte einer Emanzipation. »Inzest, Vergewaltigung, Prostitution und die alltägliche Gewalt gegen Frauen sind die Themen«, befand CAROLINE RATZ in der Zürcher *Sonntagszeitung*. »Tatorte sind das Schlafzimmer, das Frauenhaus, die Lesbenbar oder der Parkplatz davor, die Schule, das Altersheim oder der Kindergarten. Männer sind häufig die Täter: Täter an ihren Töchtern, an ihren Ehefrauen, an ihren Geliebten.«

Männer werden von diesen Frauen mit wahrer Begeisterung ermordet: In HELGA KÖNIGSDORFS Buch *»Meine ungehörigen Träume«* (Aufbau Verlag, Berlin) kippt eine Frau ihren fetten, langweiligen Liebhaber vom Balkon. SABINE DEITMER führt mit ihren Kriminalgeschichten *»Bye-bye, Bruno.* Wie Frauen morden« das Genre beherzt an. Ihr Bruno ist der Herr Jedermann und muß folglich wie jener weg. In der Erzählung *»Kaffeeklatsch«* aus ihrem Buch *»Auch brave Mädchen tun's.* Mordgeschichten« (Fischer Verlag) greifen gleich fünf Damen zur Selbsthilfe – und »versetzen sich selber in den Witwenzustand«. In der Erzählung *»Männerstadt«* wird der Chef ersäuft. In Pieke Biermanns *»Violetta«* (Rotbuch, Berlin) werden »sexistische Männer« um die Ecke gebracht. Kurz vor seinem Ende »spritzen wie ein Wal« läßt HELEN ZAHAVI einen Kerl, der in ihrem Buch *»Schmutziges Wochenende«* sein Zeitliches segnet.

»Wie vergewaltige ich einen Mann?« fragte bereits bestsellerträchtig 1975 TROVA RANDERS und gab auch gleich eine Anleitung für Frauen heraus: »Sie wird ihn weder erschießen noch ihm die Kehle durchschneiden, noch ihm den Schwanz absägen, noch ihm das Brotmesser in die Brust stoßen. Sie wird ihn ganz einfach vergewaltigen. Sie wird ihn dazu zwingen, sich demütigen zu lassen, so wie er sie und sicherlich viele von ihr mit Gewalt gedemütigt hat. Und Angst soll er haben, Angst um sein Leben.«

Männer, die potentiellen Vergewaltiger, beherrschen das Genre. In MONIKOVAS Buch *»Eine Schädigung«* wird der Vergewaltiger, ein Polizist, erschlagen. In DORIS GERCKES *»Weinschröter, du mußt hängen«* wird eine Frau von drei Kerlen vergewaltigt, und sie rächt sich mörderisch. In SHIRLEY SHEAS Roman *»Katzensprung«* müssen gleich zehn Männer ihr Leben aushauchen. ANDREA WOLFMAYR läßt in *»Margots Männer«* (österreichische Staatsdrukkerei) ihre frustrierte Friseursalon-Gattin Margot Männer gleich reihenweise um die Ecke bringen und sie am Ende des Buches aufatmen: »Ihre Liebe, ihre Männer, sie gehören ihr, ihr ganz allein.«

Eine literarische Entdeckung bei den neuen, mordenden Frauen ist die in Singapur geborene und heute als Arztfrau am Odenwald lebende INGRID NOLL. Ihr Roman *»Der Hahn ist tot«* – der übrigens von Regisseurin DORIS DÖRRIE verfilmt wird – beschreibt die Morde einer 52jährigen Frau, die die Liebe zu einem Alt-Grufti namens Withold wie ein Hexenschuß trifft. Und das Unheil beginnt: Sie erschießt die Ehefrau ihrer Liebe (per Zufall), sie wirft eine vermeintliche Geliebte (aus Eifersucht) vom Turm – am Ende hat sie ihren Geliebten: Verblödet, bewegungslos ist er ihr im Rollstuhl ausgeliefert.

Klare feministische Töne schlägt das Pseudonym »HANNAH WAKEFIELD« an, hinter dem sich zwei US-Autorinnen verbergen. In ihrem Kriminalroman *»Die Journalistin* (Eichborn) werden sämtliche Klischees (chilenischer Flüchtling im Bett, CIA, FBI) durchgehechelt, und stets ist das Männliche der guten Frauen Feind. Nicht anders geht es den Männern in ELSA LEWINS *»Solo für Klarinette«* (Rotbuch). Und bei der neuesten literarischen Entdekkung des Jahres, der jungen MILENA MOSER, erschlägt in *»Gebrochene Herzen oder Mein erster bis elfter Mord«* (Rowohlt Verlag) eine Dreizehnjährige drei Waldarbeiter, die ihr hinterhergepfiffen haben.

Milena Moser weiß, wie man Männer ein für allemal aus dem Weg räumt: Man hilft ein bißchen nach – den Rest besorgt der Trottel allein.

7. Lektion
Männer und Sex

»Wenn Frauen wollen, kommt alles ins Rollen«
Aufruf zum Schweizer Frauenstreiktag vom 14. Juni 1991

Die Grapscher-Tour

Grapscher, Fummler, Betatscher, sexuelle Belästiger sind widerlich und gehören bestraft. Aber deswegen eine geschlechtsneutrale Gesellschaft zu fordern, ist blanker Unsinn, eine perfekt inszenierte Antimännerkampagne der Frauen.

»Sexuelle Belästigung« überschwemmt die Zeitungen, Zeitschriften, Anwaltsbüros und Gerichte.

»Sexuelle Belästigung« verspüren über Nacht bisher unbedarfte Mauerblümchen, sexuell höchst aktive Hochschläferinnen und kampferprobte Feministinnen: Sie alle haben es erlitten und bis heute geschwiegen.

»Sexuell belästigt« fühlen sich plötzlich auch die Frauen, die Kollegen verführt oder sich gleich den Chef an Land gezogen haben. Oder wie die Frauenzeitschrift *Petra* kundtat: 36 Prozent der Frauen gestanden, schon einmal einen Kollegen verführt zu haben. Jede vierte (27 Prozent) griff sich gleich den Chef.

Und so treten derzeit die »sexuell Belästigten« in Kompaniestärke vor die TV-Kameras ins ach so begehrte Scheinwerferlicht, nennen Kollegen, Untergebene, Vorgesetzte, Chefs beim Namen – nur weil sich diese Männer ein paar Minuten lang allein mit der »Betroffenen« in irgendeinem Zimmer aufhielten.

Keine Frage: Es gibt Fälle von »sexueller Belästigung«. Nicht nur am Arbeitsplatz, im Büro, beim Betriebsausflug, beim Weihnachtsessen, im alltäglichen Alltag. Nur: Seit »sexuelle Belästigung« medienwirksam durch

Gazetten und Fernsehanstalten gezerrt wird, hat man das Gefühl, daß jede Frau mindestens einmal am Arbeitsplatz unsittlich betatscht wurde.

Ist das Wort, das dem Mann gegenüber einer Frau ausrutscht, bereits sexuelle Belästigung, weil es zum allgemeinen Sprachschatz der Männerwelt gehört?

Das deutsche Männermagazin *Esquire* hatte den Mut, Tacheles zu schreiben. Es titelte in der Januar-Ausgabe 1992 *»Die Grapsch-Lüge«* und konstatiert: »In Deutschlands Büros herrscht Krieg. Frauenrechtlerinnen beschimpfen die Männer. Als Belästiger, Klemmchauvis und Fummler. Ein übler Rundumschlag. Doch seriöse Wissenschaftler haben ihn längst widerlegt. Erstens: Frauen wollen flirten – auch im Büro. Zweitens: Frauen fangen an – Männer sind beim Flirt nur Opfer. Drittens: Frauen sorgen beim Flirt für Mißverständnisse – denn sie wissen nicht, was sie wollen.«

»Der Grapscher« war *das* Medienthema im Herbst 1991, ausgelöst durch die Berufung des farbigen Bundesrichters CLARENCE THOMAS in den USA, der sich angeblich einer Mitarbeiterin unsittlich genähert haben soll. Er soll während einer Mittagspause seine Assistentin gefragt haben: »Ist das dein Schamhaar, das auf meiner Cola-Dose liegt?« Hundertneun Tage befaßte sich, laut *Bunte*, der US-Senat mit dem Leumund des potentiellen Bundesrichters. Erst nach einer zermürbenden Tortur konnte Thomas gewählt werden.

Dieser Fall war der Startschuß für ein Medienspektakel in Europa: »Tatort Büro« befand der Schweizer *Blick*: »So wurde ich begrapscht« erzählten prominente Frauen der *Bunten*; die *Zeit* titelte »Das Schweigen der Männer«; *Bild der Frau* kam mit der reißerischen Zeile »Sex-Falle am Arbeitsplatz. Die miesen Tricks der Männer«, und auch das Fernsehmagazin *Funkuhr* erklärte kurzerhand »Thema Nr. 1: Sexuelle Belästigung. Schluß jetzt mit Fummeln und Frechheiten!« und legt dazu gleich Zahlen vor: »Sieben von zehn Frauen werden im Job angemacht. Viele werden sogar bedroht, erpreßt.«

Bunte läßt die Begrapschten zu Wort kommen. ANOUSCHKA RENZI, Schauspielerin, erzählt, wie in einer Diskothek ein fremder Mann jedesmal seine linke Hand über ihren Schenkel gleiten ließ, wenn sie aufstand. Die grüne Ministerin WALTRAUT SCHOPPE wurde »in einem Kaufhaus« belästigt, als sie sich Wäsche aussuchte und ein Mann sich von hinten an sie drängte. Die Finanzministerin von Schleswig-Holstein, HEIDE SIMONIS, erinnert sich an den Stadtpark von Nürnberg: »Ein Mann öffnete seinen Mantel. Darunter war er nackt.« Da war die Frau Ministerin achtzehn, später fragt sie ein Mann: »Soll ich's dir mal bei Tempo 200 auf der Autobahn besorgen?« Ein Besoffener begrapschte INGE GRANDL, eine Szene-Gastronomin, an ihrem Po. Auf offener Straße faßte ein Fremder an den Busen der Schauspielerin KATHARINA JAKOB, die SPD-Politikerin HEIDEMARIE WIECZOREK-ZEUL wurde vor zwanzig Jahren von ihrem Rektor betatscht, und Schauspielerin SUSANNE UHLEN wurde am Bahnhof Zoo in Berlin von drei Männern in die Ecke gedrängt.

Gegrapscht wird, glaubt man den Medien, überall: im Büro, in der Kantine, in der Disco, auf der Straße, in der Straßenbahn – nur in Frauengruppen nicht. Oder?

VERENA STEFAN schrieb bereits vor knapp zwanzig Jahren in ihrem Roman *»Häutungen«*: »Ich stehe am Wittenbergplatz, warte auf das grün der ampel. in der linken hand trage ich eine tasche, die mit lebensmitteln angefüllt ist... ich spüre im rücken, daß zwei männer an mich herantreten und blicke über die schulter zurück. In dem moment faßt der mann links von mir voll in meine haare, die hennagefärbt über den schultern liegen, läßt sie prüfend durch die finger gleiten und sagt zu seinem freund: prima haare!«

Tatsache ist – und die *Süddeutsche Zeitung* macht dies in ihrem »Streiflicht« vom 8. November 1991 auch deutlich: »Was das Grapschen angeht, sind wir uns einig: Grapschen ist gräßlich, Grapschen ist doof, Grapschen gehört verboten. Und deswegen ein Hoch auf die Bundesfrauenministerin MERKEL, die das jetzt gesetzlich unterbinden wird – das Grapschen, die Zudringlichkeit und die sexuelle Belästigung am Arbeitsplatz überhaupt.« Doch dann geht die *SZ* tiefer: »Noch Fragen? Bitte nicht; Fragen machen immer alles so kompliziert. Zum Beispiel die einfache Frage, was sexuelle Belästigung überhaupt ist. Grapschen, Tätscheln, Zotenreißen, alles kein Problem für die Juristen: Derart grobes Gebaren läßt sich mühelos als gesetzlicher Tatbestand fassen.« Dieser Tatbestand ist in Paragraph 178 als »Nötigung zur Duldung sexueller Handlungen« im Strafgesetzbuch niedergelegt und sieht Freiheitsstrafen von einem bis zehn Jahre vor. Doch die *SZ* schreibt weiter: »Schwierig wird es da, wo die Belästigungen weniger greifbare Formen annehmen – ohne daß sie deswegen weniger gemein wären. Was passiert mit dem Vorgesetzten, der sich, seiner Macht bewußt, mit Andeutungen begnügt, um sein Ziel zu erreichen? Wie kommt der Gesetzgeber dem Sachbearbeiter bei, der seine Kollegin tagaus, tagein mit begehrlichen Blicken und tolpatschigen Komplimenten nervt, obwohl die doch gar nichts von ihm wissen will?«

Wo hört der normale Umgang zwischen Frauen und Männern auf? Das fragt nicht nur der »Streiflicht«-Schreiber, sondern dies beschäftigt nach der Kampagne der Feministinnen zum Thema »Grapschen« auch viele Männer.

Die Feministinnen BENARD und SCHLAFFER stellen das Betatschen in ihrem Buch *»Der Mann auf der Straße – Über das merkwürdige Verhalten von Männern in ganz alltäglichen Situationen«* in einen größeren Zusammenhang: Sie bezeichnen jeden Schritt einer Frau in der Öffentlichkeit als »Ausnahmezustand«. Daß die Frau immer belästigt wird – davon gehen die beiden Autorinnen grundsätzlich aus –, hat nur einen Grund: »Die Eingrenzung und Einschließung der Frau, ihre Verbannung aus der Öffentlichkeit, sollte sowohl den Zweck erfüllen, sie verläßlich an den eigenen Mann zu binden, als auch die angstbesetzte männliche Sexualität zu beruhigen.« Und weiter: »Das Destruktive an den Verstößen ist für Frauen die ständige Bewußtheit ihrer unfreien Situation, sei es in Form eines unartikulierten Unbehagens oder einer milden Irritation.« Und sie zitieren die US-Autorin und Feministin LILLIAN ROBINSON mit dem Satz: »Eine Frau kann sich nicht bewegen, ohne sich der Möglichkeit von Zwischenfällen bewußt zu sein. Wodurch sie unmittelbar und bedrängend das Gefühl bekommt, daß ihre Vorstellungen von Liebe, Arbeit, Achtung nur Illusionen sind, die ihr beliebig weggenommen werden können, da bereits ihre Existenz auf den Straßen einen sexuellen Akt und eine diffuse Provokation darstellt.«

Der *Spiegel* stellt jedoch klar: »Einer amerikanischen Studie zufolge, die im Fachblatt *Personnel* veröffentlicht wurde, wußten 86 Prozent der Befragten von Liebesbeziehungen in ihrer Arbeitsumgebung, eine Umfrage der Zeitschrift *Men's Health* unter 444 Lesern ergab, daß die Hälfte sexuelle Anträge erhalten und ein Viertel dem Antrag die Tat hatte folgen lassen. 18 Prozent verkehrten sogar während der Arbeitszeit.« Allerdings: »Unerschrockene Frauen erleben sich selten als Objekte sexueller Belästigung.« Und *Esquire* läßt den Diplompsychologen und Autor BERTRAND FLÖTTMANN zu Wort kommen, der offen gesteht: »Ein Mann, der einer Feministin in zärtlicher Absicht an die Schulter faßt, muß ein furchtbarer Dummkopf sein.« Für Feministinnen sei jede Berührung durch einen Mann »männliche Penetration«.

Ist Grapschen nun aber der neue Volkssport? Ist es in den Fabriken und Büros gang und gäbe, daß Frauen von Männern mit anzüglichen Bemerkungen beleidigt werden? Daß sie sich gegen fummelnde und tätschelnde Chefs wehren müssen?

Oder ist Grapschen eher die Hirngeburt von Feministinnen? Wird Flirten gesetzlich verboten? Zieht wieder eine neue Eiszeit, wie sie Feministinnen so gern zwischen den Geschlechtern sähen, ein? Denn laut einer Untersuchung der Sozialforschungsstelle Dortmund, die das Bundesfrauenministerium im März 1991 veröffentlichte, hatten 72 Prozent über eine sexuelle Belästigung geklagt – also fast drei Viertel aller berufstätigen Frauen.

Bild am Sonntag veröffentlichte hingegen am 20. Oktober 1991 die überraschenden Ermittlungen des Forsa-Instituts nach einer wissenschaftlichen Meinungsumfrage:

- Von 1002 befragten berufstätigen Frauen im Alter zwischen achtzehn und sechzig Jahren bestätigten »nur« sechs Prozent, daß sie schon einmal an ihrem Arbeitsplatz belästigt worden seien.

- Achtzig Prozent der achtzehn- bis neunundzwanzigjährigen Frauen, die schon einmal betroffen waren, geben an, daß die Belästigung abgenommen habe (insgesamt 59 Prozent).
- Die jüngeren Frauen haben weniger Probleme im Umgang mit Männern als die Generation der fünfundvierzig- bis sechzigjährigen.
- Die jüngeren Frauen halten einen lockeren Umgangston für normaler und selbstverständlicher als ihre älteren Kolleginnen.
- 27 Prozent der belästigten Frauen gaben an, daß dies ihnen einmal passiert sei, 32 Prozent sagten, bis zu fünfmal, und jeweils 14 Prozent bis zu zehnmal oder mehr.

Und worin bestehen die häufigsten Belästigungen, die die sechs Prozent der betroffenen Frauen erlebt haben? Es sind anzügliche Bemerkungen (77 Prozent), das Grapschen an Po und Busen (50 Prozent), das Erzählen von Zoten oder eindeutigen Witzen (27 Prozent) und der ständige Versuch zu fummeln (23 Prozent). Nur neun Prozent berichten von der eindeutigen Aufforderung zum Geschlechtsverkehr.

Bild am Sonntag in seiner Auswertung der Forsa-Untersuchung: 68 Prozent der Frauen, die schon einmal belästigt worden sind, sagten, sie hätten den Betreffenden zur Rede gestellt. 36 Prozent setzten sich körperlich zur Wehr. 23 Prozent beschwerten sich beim Vorgesetzten. Alle befragten Frauen (86 Prozent) waren der Meinung, daß man sich Belästigungen nicht gefallen lassen muß, um berufliche Erfolge zu haben.

Und provozieren nun Frauen mit ihrer Kleidung, beispielsweise mit superkurzen Minis, die Männer? Hier antworteten überraschenderweise 36 Prozent aller befragten Frauen mit ja. 50 Prozent verneinten, 14 Prozent hatten dazu keine Meinung.

Was können Männer und nicht-feministische Frauen aus diesen Zahlen lernen? Zumindest das: Ein riesiges Medienspektakel wurde perfekt inszeniert, um Männer als Grapscher, Fummler und Zotenreißer zu brandmarken und auszugrenzen.

Wenn man allerdings konkret nachfragt, stellt sich das feministische Zahlen-Babel als recht brüchig heraus. Oder wie Soziologie-Professor ULRICH BECK von der Universität Bamberg auf die Frage des *Spiegel*, »Was macht Liebe am Arbeitsplatz bedrohlich?«, antwortete: »Wir wissen wissenschaftlich seriös nichts«.

»Wie oft ist normal? ... Meine Frau kann mich nicht mehr erregen ... Meine Freundin hat Angst vor Sex ... Sie spricht mit mir nie über Sex«
Typische Briefe an Lebens- und Sexberaterinnen

Die Plage mit dem Sex

Was bewegt Mann und Frau nun eigentlich? Jedenfalls nicht das, was Feministinnen sich angelesen haben und einseitig dem Mann unterstellen, 9sondern das, was Mann und Frau Tag für Tag wirklich beschäftigt.

Es geht nicht um den hehren Kampf der Geschlechter, nicht um die neuesten philosophischen Tendenzen und nicht um das neueste Grundsatzwerk eines frauenbewegten Autors zwischen Herrn und Frau Otto Normalverbraucher. Es geht um vermeintlich Triviales und doch weitaus Wichtigeres als Feminismus: um Liebe zwischen einem Mann und einer Frau.

Und was sie und ihn bewegt, können wir aus den Zeitschriften und von deren Lebensberaterinnen erfahren. Unter der Rubrik »streng vertraulich« hilft beispielsweise in *Neue Post* die Lebensberaterin VERA WAGNER bei Themen wie »Der Geliebte versprach mir die Scheidung – jetzt feiert er groß seine Silberhochzeit«, »Wenn ich Sex will, muß ich darum betteln« oder »Weil ich wieder arbeiten möchte, gibt es Ehekrieg«. MARGOT HOFF heißt die gute Fee in der Frauenzeitschrift *das neue*. Frau Hoff berät bei Fragen wie »Er hat mich belogen, betrogen und mit dem Kind sitzenlassen« oder »Mein Mann will uns bei der Liebe mit der Videokamera filmen«. Beraterin CORNELIA von *Echo der Frau* hilft bei Problemen wie »Ich verreise alleine – gefährde ich dabei meine Ehe?«

»Die liebe Marta« ist eine Institution in der Schweiz. Es handelt sich um die Schweizer Journalistin MARTA EMMENEGGER. Seit über zehn Jahren ist sie die berühmteste und anerkannteste Sex- und Beziehungsberaterin in der Schweiz, die 1980 mit ihrer Arbeit begann und heute mit einer eigenen Radiosendung auf alle Fragen kompetent eingeht.

Um zu wissen, was Frauen und Männer wirklich im und vor dem Bett, vor und nach der Liebe, der Ehe, der Beziehung bewegt, wollen wir uns einmal eine Auswahl der Fragen ansehen, die Leserinnen und Leser der »lieben Marta« über Jahre hinweg gestellt haben und die nachfolgend aufgelistet sind:

Was Frauen am meisten plagt

Elf Jahre verheiratet – nie intim.
Bei den Männern zählt nur der Sex!
Beim Liebesspiel schlaffe ich vollkommen ab.
Bei meiner 15jährigen Freundin läuft nichts außer Händchenhalten.
Bin ich denn ein Museumsstück – oder eine Frau?
Bin ich frigid?
Die »Geschäftsfreunde« entpuppten sich als sein Verhältnis!
Er behauptet, ich sei eine Sexmaschine.
Er küßte mich – und sagte, daß er mir nur ein Freund sein könne.
Er streichelt und küßt mich nur, wenn er Liebe will.
Er warf mich wie einen Lappen weg!
Er zieht mich mit seinen Blicken aus.
Flüstern bei der Liebe – muß denn das sein?
Gedanken an nackte Frauen erregen meinen Mann.
Hat mein Exmann etwas in meinem Bett zu suchen?
Hilfe! Mein Mann will sich nicht waschen.
Hilfe: Mein Busen ist viel zu klein!
Ich bin 17 – und erwarte ein Kind vom Nachbarn.
Ich bin 60, gesund, aber im Bett klappt es nicht mehr.
Ich bin 61 und bezahle meine 18jährige Freundin für Liebe.
In bin 90 und vermisse das Schwänzchen meines Mannes noch heute.
Ich bin auch ohne Höhepunkt glücklich!
Ich bin gefühllos bei der Liebe.
Ich bin rasend eifersüchtig!
Ich habe große Probleme mit meiner Mutter.
Ich hasse meinen Mann.
Ich hätte immer noch Lust auf Liebe, aber . . .
Ich komme nie zum Höhepunkt.

Was Männer am meisten plagt

Alles klappt bis auf den Erguß.
Anstatt mit meiner Freundin zu schlafen, treibt's mich zu Dirnen.
Aus Wut zersägte ich unser Ehebett – jetzt will meine Frau die Scheidung.
Bei meiner Frau lichtet sich das »Wäldchen«.
Bei meiner Frau muß ich immer »nachhelfen«.
Bei meiner Freundin ist ein Kind unterwegs.
Bin ich wirklich pervers?
Blutjunge Mädchen sind meine große Leidenschaft.
Braucht ein Mann mehr als eine Freundin?
Brutale Ausdrücke im Bett machen mich hemmungslos.
Die Liebe steht und fällt mit den Zentimetern.
Die Nachbarin hat mich verführt – jetzt erwartet sie ein Kind.
Ein Gutenachtkuß ist alles, was ich von meiner Frau im Bett bekomme.
Ein Kind durchkreuzt unsere Pläne.
Es treibt mich, den Frauen meine Erregung zu zeigen.
Gibt es Hotels nur für schöne Stunden zu zweit?
Hilfe! Ich kann meine Geliebte nicht befriedigen.
Hilfe! Ich komme in der Liebe zu kurz.
Hilfe, mir fallen die Haare aus!
Ich bekomme keine Frau – weil ich Vater von zwei Kindern bin!
Ich bin 24 und hatte noch kein Mädchen.
Ich bin ein richtiger Spätzünder.
Ich bin unsterblich in eine doppelt so alte Frau verliebt.
Ich bin unsterblich in meinen Lehrer verliebt!
Ich bin zu früh – sie viel zu spät.
Ich darf meine Frau nur im Dunkeln lieben.

Ich liebe einen Italiener – aber mein Vater haßt alle Ausländer.
Ich sehne mich nach Zärtlichkeit.
Ich suche meinen Traummann.
Im Bett bin ich eine totale Versagerin.
Im Bett klappt es einfach nicht.
Immer, wenn ich einen Mann mag, will er nichts mehr von mir wissen.
In den Armen meines Mannes denke ich an einen anderen.
Ist das wirklich Liebe, was Männer wollen?
Mein Freund möchte Liebe auf französisch.
Jeden Monat mache ich zehn Tage lang die ganze Familie verrückt.
Kann ich im Schwimmbad schwanger werden?
Mein Freund will einfach nicht.
Mein Freund holte mich von der Straße – jetzt will er nichts mehr von mir wissen.
Mein Freund ignoriert mich.
Mein Freund ist ein lieber, fauler Pascha.
Meinem Freund ist einmal nicht genug.
Mein Feund ist nur am Morgen sehr erregt.
Mein Freund mißbraucht mich für perverse Spiele.
Mein Freund quält und schlägt mich – aber ich komme nicht von ihm los.
Mein Mann (70) schleicht nachts zu jungen Dingern.
Mein Mann benimmt sich an meiner Brust wie ein Baby.
Mein Mann betrügt mich schon seit zehn Jahren.
Mein Mann denkt nur an seine Karriere.
Mein Mann gönnt mir kein gutes Wort.
Mein Mann hängt wie ein schwerer Stein an mir!
Mein Mann ist ein Geizhals.
Mein Mann ist noch sehr vital, aber ich spiele ihm oft ein Theater vor.
Mein Mann ist sexmüde.
Mein Mann ist voller Sex – aber ich komme zu kurz.
Mein Mann kann mich nicht mehr erregen.
Mein Mann kauft Schuhe mit sechs Zentimeter hohen Absätzen.
Ich errege mich nur, wenn andere dabei zuschauen.
Ich fand sie zu schade fürs Bett.
Ich habe Angst vor Mädchen!
Ich habe einen Hang zu Lolitas.
Ich habe Probleme mit meiner Mutter.
Ich habe Sehnsucht nach einer treuen Frau.
Ich habe Sehnsucht nach Liebe und Geborgenheit.
Ich hätte immer noch Lust auf Liebe, aber...
Ich kämpfe um unser Glück – aber ihre Eltern sagen nein.
Ich kann nicht Vater werden, trotzdem erwartet sie ein Baby.
Ich komme viel zu früh zum Erguß.
Ich liebe eine Frau, die mit jedem ins Bett geht!
Ich möchte in einem Sexfilm mitspielen.
Ich möchte Tag und Nacht lieben.
Ich schäme mich, meiner eigenen Frau sexuelle Wünsche anzuvertrauen!
Ich sehne mich nach Zärtlichkeit.
Ich träume von einer Verführung.
Ich wollte die Liebe meiner Frau mit neuen Möbeln kaufen.
Ihre grenzenlose Eifersucht zerstört unser ganzes Glück!
In der Unterwäsche meiner Freundin fand ich komische Spuren.
Kann ich meiner Freundin beibringen, »es« auch zu machen?
Kann ich vom vielen »Darandenken« meine Männlichkeit verlieren?
Kommt es nun auf die Größe an oder nicht?
Lieben könnte ich sie stundenlang.
Mädchen mit kurzen Röcken bringen mich zur Raserei.
Meine Angela will nicht mehr, daß ich sie vernasche.
Meine Frau empfindet bei meinem Freund viel mehr als bei mir!
Meine Frau hat genug von mir.
Meine Frau ist operiert – ich muß verzichten.
Meine Frau kommt nur allein zum Höhepunkt!
Meine Frau schickt mich zu Dirnen.

Mein Mann kommt nur einmal pro Monat.
Mein Mann liebt eine andere – sie ist 20 Jahre jünger als ich.
Mein Mann lobt mich als Arbeitskraft, aber sonst . . .
Mein Mann sitzt vor dem Fernseher – bis nichts mehr läuft.
Mein Mann spricht Tag und Nacht von Gruppensex.
Mein Mann verlangt von mir, daß ich im Bett laut stöhne.
Mein Mann will, daß ich mit anderen schlafe.
Mein Mann will eine zweite Frau im Bett.
Mein Mann will mich nur fürs Bett, sonst läßt er mich allein.
Mein Mann will Partnertausch – aber ich kann nicht mehr!
Mein Mann will sich scheiden lassen – aber bei mir bleiben!
Meine Scheide bleibt trocken.
Mein schlaffer Busen macht mir das Leben schwer.
Meinen Sohn erregt Reizwäsche.
Mein Traummann ließ mich sitzen.
Mein Waschpulverlieferant beschäftigt mich Tag und Nacht!
Mich reizen nur Männer in den besten Jahren.
Mit 52 noch ein Baby, kann das denn gutgehen?
Mit 70 Jahren habe ich ein heftiges Verlangen.
Muß ich ein schlechtes Gewissen haben, wenn ich Männer massiere?
Muß ich wegen meiner erwachsenen Kinder auf Liebe verzichten?
Nach 22 Jahren: Mein Mann hat eine andere.
Nach der Brustoperation fühle ich mich als Krüppel.
Nur im Traum werde ich gestreichelt.
Ich komme nur mit Phantasie zum Höhepunkt!
Orgasmus der Frau – Legenden und Wirklichkeit.
Probleme mit dem Damenbart.
Schlaffer Busen – was soll ich bloß dagegen tun?
Meine Frau will ihren Freund zu uns nach Hause bringen.
Meine Frau will Sexversuche mit anderen Männern.
Meine Freundin findet im Bett fast alles »grausig«.
Meine Freundin ist im Bett eine Schauspielerin.
Meine Freundin ist im Bett kalt wie ein Fisch.
Meine Freundin ist nach dem Schmusen immer zu müde.
Meine Freundin reizt mich im Bett – aber dann kommt die große Leere.
Meine Geliebte degradierte mich zum Clown!
Mein größer Wunsch wäre einmal, beim Gruppensex dabei zu sein.
Meine kranke Frau will mir helfen, eine Freundin zu finden.
Meine liebe Frau ist ein fürchterlicher Geizteufel.
Mein Penis ist viel zu klein!
Mit 70 Jahren habe ich ein heftiges Verlangen.
Mögen Mädchen nur Angeber . . .
Nach dem Sex: »So, das reicht für drei Monate.«
Nur im Bett klappt es bei uns nicht.
Obszöne Worte bringen mich zur Raserei.
Ohne Sex klappt es nicht mehr.
Sie war unheimlich erregt, aber bei mir war gar nichts los.
Soll ich für Liebe bezahlen?
Soll ich mir eine Freundin nehmen?
Stoßen Sexartikel die Frauen wirklich nicht ab?
Warum darf ich meine Frau nur im Dunkeln lieben?
Wegen meinem zu kleinen Glied kam es zur Scheidung.
Wenn ich eine Frau sehe, bin ich sofort erregt.
Wenn ich ein Mädchen sehe, werde ich feuerrot!
Wenn ich Frauen liebe, tut es ihnen schrecklich weh.
Wenn ich schon erschöpft bin, will sie noch einmal.

Seine Exfrau liegt immer noch zwischen uns.
Sein Ferienscherz ist mein Lebensschmerz.
Seine tote Frau steht zwischen uns.
Seit vier Jahren träume ich von der ersten Liebesnacht.
Sex ist nur das Tier im Menschen.
Soll ich als Jungfrau die Pille nehmen?
Soll ich mich sterilisieren lassen?
Sumpftouren – und immer ohne mich!
Vergewaltigt – drogenabhängig – ich kann nicht lieben.
Verliere ich die Lust auf Liebe?
Während ich ihm ein Kind gebar, betrog er mich!
Warum gibt es keine Massagesalons für Frauen?
Wegen meines viel zu großen Busens ärgere ich mich täglich.
Wenn es zum Sex kommt, kriege ich Angstzustände.
Wenn ich Liebe brauche, muß ich meinen Mann immer darum bitten.
Wenn mein Freund zu mir zärtlich ist, muß ich immer weinen.
Wenn mein Geliebter zu seiner Frau geht, drehe ich fast durch!
Wie kann es wieder klappen?
Wie kann ich meinen Liebsten anheizen?
Wir lieben uns – aber wir streiten um jede Kleinigkeit.
Wenn meine Frau doch nur Reizwäsche tragen würde.
Wie kann es wieder klappen?
Wie kann ich (38) endlich von meiner Mutter loskommen?
Wie oft ist denn normal?
Wir haben nur noch »Stummfilm«-Sex.
Zärtlichkeit und Geduld gaben mir die Manneskraft zurück.

> »Hypothesen sind Wiegenlieder, womit der Lehrer die Schüler einlullt.«
> JOHANN WOLFGANG VON GOETHE

Boulevard-Geflüster

Feministinnen nennen die Boulevard-Presse »frauenfeindlich«. Die Wahrheit: Diese Zeitungen sind eher »männerfeindlich«. Denn Männer kommen schlechter weg als Frauen. Doch das würde das feministische Weltbild stören.

Vorurteile sind wie Filzläuse: Sie bleiben haften. Eines der hartnäckigsten Vorurteile ist seit HEINRICH BÖLLS Buch *»Die verlorene Ehre der Katharina Blum«*, daß die Boulevardpresse grundsätzlich menschenverachtend, zynisch, sexistisch und frauenverneinend ist. Zwar hat zwischenzeitlich sogar GÜNTHER WALLRAFF seine Meinung über diese Form der Presse revidiert, trotzdem werden weiterhin alle Boulevardzeitungen über einen Kamm geschoren – und von Feministinnen ständig zitiert, obwohl sie im gleichen Atemzug betonen, »diese Zeitungen nie zu lesen«.

Tatsache ist: In den modernen Boulevardzeitungen Deutschlands, der Schweiz und Frankreichs sitzt der Stachel tief. Der Autor dieses Buches hat sowohl bei Boulevardblättern als auch bei angeblich seriösen Zeitungen und Zeitschriften gearbeitet. Und er kann feststellen: In den Redaktionen von Boulevardzeitungen wird weit mehr darüber diskutiert, was irgendwie als »frauenfeindlich« bewertet werden kann als in den angeblich so seriösen Blättern.

Eines der interessantesten Beispiele zum Thema »Sprache und Sexualität« liefert KLAUS WEBER in seiner Dissertation *»Die Sprache der Sexualität in der BILD-Zeitung«*. Auch wenn dieser »interdisziplinäre Versuch über formal-synthetische Literatur« aus dem Jahr 1978 datiert, hat er nichts von seiner Aktualität verloren. Denn die Begriffe, die Weber im Anhang zitiert, finden bis heute Verwendung in allen Boulevardzeitungen – und machen den Mann sprachlos. Denn *Bild*, zum Feind der Frauen aufgebaut, verwendet in der Tat weitaus liebevollere Worte und Bezeichnungen für die Frau als für den Mann.

Das Vorurteil, »Die *Bild*-Zeitung ist frauenfeindlich«, entbehrt nach Durchsicht dieser Begriffssammlung jeder Grundlage. Tatsächlich belegt das Blatt den Mann mit negativen Worten – nachfolgend Beispiele, was sich *Bild* zu Mann und Sex alles einfallen ließ.

»Die Frau«:	»Der Mann«:
anspruchsvolle Geliebte	Angeber
anschmiegsam	athletischer Körperbau
aparte Schönheit	ausgesprochener Frauengegner
appetitlich	begabt
atemberaubend	Biedermann
attraktiv	Bigamist
aufregend	Bild von einem Mann
aufreizend	bisexuell
Augenweide	breit
Bettgefährtin	brutal
beweglich	Bulle
bezaubernd	Busenfreund
bildhübsch	Callboy
blendendes Aussehen	dick
blondes Mädchen	drahtig
blutjung	dünn
Charme	eitel
Dame	erfolgsgewohnt
damenhaft	fabelhafter Mann
dicklich	fesche »Buam«
drall	feurig
dunkelhäutig	fremdartig
Ehefrau	Geck
ehrbar	gehörnt
ein ansehnliches Stück Weib	Gliedvorzeiger
elegant	grenzenlos zärtlich
entwaffnend	groß
Erosmädchen	Hahn im Korb
erotisch	häßlich
Ex-Mädchen	Hausfreund
Ex-Sexstar	heißblütig
exotische Blüte	Herzensbrecher
fabelhaft aussehend	hüllenlos
faltenlos	Hurenbock
feingliedrig	impotent
fingerfertige Angestellte	Irrer
Flittchen	jung
fraulich	junger Stier
freizügig	kaffeebraun
frigide	Kerl
füllig	kernig
gefällige Rundungen	King
geschmeidig	klein
Gouvernante	kräftig
graue Maus	krankhafter Selbstbewunderer
grazile Figur	langaufgeschossen
groß	lausiger Liebhaber

grüne Witwen
gut gewachsen
harte, aber durchaus weibliche Formen
häßliches Entlein
heiß
herrlicher Körper
Hexe
hinreißend
Hosteß
hübsch
Idealmaße
immer strahlend
Jet-set-Häschen
Jungfrau vom Lande
jung sein und was wollen
Katze
kesse Bienen
kichernd
kindlich
klasse Figur
Klasseweib
knabenhaft
knackig
knusprig
kühl
kurvenreich
leichtes Mädchen
leichtlebig
leidenschaftlich
liebebedürftig
liebenswürdig
liebestoll
lockerer Vogel
lockeres Mädchen
mädchenhafte Figur
männerhassend
mannstoll
Mauerblümchen
Modellfigur
mollig
mütterlich
nackt
natürlich
niedlich
Nonne
Nymphomanin
oberflächliches, flattriges Ding
offenherzig
Optimismus
persönliches Eigentum

liebeshungrig
liebestoll
Liebhaber
Liebling
Lustknabe
männliches Fotomodell
Massenmörder
Masse Mann
massig
Monstrum
munter
Muskelprotz
Nackedei
nackt
Narziß
natürlich gewachsener Mann
nervige Hände
nett
nette Onkels
ohne alles
ohne die geringste Zärtlichkeit
Panther
Partylöwe
Pascha
Playboy
pompös
potent
Prachtexemplar
Rivale (mit »Kuhaugen«)
Sadist
schlank
Schlappschwanz
schlechter Liebhaber
schmächtig
schöner Masseur
schöner Nackter
Schürzenjäger
schweigsam
sehr guter Liebhaber
seine Ausdauer war phantastisch
Seitenspringer
sensibel
Sexbesessener
Sexgeneral
Sexjunge
Sexkaufmann
Sexmörder
Sexpapst
Sexriese
Sexrocker

Playgirl
Prostituierte
pummelig
puppenhaft
raffiniert
rank und schlank
reif
Reize
reizende Figur
richtig schnucklig
sanft
schlank
schmal
schneeweiße Haut
schokoladenbraun
schön
sehenswerte Attribute
sehr zärtlich
Sexbombe
Sexhändlerin
Sexhäschen
Sexidol
Sexkönigin
Sexsekretärin
sexy
Skandalnudel
splitternackt
Spontaneität
spritzig
Supergirl
süß
temperamentvoll
treue Gattin
unbekümmert
unberührt
unkompliziert
verführerisch
vollschlank
Waffen einer Frau
wandelnder Lustautomat
wunderschön
zart, zauberhaft
zierlich
wonnetrunken
wohlproportioniert
weibliche Waffen

Sexsymbol
Sextäter
Sexteufel
Sexungeheuer
Sexverbrecher
sexbesessenes Tier
Sexgangster
Sexmaschine
Sexprotz
Sexsklaven
sextoll
sehnig
Sklave
Sklave der Liebe
solider Ehemann
Sonderling
spendabel
splitternackt
sportlich
stämmig
starke körperliche Anziehungskraft
stattlich
Strichjunge
stürmisch
temperamentvoll
toll
toll vor Lust
Traummann
Triebtäter
unersättlich
ungeduldig
ungewöhnlich
unnahbar
Unschuld vom Lande
untreu
verklemmt
Versager
Wahnsinniger
warmer Bruder
wilde Burschen
wie ein Filmstar
wie ein Tiger
wuchtig
Wüstling
zärtlich
zudringlich

»Mein Zuckermännchen«, flüstere ich und lasse mich zwischen seine Beine fallen und lecke ihn ab. »Mama ist ein Naschkätzchen. Gib mir mehr davon.«
Protokoll in: NANCY FRIDAY,
»Die Befreiung zur Lust. Frauen und ihre sexuellen Phantasien.«

Die Porno-Masche

Männer sind Pornographen. Längst ist bewiesen, daß Frauen ebenfalls sexuelle Phantasien haben und diese immer mehr ausleben wollen.

»Die Strümpfe durfte sie anbehalten, das ließ sie lüsterner, mehr nach dem Cranach-Typ aussehen. Ich legte mich zurück und zog sie auf mich. Sie war wie eine läufige Hündin, biß mich überall, schnappte nach Luft und wand sich wie ein Wurm am Angelhaken. Als wir uns abtrockneten, beugte sie sich herunter und fing an, an meinem Schwanz zu lecken. Ich saß auf dem Rand der Wanne, und sie kniete, ihn gierig verschlingend, zu meinen Füßen. Nach einer Weile ließ ich sie aufstehen und sich bücken. Dann besorgte ich es ihr von hinten. Sie hatte ein kleines, saftiges Loch, das mir wie ein Handschuh paßte. Ich biß in ihren Nacken, ihre Ohrläppchen, die empfindliche Stelle ihrer Schulter, und als ich mich von ihr löste, hinterließ ich das Mal meiner Zähne auf ihrem schönen weißen Hintern. Nicht ein Wort wurde zwischen uns gesprochen.«

Diese deftige Szene stammt aus HENRY MILLERS berühmtem Roman *»Sexus«*, der in den vierziger Jahren in Paris veröffentlicht wurde, in Amerika aber bis 1965 dank den allmächtigen Frauenverbänden verboten blieb. KATE MILLET nahm sich jene Textstelle vor, um dem lesenden Mann die Leviten zu lesen. Sie schrieb in ihrem Buch *»Sexus und Macht«* dazu:

»Was der Leser hier aus zweiter Hand erlebt, ist ein beinahe übernatürliches Machtgefühl, falls der Leser ein Mann ist. Der Auszug bezeugt ein lebhaftes und einfallsreiches Ausnutzen von Umständen, Detail und Zusammenhang, dazu bestimmt, die Erregungen des Geschlechtsaktes zu provozieren. Gleichzeitig bedeutet er eine männliche Machtbestätigung durch eine schwache, gefügige und ziemlich unintelligente Frau. Es handelt sich um einen Fall von Sexualpolitik auf der untersten Ebene. Zweifellos ist der letzte Satz unseres Zitats der beredteste: ›Nicht ein Wort wurde zwischen uns gesprochen.‹ Wie ein Cowboy, der sich niemals herabläßt, seinen Hut abzunehmen, hat auch Val den ganzen Schlachtplan, einschließlich des coup de grace, ausgeführt, ohne sich auf ein einziges menschliches Wort einzulassen.«

Der Mann, der sprachlose »Ficker«, der »besitzt, nimmt, Gewalt anwendet« (so Pornoforscherin ANDREA DWORKIN), benutzt seine sexuelle Macht: Pornographie hindert Frauen daran, ihre Meinungsfreiheit wahrzunehmen, degradiert sie zu verfügbaren »Sachen«, ist eine neue Kriegspropaganda gegen die Frau – so lauten diesbezüglich die Vorwürfe der Feministinnen.

Grundlage der neuen feministischen Kampagne gegen Pornographie ist das 1987 in deutscher Sprache erschienene, bereits 1979 in den Vereinigten Staaten veröffentlichtes Buch *»Pornographie – Männer beherrschen Frauen«* der Feministin Andrea Dworkin. Sofort breitete *Emma*-Chefin ALICE SCHWARZER ihr breites Mäntelchen über dieses Thema – und wird umgehend mit einem *»Konkursbuch extra«* zum Thema *»Frauen und Pornographie«*, herausgegeben von CLAUDIA GEHRKE, attackiert, das eine eigene feministische Pornographie einfordert.

Alice Schwarzer schreibt im *Emma*-Sonderband *»PorNo«* 1989: »Pornographie macht die Frauen *und* die Sexualität kaputt. Pornographie, dieses ›kalte Herz der Frauenfeindlichkeit‹, macht ›Sexismus sexy‹. Mehr noch: Sie macht den Geschlechterkampf zum Geschlechterkrieg. Pornographie ist Kriegspropaganda gegen Frauen. Sie sind in diesem Krieg ganz schön weit gekommen: Am Anfang haben sie uns ›nur‹ ausgezogen; dann haben sie uns ›nur‹ vergewaltigt; dann haben sie uns ›nur‹ gefoltert; jetzt zerstückeln sie uns. Immer mehr wird die Porno-Produktion zur Gewalt-Porno-Produktion. Jeder Bürger ein DE SADE. Das ist Demokratie im Patriarchat.«

Verlangt *Emma* ein gesetzliches Verbot jedweder Pornographie, so sind Gehrke & Co. auf etwas ganz anderes – und weitaus Liberaleres – aus: die Mitstreiterinnen ADRIENNE GOEHLER und MARGARET HAUCH fordern in *»Frauen und Pornographie«*: »Andere Bilder braucht die Frau, andere Bilder macht die Frau! Die Kampagne des Gespanns Dworkin/Schwarzer läßt unberücksichtigt, was wir als breite und immer breiter werdende Ermutigung aus den Reihen der Frauenbewegungen erfahren: anstelle der alten Verbotsparolen ist die selbstbewußte Absicht getreten... Nirgends den leisen Verdacht formuliert, die Kampagne könnte – wenn auch nicht intendiert – auf Selbstdemontage weiblicher Potenz hinauslaufen. Die Widersprüche zur EMMA-Kampagne blieben widersprüchlich, wichtige Fragen offen: Wie gelingt es, als Frauen eigene Bilder zu schaffen, die unsere Geilheit befördern und widerständig sind gegenüber zensierenden Feministinnen? Wie wär's mit 'ner Kampagne?! Für Pornos von Frauen.«

Ins gleiche Horn stößt die Soziologin HERRAD SCHENK, die in *Cosmopolitan* in einem Interview den »Schluß der Schamzeit« fordert und meint, daß frau »die Lust an der Pornographie trainieren muß, wie Comic-Lesen. Wenn

Frauen immer fleißig üben, könnten sie das genauso kultivieren wie Männer.« Die streitbare Soziologin weiß auch, was Frauen »anmacht«: »Frauen schauen sich gerne selbst an. Es erregt sie, eine Frau anzugucken, die etwas mit einer anderen Frau macht. Oder eine Frau, mit der ein Mann was macht.« Und weiter: »Frauen wissen, daß sie manchmal wider Willen von sehr unappetitlichen Dingen angeregt werden. Dinge, bei denen sie Schreikrämpfe kriegen würden, wenn die wirklich passieren. Pornographie ist Phantasie, nur etwas dicker ausgedrückt.«

Und so stehen derzeit zwei feministische Tendenzen einander gegenüber: die alten Radikalfeministinnen, für die Pornographie »widerlichstes Männerwerk« ist, und die neuen Feministinnen, die eine weibliche Pornographie fordern. Und das drückte in einer Talkshow selbst die grüne Frauenministerin in Niedersachsen, WALDTRAUD SCHOPPE aus: »Frauen haben ein Recht auf eigene Geilheit.«

Dieses Recht nahmen sich Hunderte von Frauen, die sich in dem neuen Buch der amerikanischen Bestsellerautorin NANCY FRIDAY zu Wort melden. Nancy Friday, seit ihren Büchern *»Wie meine Mutter«* (1979), *»Die sexuellen Phantasien der Frauen«* (1980) und *»Die sexuellen Phantasien der Männer«* (1983) weltweit bekannt, hat jetzt ihr neues Werk *»Die Befreiung zur Lust. Frauen und ihre sexuellen Phantasien«* vorgelegt. Sie schreibt: »Was die Verhaltensforschung betrifft, so teilten mir zu Beginn meiner Arbeiten Dutzende von Psychologen und Psychiatern mit, daß ich auf dem Holzweg sei. Ihr Befund: Nur Männer haben sexuelle Phantasien.« Noch im selben Monat, es war 1973, erschien auch ein Artikel in *Cosmopolitan*, der die Ansicht vertrat: »Frauen haben keine sexuellen Phantasien.«

Friday geht aber auch mit den Feministinnen ins Gericht: »Die zornigen Feministinnen hegten wenig Sympathie für die Männer oder für Frauen, die Männer liebten, und sie rümpften die Nase über die sexuelle Revolution. Und traditionell eingestellte Frauen, die Hausfrauen geblieben waren, fühlten sich von beiden Lagern abgestoßen, weil ihre Werte und Bedürfnisse, ja ihre schiere Existenz ignoriert wurden.«

Und doch: Frauen haben starke, sehr starke sexuelle Phantasien. Nancy Friday erkennt in den exhibitionistischen Sängern und Sängerinnen die Idole einer neuen Frauengeneration. »Madonna, beispielsweise, hat die Hand zwischen den Beinen und predigt ihren Schwestern die Masturbation. Madonna ist keine männliche Masturbationsphantasie. Sie ist Sexsymbol und Vorbild für andere Frauen. Aber sie ist auch nicht nur eine lesbische Phantasie, obwohl sie die auch ist, sie verkörpert vielmehr die sexuelle und berufstätige Frau und Mutter.«

Es gibt also eine weibliche Welt der Erotika, der Pornographie, der sexuellen Phantasien. Und diese sind weitaus härter, direkter, sexuell ausschweifender als früher. »Ich stoße mit meiner Zunge in das Loch und nähere mich mit den Lippen seinen festen, harten Eiern«, träumt eine Collegestudentin. Eine andere will unbedingt auf einem Damenklo genommen und dabei von Bauarbeitern durchs Fenster beobachtet werden. Eine Hausfrau stellt sich einen Liebesakt mit einem Affen vor. Eine andere vernascht einen Chorknaben, träumt von einem Transvestiten, will sich vielen Männern wortlos hingeben.

Trotz der Wut der Feministinnen auf jede Form erotischer Phantasie schreiben immer mehr Frauen Dinge, die darüber längst hinausgehen und pornographisch sind. Angefangen hat dies mit den sinnlichen und delikaten Texten von ANAÏS NIN, die bereits in den dreißiger und vierziger Jahren Zeilen wie folgende in *»Die verborgenen Früchte«* verfaßte: »Ohne ein Wort legte der Russe den Kopf in die Schlinge. Ihr Körper erbebte. Der Penis schob sich tiefer zwischen die weichen Falten ihrer Gesäßbacken, drängte unaufhaltsam in ihr Fleisch. Sie zitterte aus Angst, aber es war ein Zittern des Begehrens. Als der Verurteilte ins Leere und in den Tod stürzte, begann der Penis in ihr heftig zu zucken und spie sein warmes Leben aus.«

Anfang der siebziger Jahre begann das, was heute als weibliche Pornographie gelobt oder gebrandmarkt wird, mit ERICA JONGS *»Angst vorm Fliegen«*. Es folgten MARILYN FRENCHS Beischlafszenen in *»Frauen«*: »Dann schlug er seine Beine um sie, bedeckte sie, hielt sie ganz fest und küßte ihre Augen, ihre Wangen, ihr Haar. Sie löste sich sanft von ihm und nahm seine Hände und küßte sie, und er nahm ihre und küßte die Fingerspitzen. Sie legte sich wieder zurück, während er sich an sie drängte und ihre Brüste liebkoste. Sie fühlte ihren Körper auf einer warmen weichen Welle ins Meer hinaustreiben, eine Welle, die Anweisungen hatte, sie nicht ertrinken zu lassen, sie aber kümmerte sich gar nicht ums Ertrinken.«

Die Briefe der 1977 in Mexiko ermorderten MARYSE HOLDERS wurden unter dem Titel *»Give Sorrow Words«* veröffentlicht und beschreiben die sexuellen Selbstzerstörungen einer fünfunddreißigjährigen Akademikerin aus New York, die in Mexiko mit jungen Männern und »Spontan-Ficks« ohne jede Emotion die letzten Ekstasen erleben will – ohne deren Sprache zu kennen. Ist Sprachlosigkeit der Schlüssel zur Pornographie?

Die deutsche Illustrierte *Bunte* wollte 1991 von 22 Damen der Gesellschaft wissen, was sie aufregt. Interessanterweise geht es den Befragten nie um lange, intensive Gespräche, sondern um die Sprachlosigkeit des erotischen Augenblicks. Die Schauspielerin SHARON VON WIETERSHEIM verrät: »Männer, die alles aussprechen, verderben mir den Spaß.« Die Skifahrerin KATRIN GUTENSOHN meint: »PATRICK SWAYZE knistert im Film ›Ghost‹ vor Erotik, vor allem als er schon tot war.« Die Finanzmaklerin PATRIZIA

KAISER ist ausschließlich »geruchsorientiert«. Für die Rechtsanwältin SABINE NEIDHARDT stellt »Erotik etwas Spontanes« dar, und der deutsche Pornostar TERESA ORLOWSKI sagt kurz: »Erotik ist: sofort, schnell – und lange. Romantiker sind ätzend, einfach langweilig.«

Kein Wunder, daß sich trotz der aufgeregt von Feministinnen geführten Porno-Diskussion längst eine eigene Pornographie von und für Frauen entwickelt hat. BARBARA BRONNEN schreibt in ihrem Nachwort zu *»Mein erotisches Lesebuch«*: »Als ich anfing zu lesen, schlief ich oft mit dem Buch zwischen meinen Beinen ein. Und wenn ich aufwachte, lag es noch da, warm und ungeheuer lebendig. Ja, die Bücher machten mir zu schaffen! Ich war süchtig.« Und so vereinigte sie in ihrem »erotischen Lesebuch« Texte von JAYNE ANNE PHILIPS *(»Unzucht«)*, ERICA JONG *(»Moschus«)*, SILVIA PLATH *(»Der reine Mann«)* und weiteren Damen der Literatur.

Schnell zogen andere Verlage nach und brachten »Frauenerotik« auf den Markt. Titel wie *»Meine erotische Geschichte«*, *»Erotik«*, *»Im Zeichen der Venus – Frauen schreiben erotische Geschichten«* erreichten ebenso hohe Auflagen wie *»Sandgeflüster – Erotische Reisegeschichten«*. Als selbst der *Spiegel* im Januar 1988 über die »Pornographisierung in Medien und Kultur« schrieb, war das Thema öffentlich. Und man erkannte schnell die neue Zielrichtung der Feministinnen, die sich die Diskussionen unter den Nagel rissen:

Sieht sich der Mann einen Porno an, ist's Sauerei. Greift die Frau zum Porno, bedeutet das Selbstbefreiung. Und doch bleibt die Sprachlosigkeit. Denn auch in »Frauenpornos« wird nicht geredet. In *»Lulu – Die Geschichte einer Frau«* schildert die spanische Autorin ALMUDENA GRANDES den Zwiespalt zwischen Liebe und verborgenen sexuellen Wünschen bei Lulu, die sich fünfzehnjährig in den zwölf Jahre älteren Pablo verliebt, aus der theoretischen Liebe »Liebe und Sex sind voneinander unabhängig« ausbricht und ihre sexuellen Wünsche bis fast zum Tod auslebt.

Wobei auch hier die Sprachlosigkeit der Geschlechter am Ende aufgehoben wird und sich eine enge Kommunikation zwischen den Geschlechtern entwickelt – nachdem beide unabhängig voneinander gelebt und geliebt haben, jetzt aber frei und selbstbewußt genug sind, sich das zu sagen, was zu sagen ist – und das zu verschweigen, was den anderen verletzt.

8. Lektion
Der lustlose Mann

»Wir könnten zusammen entzückende Kinder haben, Gemma, Sie und ich.«
So haben Männer von Anbeginn der Sprache zu Frauen gesprochen, gegen jede Vernunft, gegen jede Hoffnung, getrieben von dem stetigen Wind des Instinkts in Richtung auf den Felsen der Demütigung und des Unglücks.
»Ich kann Sie mir vorstellen als die Mutter meiner Kinder. Heiraten Sie mich, Gemma.«
Die Felsen sind äußerst hart und scharf. Gehässigkeit und Bosheit erschienen auf Gemmas Gesicht.
FAY WELDON in: *»Kleine Schwestern«*

Adam liest Eva

Die Lust an der Liebe, am Sex, an der Lust ist dem Mann gründlich verdorben worden. Kein Wunder, daß in vielen Betten Frust und Funkstille herrschen.

Adam ist ohnmächtig geworden. Eva triumphiert.

Adams Fähigkeiten werden lächerlich gemacht, diejenigen Evas heiliggesprochen. Will Adam in der Ehe Sex, ist es Vergewaltigung, möchte Eva zärtlich werden, ist es ihr »Menschenrecht auf Lusterfüllung«. Hat Adam mal keine Lust, ist der »sextüchtige Macho« sofort ein impotenter Versager, verweigert sich Eva, beruft sie sich auf ihr »Menschenrecht auf Unlust«. Der Beziehungskrampf ist längst zu einem Beziehungskampf mit Stellungsgefechten, Oberkommandierenden und Chefpropagandisten verkommen. Nicht nur im Bett, sondern in der ganzen Beziehung stehen die Zeichen auf Sturm.

Das Bett als Stätte kommunikativer »pillow talks«, zu deutsch: Kopfkissen-Gespräche, wurde von der einschlägig bekannten Frauenpresse totgeschrieben. Der Familientisch, an dem Probleme ausdiskutiert wurden, ist einem Frauenstammtisch gewichen. Frauenzirkel, Selbstfindungsgruppen und »Freundinnen« in Form von alles bestens wissenden Lebensberaterinnen in Frauenmagazinen ersetzen das Gespräch zwischen den Geschlechtern.

Frau spricht mit Frau, wenn es sein muß auch via Lebens-, Liebes- oder Sexberaterin – und nicht mit Mann. Frau spricht von Frau und nicht von Mann. Frau spricht von sich und nicht vom Partner. Frau erlebt Liebe, Lust und Leidenschaft heute *second hand* – und nicht mehr *made by men*.

Der Mann – k. o. in der Beziehungsecke

IRMA KURTZ, einige Zeit »Briefkastentante« bei *Cosmopolitan*, verrät in ihrem Buch *»Was Männer meinen...«*: »Ein beträchtlicher Anteil des extremen Feminismus war eine Ausrede für Lesbianismus. Feministinnen, die den Mut, nach ihren Überzeugungen zu leben, nicht so recht aufgebracht haben und das Zusammenleben mit ihren Männern noch nicht entbehren können, haben einen anderen Weg gefunden, das Problem Respekt – Gehorsam – Gleichheit zu lösen: Sie treiben ihre untertänigen Männer dazu, mit allem, was sie sagen und tun, einverstanden zu sein, so daß sie ohne jede Widerrede sagen und tun können, was sie wollen, und nennen das dann Gehorsam, oder zumindest Einverständnis.«

Konkret bedeutet das, so Irma Kurtz: »Aus keinem anderen Grund ist es möglich, daß intelligente Männer aus der Mittelschicht – seit jeher die am meisten verängstigten – am eigenen Tisch sitzen und merkwürdigen Theorien brav zustimmen: Zum Beispiel sei Sex in der Ehe Vergewaltigung; nur männliche Voreingenommenheit hindere die Frauen an der gleichberechtigten Weltherrschaft; Frauen seien in jeder Beziehung genauso stark, genauso ehrgeizig und genauso vernünftig wie Männer – und eben diese Frauen sehnen sich danach, genau die Männer zu respektieren, tun es aber selten, da sie mit ihnen übereinstimmen oder sie sogar anbeten.«

Der ohnmächtige Adam und die triumphierende Eva?

Die frauenbewegten Therapeuten – andere scheint es nicht mehr zu geben – stimmen begeistert den Kammerton »a« für das Lied »Aus für den Mann« an. Die frauenbewegten Autoren – andere scheinen heute gar keine Bücher mehr zu schreiben – biedern sich bis zur Selbstaufgabe an. Psychologie und Soziologie haben sich ganz auf das Feld »Frauenforschung« zurückgezogen.

Die Gründe für die Sprachlosigkeit des Mannes liegen also nicht nur im Bett, beim Sex, in der Gesellschaft, dem Staat, den Geschlechtern, nicht allein an der Gehemmtheit vieler Männer, über sich, ihre Ängste und Gefühle zu sprechen – sie sind auch in der aufgeschwatzten Sprachverwirrung zu suchen. Die Sprache, die Mann wie Frau zum Austausch von Meinungen verwenden, darf nicht mehr in den Beziehungen zum Tragen kommen. »Es ist eine reine Männersprache, die den Frauen seit Jahrhunderten aufgezwungen wird«, haben feministische Linguistinnen festgestellt.

»Die Sprache ist kein Mann, Madame«, weiß die Frauengruppe der schweizerischen Journalisten-Union. Längst gibt es *»Handbücher der Rhetorik für Frauen«*, Basiswerke wie *»Gewalt durch Sprache«*. Alle fordern »die andere Stimme«, wie das von 1984 von CAROL GILLIGAN verfaßte Buch heißt. *»Die andere Stimme«*, das ist der »andere Mann«, der ohnmächtige Adam der feministischen Denkart.

Zu sagen hat Adam nichts mehr – sagt Frau. Was immer er von sich gibt, es ist frauenfeindlich – sagt Frau. Und so wird Adam immer sprachloser, er hält den Mund.

Eva muß sich die Argumente von Adam erst gar nicht mehr anhören – Eva weiß von vornherein, was da an Platitüden seinem Mund entfleucht. Die Zukunft hat der lasche Schlappi längst verspielt: Wer ständig unterbrochen, ständig gegengelesen und ständig in einer Art »vita interrupta« leben muß, verliert nicht nur die Lust an der Sprache. Er verliert die Lust am anderen Geschlecht.

Eingekeilt zwischen kämpferischen Zeilen oder der grenzenlosen Tristesse von erfundenen oder tatsächlich gefundenen »Frauenschicksalen«, wird Adam als ein Kerl gebrandmarkt, dem es trotz aller Hilfe durch das Weib nicht möglich ist, die Frau, das unverstandene Wesen, endlich zu begreifen. Ob sich Adam selbst versteht, ist uninteressant. Warum auch? Nach seinem Lebensdrehbuch werden keine Rollen mehr besetzt. Seine Dialoge beschränken sich auf Stichworte. Und die Einstellung des Lichts sieht für ihn nur das tiefe Schwarz vor.

Das Leben des modernen Adam, von modernen Evas perfekt in Szene gesetzt, manifestiert für ersteren heute oft die Vorhölle auf Erden. Und daß die Männer dort auch richtig »bruzzeln« – dafür sorgen nicht nur Frauen der schreibenden, keifenden und feministischen Presse, sondern auch viele männliche Artgenossen, die, die Schattenseiten des Mannes verherrlichend, den negativen Adam predigen.

»Ich bin der Martin – ne«

Kein Wunder, daß der deutsche Schlager »Ich bin der Martin – ne« der Frauenhit des Jahres 1991 war. Warum der Frauenhit? Weil er die ganze Lächerlichkeit des Mannes aufzeigt, weil er beweist, daß der Mann heute sich nicht scheut, sich als »Ich bin der Martin – ne« zu identifizieren. Daß der auf Rillen gepreßte Blödeltext so erfolgreich wurde, verdankt er den Frauen: »Heute werden achtzig Prozent aller Schallplatten von Frauen gekauft«, erzählt der Abteilungsleiter des größten Kaufhauses in Zürich.

Adam – er wollte alles verstehen. Heute steht er Eva verständnislos und sprachlos gegenüber. Eine Frau wäre keine Frau, gäbe sie sich mit dem Erreichten zufrieden. Hat sie einen Hausmann zu Hause, träumt sie von einem Kerl wie »Tatort«-Bulle Horst Schimanski – und hat die Frau einen »neuen Vater« zu Hause (auch dies eine Erfindung der Frauen), stellt sie sich den Haarschwanzträger in der schwarzen Versace-Lederjacke aus ihrer Frauengazette vor. Wenn der Softie zu Hause über Kind, Kegel und dem Kessel in lautlose Depression verfällt, läßt sich die Frau in der »Weiberetage« verbal neu munitionieren.

Zwischenfrage: Warum kann angesichts dieser Situation ein Herz-Schmerz-Kitsch-Film wie *»Pretty Woman«* ein Welterfolg werden?

Antwort: Weil viele Evas sich gern in der Rolle einer »Pretty Woman« identifizieren: der vom reichen, unabhängigen Mann ausgehaltenen Frau. Das weibliche Gewissen nimmt in dem Maße ab, wie die Zahlen des männlichen Kontos schwarz sind. Und das ohne jede Gewissensbisse gegenüber dem biederen Halbtagskinderhüter in Pfarrer-Kneipp-Sandalen und selbstgestricktem Pulli aus der haltbaren Andenwolle, den sie zu Hause sitzen haben.

Homer, der größer und männlicher als seine lyrischen Epigonen war, hat seine Helden wenigstens noch heulen lassen, wenn sie begriffen hatten, daß ihr Ziel der Verwirklichung als Mann nur über den Opfergang zu erreichen sei. Oder um es mit einem Bild zu verdeutlichen: »Wie«, fragt er sie, »sollen denn so große Bienen durch das kleine Flugloch in den Bienenstock hinein?«

Antwort der Frau: »Es quietscht, aber es geht!«

Adam liest Eva – und verliert jede Lust

Wer als Mann die Frauenliteratur liest, dem verschlägt es nicht nur die Sprache, sondern auch die Lust, wagt er einen kurzen Streifzug durch die derzeit gängigen Titel. Folgerichtig heißt der Bestseller von Martine Carton »Etwas Besseres als einen Ehemann findest du allemal«. Konkreter wird die Schriftstellerin Johanna Moosdorf in ihrem Roman *»Die Andermanns«*. In diesem Buch bezeichnet sie die »Männerwelt« eine »Mörderwelt«. Und in ihrem Roman *»Die Freundinnen«* schreibt sie über Männer: »Die verstehen nur eins: Trennen, Auseinanderreißen. Töten, um zu erkennen.«

Ingeborg Bachmann, langjährige Freundin von Max Frisch, gab den Kammerton vor fast zwei Jahrzehnten in ihrem Frauenroman *»Malina«* mit dem Untertitel »Todesarten« an: »Die ganze Einstellung des Mannes einer Frau gegenüber ist krankhaft«.

Brigitte Schwaiger, wie Ingeborg Bachmann eine Österreicherin, landete kurz später (1977) mit ihrer Trennungsgeschichte *»Wie kommt das Salz ins Meer?«* einen literarischen Bestseller, in dem sie den Vater als Bösewicht entlarvte. Das prügelnde Mannsbild wird von Pseudonym Judith

JANNBERG in *»Ich bin Ich«* beschrieben. CHRISTA REINIG nennt mit dem Titel *»Entmannung«* bereits den Inhalt. FAY WELDON, der neue Star der Frauen-Literatur, zieht den Mann literarisch durch den Kakao. Und die deutsche Werbeexpertin EVA HELLER landete mit ihrem Erstling *»Beim nächsten Mann wird alles anders«* nicht nur einen Sensationserfolg, der bisher über 1,6 Millionen Male verkauft wurde, sondern auch einen Lacherfolg: Ihre Männer sind allesamt geizig, damm-schwätzend und emotional blockierte akademische Soziologie-Gruftis.

Einen Schritt weiter gehen die »neuen Literatur-Frauen«: Titelheldin Stella James reißt in MARGARET DIEHLS *»Männer«* Kerle reihenweise auf und ist – so die Werbung – »eine Frau, die es aufgegeben hat, den nächsten Mann zu suchen, bei dem alles anders werden soll, und die ohne jede ›Angst vorm Fliegen‹ das Abenteuer und die Freiheit sucht«. Die schöne Bella in HELEN ZAHAVIS *»Schmutziges Wochenende«* will nicht länger Lamm sein, sie wird zur Wölfin. Celia in MAVIS CHEEKS *»Doch nicht jetzt, Liebling«* hat die Nase total voll vom Hausfrauendasein und stellt ihr Leben unter das neue Motto: Was du willst, das nimmst du dir!

Den Vogel der neuen Frauenliteratur aber schießen die Pop-Poetin JULIE BURCHILL *(»Die Waffen der Susan Street«)*, die New Yorker Szene-Autorin ELIZABETH DUNKEL *(»Der Fisch ohne Fahrrad«)* und die Punk-Diva KATHY ACKER *(»Harte Mädchen weinen nicht«)* ab, die ein neues Kapitel der Frauenliteratur eingeläutet haben: den Mann als emotionalen Krüppel und waidwunden Sexversager in allen Lebens- und Liebeslagen.

Noch einen Schritt weiter in der Männerverachtung geht ULLA HAHN, von manchen Literaturpäpsten als große Lyrikerin gefeiert: In ihrem ersten Roman, *»Ein Mann im Haus«*, schreibt sie den »vergeilten und verwildert-widerlichen Mann« in Grund und Boden. Genauso wie ELFRIEDE JELINEK in ihrem Buch *»Lust«*, in dem der Mann nur ein dumpf-dreist-dümmlicher Vergewaltiger des ewig Weiblichen ist.

Dem Mann, dem es hier nicht die Sprache, die Liebe und die Lust verschlägt, diesem Mann gehört unsere Bewunderung – und die Zukunft.

Stumme Freuden für stumme Männer

Von Frauen zur Unfähigkeit verdammt, eine »Beziehungskiste« mit Leben zu erfüllen, hat der Mann sich in seiner Sprachlosigkeit neue stumme Freunde angelacht: Fernsehen, Video, Computer, Surfbrett oder Trekking-Mountainbike – alles schweigsame Sachen und keine beredten Menschen. Alles Dinge, die außer einem Ächzen in den Rädern oder einem Pfeifen, wenn der Ton nicht stimmt, lautlos sind – lautlos wie der sprachlose Mann.

Und damit haben wir bereits den Hauptgrund, warum Männer heute stumm vor der Glotze sitzen, sich nicht mit der Dame ihres Herzens zu Bette begeben, um dort der Liebe zu frönen. Der Frankfurter Psychologe WERNER GROSS erklärt das so: »Für viele Männer wird der Fernseher zur Fluchtburg, er entzieht sich Forderungen. Fernsehen erwartet nichts. Es zwingt nicht zum Reden, nicht zum Nachdenken über sich selbst, seinen Job oder Beziehungsprobleme. Fernsehen schenkt Erlebnisse, ohne den Zwang, dafür zu investieren. Es hilft, aus dem ewig gleichen Berufsleben auszubrechen, ohne sich von der Stelle bewegen zu müssen, und befriedigt die natürliche Neugier auf andere Menschen.«

Das Ergebnis: Männer verharren in ihrer Flucht vor immer neuen Forderungen stumm vor dem Kasten, verlieren zunehmend die eigene Kommunikationsfähigkeit – während Frauen, so der Psychologe Groß, signalisieren: Laß uns doch zusammen reden. Wir sind auch noch da! Wenn sie keine Antwort bekommen, fangen sie an, ihre Beziehung zu überdenken, um schließlich manchmal sogar aus ihr zu flüchten.

Da dem Mann heute von den Feministinnen jede Form von Kommunikation abgesprochen wird, was immer er sagt, als »männlich-blöd« abgekanzelt wird, haben sich immer mehr Männer in die beziehungslose Beziehung geflüchtet. Entweder hocken sie vor dem Fernseher oder vor dem Computer.

9. Lektion
Erste Hilfe für den sprachlosen Mann

»Der Haß ist parteiisch«
JOHANN WOLFGANG VON GOETHE, in: *»Die Wahlverwandtschaften«*

Schnellkurs in Feminismus

Geschickt werden die männerverachtenden Thesen heute verpackt. Doch was wollen die Feministinnen wirklich? Wie soll der Kampf »Frau gegen Mann« geführt werden? Hier die wichtigsten Kampfparolen.

Parole eins:
Der Mann muß vernichtet werden!

VALERIE SOLANAS: *»S.C.U.M.-Manifest der Gesellschaft zur Vernichtung der Männer«*

»Das Leben in dieser Gesellschaft ist ein einziger Stumpfsinn, kein Aspekt der Gesellschaft vermag die Frau zu interessieren, daher bleibt den aufgeklärten, verantwortungsbewußten und sensationsgierigen Frauen nichts anderes übrig, als die Regierung zu stürzen, das Geldsystem abzuschaffen, die umfassende Automation einzuführen und das männliche Geschlecht zu vernichten.

Jeder Mann gleicht einer Insel. In sich selbst eingesperrt, emotional isoliert, unfähig, mit anderen zu kommunizieren ... Wie ein verängstigtes Häschen jagt er schnell davon und schleppt Daddys kleines Arschloch hinaus in die Wildnis, in die Vorstadt.

Die Männer verachten sich selbst, alle anderen Männer und alle Frauen, die vor ihnen Respekt haben und ihnen schöntun ... Mit einem Wort, Verachtung ist die Devise des Tages. Liebe dagegen ist nicht Abhängigkeit oder Sex, sondern Freundschaft. Und deshalb kann es keine Liebe geben zwischen zwei Männern, zwischen einem Mann und einer Frau oder zwischen zwei Frauen, von denen eine oder beide gedankenlose, unsichere, den Männern schöntuende, maskuline Geschöpfe sind. Wie beim Gespräch kann es Liebe nur zwischen selbstsicheren, frei beweglichen, unabhängigen, femininen Frauen geben, da Freundschaft auf Achtung, nicht auf Verachtung beruht.

Männer können nicht für ein gemeinsames Ziel zusammenarbeiten, das Ziel jeden Mannes heißt: Alle Votzen für mich! Wenn die Frauen ihren Arsch nicht sehr schnell in Trab setzen, dann ist's gut möglich, daß wir alle draufgehen.

›Dropout‹ ist keine Lösung. Kaputtmachen ist's.«

Parole zwei: *Frauen leben im Kriegszustand!*

Annie Cohen: *»Kriegszustand«*

»In welchem Kriegszustand leben wir, daß wir mit gesenktem Kopf die Mauern entlangschleichen und ein Leben lang Angst haben müssen beim Nachhausegehen, Ausgehen, Spazierengehen?

Der Krieg existiert und nicht wir haben ihn erklärt. An uns ist es jetzt, uns zu verteidigen. Aber wie?

Welche Mittel bleiben uns heute, um die Männer am Vergewaltigen zu hindern? Um den Anquatschern das Anquatschen zu verleiden? Um unsere Ehemänner am Schlagen zu hindern? Welche Möglichkeiten haben wir, die Straße in Frieden zu betreten? In einem öffentlichen Park auf der Bank zu sitzen, ohne stupide Bemerkungen, aggressive Blicke und dämliche Angebote ertragen zu müssen?

Wir werden angegriffen, geschlagen, vergewaltigt, erniedrigt, verachtet. Wir sollten nicht weinen darüber, sondern uns endlich wehren! Mit Gewalt gegen die, die uns Gewalt antun...

Darum sollten wir uns endlich die Frage nach unserer eigenen Freiheit und nach dem Sieg über unsere Angst stellen!

- Werden wir keine andere Lösung finden als eine extreme?
- Werden wir sie alle anzeigen müssen?
- Werden wir uns bewaffnen müssen?
- Werden wir uns unsern Traumplaneten, auf dem endlich Freiheit auch für uns Frauen herrscht, mit Blut und Tränen erobern müssen?

Oder wollen die Männer anfangen, sich hier und sofort Fragen zu stellen, sich zu ändern?«

Parole drei:
Alle Männer sind Vergewaltiger!

SUSAN BROWNMILLER: *»Gegen unseren Willen«*
»Eine Welt ohne Vergewaltiger wäre eine Welt, in der Frauen sich frei, ohne Angst vor Männern, bewegen könnten. Daß einige Männer vergewaltigen, reicht als Bedrohung aus, um die Frauen im Zustand fortwährender Einschüchterung zu halten, sich ständig bewußt zu sein, daß das biologische Werkzeug des Mannes etwas Furchtbares ist, das sich urplötzlich in eine Waffe verwandeln kann.

Vergewaltigende Männer sind nicht Außenseiter der Gesellschaft oder ›Besudeler der Reinheit‹, sondern vielmehr männliche Stoßtrupps, terroristische Guerillas im längsten Krieg, den die Welt jemals gesehen hat.

Gruppenvergewaltigung ist nicht einfach der Sieg des Mannes über die Frau, sondern der Sieg von Männern über die Frau schlechthin.

In dem Phänomen der Gruppenvergewaltigung ohne die Möglichkeit für die Frau, sich zur Wehr zu setzen, kommt die männliche Ideologie der Vergewaltigung besonders deutlich zum Ausdruck...

Eine Frau gemeinsam zu ›vernaschen‹ stärkt das zweifellos falsche Bewußtsein von Gruppenmacht und Männlichkeit genauso wie eine Managerkantine, zu der nur Männer Zutritt haben; wie eine Expedition von Männern zur Bezwingung des Mount Everest oder eine von einer Männergesellschaft durchgeführte Kanufahrt zur Bewältigung von Stromschnellen (man achte auf die Sprache).

Aus allen Statistiken geht hervor, daß die Straße, die Wohnung und das Auto für Frauen höchst gefährliche Orte sind. Wo ist es dann eigentlich nicht gefährlich? Man rät für gewöhnlich, Türen und Fenster gut zu verschließen, sich nicht mit Trampern einzulassen und nachts nicht allein in einsame Gegenden zu gehen. Aber diese Vorsichtsmaßnahmen ändern weder etwas an der Ideologie der Vergewaltigung noch tragen sie wesentlich zum Verständnis des Verbrechens bei.«

Parole vier:
Das Leben jeder Frau ist die Hölle!

SHULAMITH FIRESTONE: *»Frauenbefreiung und sexuelle Revolution«*
»Die Frauen haben jahrtausendelang die Arbeit gemacht und die Nachteile einer einseitigen emotionalen Beziehung auf sich genommen, deren Vorteile den Männern und der Arbeit von Männern zugute kamen.

Für Frauen besteht keine Veranlassung, einen Mann zu idealisieren (wenn das eigene Leben von der Fähigkeit abhängt, Männer psychisch auszuloten, kann eine derartige Idealisierung sogar gefährlich sein).

So gesehen, ist ›Verlieben‹ nichts anderes als der Prozeß der Veränderung der männlichen Sichtweise durch Idealisierung, Mystifizierung und Verherrlichung, die die weibliche Klassenminderwertigkeit aufhebt.

Aber jede Frau weiß, daß diese Idealisierung, für die sie so schwer schuftet, eine Lüge ist... Ihr Leben ist die Hölle, es schwankt zwischen dem alles verdrängenden Bedürfnis nach männlicher Liebe und Anerkennung, die sie aus ihrer untergeordneten Klassenlage erheben soll, und dem ständigen Gefühl der Unechtheit, wenn sie seine Liebe errungen hat...

In einer Männergesellschaft, die die Frauen als eine minderwertige und parasitäre Klasse definiert, ist eine Frau verloren, wenn sie nicht in irgendeiner Form männliche Bestätigung erringen kann ... Aber da es einer Frau selten gestattet wird, sich durch Aktivität in der (männlichen) Gesamtgesellschaft selbst zu verwirklichen – und wenn sie es tut, wird ihr selten die Anerkennung zuteil, die sie verdient –, ist es leichter zu versuchen, von einem Mann anerkannt zu werden als von vielen; und so fällt die Entscheidung der meisten Frauen ja auch aus.«

Parole fünf: *Frauen sind immer unterprivilegiert!*

KATE MILLET: *»Sexus und Herrschaft«*

»Da Frauen in einem Patriarchat meist nur ›Randbürger‹ sind, wenn sie überhaupt Bürgerrechte genießen, gleicht ihre Situation denen anderer Minoritäten, wobei unter einer Minorität hier nicht die zahlenmäßige Unterlegenheit einer Gruppe verstanden wird, sondern deren niedrige Rangordnung. Eine Minorität ist eine Gruppe von Menschen, die aufgrund ihrer körperlichen oder kulturellen Eigenschaften aus der Gesellschaft, in der sie leben, für eine andersartige und ungleiche Behandlungsweise ausgesondert sind.

Selbst das wenige, was die Sozialwissenschaften in diesem Zusammenhang in Erfahrung gebracht haben, bestätigt, daß die Frauen die bei einer Minorität zu erwartenden Charakteristiken aufweisen: Gruppenselbsthaß und Selbstablehnung, Verachtung sowohl ihrer selbst als auch anderer Frauen.

Doch ist die Erziehung zur Passivität in einem Patriarchat meist so wirkungsvoll, daß Frauen selten extrovertiert genug sind, um aus ihrem Mißverhältnis zur Gesellschaft heraus den Weg ins Verbrechen einzuschlagen...

Vergleiche, die MYRDAL, HACKER und DIXON zwischen den Attributen von Schwarzen und von Frauen angestellt haben, zeigen, daß beiden

Gruppen dieselben Merkmale zugeschrieben werden: niedrigere Intelligenz; Befriedigung der Instinkte oder Sinne; eine emotionelle Natur, die zugleich primitiv und kindlich ist; eine vorgespielte Begabung oder Affinität für das Sexuelle ... Beide Gruppen sind zu denselben Besänftigungstaktiken gezwungen: zu einem sich anbiedernden Benehmen, das dazu erfunden ist, zu gefallen; sie zeigen eine Tendenz, die schwachen Punkte zu studieren, in denen die dominierende Klasse dem Einfluß oder der Korruption erliegen könnte; und sie spielen eine Hilflosigkeit vor, die sich trügerischer Bitten um einen Rat unter Demonstration der eigenen Unkenntnis bedient.

Es ist eine Ironie, wie die frauenfeindliche Literatur sich jahrhundertelang gerade auf diese Charakterzüge konzentrierte und ihre Attacken auf die femininen Täuschungsmanöver und ihre Verderbtheit gerichtet hat, dabei vor allem aber auf den Aspekt, der mit dem Sexuellen oder, wie solche Quellen es ausdrücken, mit der ›Geilheit‹ zu tun hat.«

Parole sechs:
Die Hausfrau ist immer unglücklich!

Betty Friedan: *»Der Weiblichkeitswahn«*

»Ist sie einfach überfordert durch ihre Rolle als moderne Hausfrau: Ehefrau, Geliebte, Mutter, Krankenschwester, Kundin, Köchin, Chauffeur, Expertin für Innendekoration, Babypflege, Gerätereparatur, Möbellackierung, Ernährung und Erziehung? Ihr Tag ist zerrissen, denn sie stürzt vom Geschirrspülautomaten zur Waschmaschine, vom Telefon zur Wäscheschleuder, vom Auto zum Supermarkt, liefert Johnny bei den Pfadfindern und Janey in der Tanzstunde ab, läßt den Rasenmäher reparieren und holt ihren Mann um 6 Uhr 45 vom Vorortzug ab. Niemals kann sie länger als 15 Minuten bei einer Sache bleiben; sie hat keine Zeit, Bücher zu lesen, höchstens Zeitschriften; selbst wenn sie Zeit hätte, so könnte sie sich auf Bücher nicht konzentrieren.

Hausarbeit läßt sich wie Gummi dehnen, um die Zeit auszufüllen, die für sie zur Verfügung steht, oder Mutter sein läßt sich wie Gummi dehnen, um die Zeit auszufüllen, die dafür zur Verfügung steht, oder auch: Sex läßt sich wie Gummi dehnen, um die Zeit auszufüllen, die dafür zur Verfügung steht ...

Meiner Ansicht nach war der wahre Anlaß der Frauenbewegung wie auch die Frustration der Frauen die Unausgefülltheit ihres Daseins ...

Die Klagen so vieler Hausfrauen über ihr unausgefülltes Dasein haben also eine reale Grundlage. Aber gerade dieses Gefühl von Leere, dieses verbissene Verleugnen der Außenwelt treibt die Frauen oft dazu, sich noch mehr anzustrengen, sich noch hektischer in die Hausarbeit zu stürzen, um ja nicht in die Zukunft schauen zu müssen. Und das, was sich die Hausfrau aussucht, um die Leere zu füllen, so logisch und notwendig ihre Gründe auch zu sein scheinen, macht sie noch mehr zur Gefangenen ihrer trivialen häuslichen Routine.«

Parole sieben: *Frauen sind gesund, Männer verrückt!*

PHYLLIS CHESLER: *»Frauen, das verrückte Geschlecht«*

»Viele Männer sind tatsächlich schwer ›gestört‹, aber die Art, wie sich ihre ›Störung‹ äußert, wird weder als ›neurotisch‹ angesehen noch durch psychiatrische Internierung behandelt. Theoretisch haben alle Männer, besonders aber die weißen, reichen und älteren Männer, mehr Möglichkeiten, viele ihrer ›gestörten‹ (und nicht ›gestörten‹) Triebe auszuleben als die Frauen. Männern wird ganz allgemein eine größere Skala ›akzeptabler‹ Verhaltensweisen zugestanden als Frauen ... Da Frauen weniger akzeptable Verhaltensweisen zugebilligt bekommen und sie durch das weibliche Rollenstereotyp stärker eingeengt sind, ist es klar, daß sie mehr Verhaltensweisen zeigen, die als ›krank‹ oder ›inakzeptabel‹ gelten.

Untersuchungen über Verhaltensstörungen im Kindesalter haben ergeben, daß Jungen am häufigsten wegen aggressiven, destruktiven (antisozialen) und rivalisierenden Verhaltens zu Erziehungsberatungsstellen gebracht werden, Mädchen aber (falls überhaupt) wegen Persönlichkeitsstörungen wie übermäßige Angst und Unruhe, Scheu, Schüchternheit, Mangel an Selbstvertrauen und Minderwertigkeitsgefühlen.

Den typisch weiblichen Symptomen ist die ›Furcht vor dem Glück‹ gemeinsam, ein Ausdruck, den THOMAS SZASZ geprägt hat, um die ›indirekte Form der Kommunikation‹ zu beschreiben, die die ›Sklavenpsychologie‹ kennzeichnet.

Wenngleich viele Kliniker ihre männlichen Patienten für ›verrückt‹ halten, ihre Patientinnen halten sie für noch ›verrückter‹. Für die seelische Gesundheit und Behandlung von schwarz und weiß, arm und reich und natürlich auch von Frau und Mann gibt es unterschiedliche Maßstäbe ...

Daraus folgt, daß sich eine Frau, um als gesund zu gelten, an die Verhaltensnormen für ihr Geschlecht ›anpassen‹ und diese akzeptieren muß, obwohl diese Verhaltensweisen im allgemeinen als weniger gesellschaftlich erwünscht angesehen werden. Eine äußerst ungewöhnliche Art, einen gesunden, erwachsenen Menschen zu definieren.«

Parole acht: *Zipfelträger, adieu!*

ALICE SCHWARZER: *»Der ›kleine‹ Unterschied und seine großen Folgen«*
»Die ›Sexwelle‹, KOLLE und REICH brachten den Frauen nicht mehr Freiheit und Befriedigung, sondern mehr Selbstverleugnung und Frigidität.

Nachdem ich mich sehr gründlich mit Problemen wie Abtreibung, Berufsarbeit und Hausarbeit beschäftigt habe, ist mir klargeworden, daß die Sexualität der Angelpunkt der Frauenfrage ist. Sexualität ist zugleich Spiegel und Instrument der Unterdrückung der Frauen in allen Lebensbereichen.

Hier fallen die Würfel. Hier liegen Unterwerfung, Schuldbewußtsein und Männerfixierung von Frauen verankert. Hier steht das Fundament der männlichen Macht und der weiblichen Ohnmacht. Hier hindern angstvolle Abhängigkeit und schamerfüllte Isolation Frauen daran, zu entdecken, wie sehr sich die Schicksale gleichen...

Es wird darum Zeit, daß wir uns endlich einmal fragen, worin er eigentlich besteht, dieser gern zitierte kleine Unterschied. Und, ob er tatsächlich rechtfertigt, daß aus Menschen nicht schlicht Menschen, sondern Männer und Frauen gemacht werden.

Lange muß man in dieser potenzwütigen Männergesellschaft nach besagtem Unterschied nicht suchen: Tatsächlich nicht sehr groß. Im schlaffen Zustand, so versichern die Experten, acht bis neun Zentimeter, im erigierten sechs bis acht Zentimeter mehr.

Und in diesem Zipfel liegt das Mannestum? Liegt die magische Kraft, Frauen Lust zu machen und die Welt zu beherrschen? Die Zipfelträger zumindest scheinen davon überzeugt zu sein... Ich meine, er ist nicht mehr als ein Vorwand. Nicht dieser biologische Unterschied, aber seine ideologischen Folgen müßten restlos abgeschafft werden! Denn Biologie ist nicht Schicksal, sondern wird erst dazu gemacht. Männlichkeit und Weiblichkeit sind nicht Natur, sondern Kultur. Sie sind die in jeder Generation neu erzwungene Identifikation mit Herrschaft und Unterwerfung. Nicht Penis und Uterus machen uns zu Männern und Frauen, sondern Macht und Ohnmacht.«

Parole neun: *Frauen werden von Geburt an benachteiligt!*

URSULA SCHEU: *»Wir werden nicht als Mädchen geboren, sondern wir werden dazu gemacht«*
»Wir werden nicht als Mädchen (oder Junge) geboren – wir werden dazu

gemacht! Was heißt das? Es heißt, daß Kinder vom ersten Tag an systematisch in eine Geschlechterrolle gedrängt und zu Wesen deformiert werden, die wir ›weiblich‹ oder ›männlich‹ nennen. Dieser Prozeß engt beide ein. Das Mädchen aber wird noch stärker als der Junge in seinen potentiellen Fähigkeiten beschränkt, in seiner Autonomie gebrochen und real benachteiligt.

Die für ursprünglich gehaltenen weiblichen Eigenschaften wie Mütterlichkeit, Emotionalität, soziales Interesse und Passivität sind nicht etwa natürlich weiblich und angeboren, sondern kulturell anerzogen...

Bereits beim Stillen werden Unterschiede gemacht, die sich beim Spielzeug und bei der Fernseh-Kinderstunde fortsetzen – einfach alles läuft auf das Fabrizieren des ›kleinen Unterschiedes‹ hinaus!

Es beginnt im Mutterleib. Strampelt der Fötus besonders lebhaft, heißt es schon: ›Das wird ein Junge.‹ Weiter geht es mit dem Stillen; Mütter stillen weibliche Babys anders als männliche: kleine Mädchen müssen schneller trinken und werden im Schnitt drei Monate früher entwöhnt. Schon hier akzeptiert die Mutter unbewußt die Autorität und Autonomie des kleinen Mannes und läßt ihm seinen natürlichen Trinkrhythmus – während sie diesen Rhythmus beim Mädchen unterbricht, weniger bereit ist, auf es einzugehen, es einem fremden Willen unterwirft.

So sind in der Neugeborenenperiode Hautkontakte, Berührungen und Bewegungen besonders wichtig, Mädchen aber werden in dieser Zeit weniger berührt, weniger gestreichelt und auf den Arm genommen als Jungen. Auch die Muskelaktivität des männlichen Neugeborenen wird stärker gefördert – schon in den ersten Lebenswochen wird damit der Grundstein für die spätere körperliche Unterlegenheit von Frauen gelegt.«

Parole zehn:
Lesben, kämpft gegen Männer!

Rita Mae Brown/Charlotte Bunch: *»Was jede Lesbierin wissen sollte«*
»Lesbisch sein bedeutet: sich selbst lieben. Sich – eine Frau. Und das in einer Kultur, die Frauen für minderwertig hält und verachtet. Die Gesellschaft gesteht dem Mann den höchsten Platz zu. Lesbisch sein aber heißt, die Frau an die erste Stelle zu setzen. Darum trifft der Lesbianismus die männliche Vorherrschaft im Kern. Politisch bewußt und organisiert könnte Lesbianismus die Speerspitze im Kampf gegen die Männerherrschaft sein!

Lesbianismus ist also mehr als eine sexuelle Vorliebe. Lesbianismus ist eine politische Entscheidung! Sie ist politisch, weil in einer männerbeherrschten Welt, deren Macht auf der Heterosexualität basiert, alle Mann-Frau-Beziehungen zwangsläufig politisch sind. Indem die Lesbierin Mann-Frau-Beziehungen aktiv ablehnt und Frauen wählt, stellt sie sich gegen dieses herrschende politische System.

Die Herausforderung des Lesbianismus liegt in der Zerstörung der Lüge von der weiblichen Unterlegenheit, Schwäche, Passivität und dem angeblich angeborenen Bedürfnis nach dem Mann. Wir brauchen keine Männer, die uns sagen, wer wir sind. Die Unabhängigkeit der Lesbierin und ihre Weigerung, Männer zu unterstützen, untergräbt die persönliche Macht, die Männer über Frauen haben, sie greift die Männerherrschaft privat und gesellschaftlich an...

Wir glauben, daß Frauen und Männer niemals frei sein können, bevor Frauen nicht aufhören, sich in die Männerherrschaft zu schicken. Erst wenn Männer merken, daß wir es ernst meinen mit der Aufhebung unserer Unterdrückung und daß sie Gefahr laufen, allein zurückzubleiben – erst dann werden sie sich ändern.«

10. Lektion
Psychotips, die heute jeder Mann kennen sollte

»Bücher sind Erfahrungen, die man kaufen kann« Werbespruch des Diogenes-Verlags

Schnellkurse für Beziehungskämpfe

Woher nimmt die Frau die neuen Worte gegen den Mann? Aus Büchern. Wer steckt hinter diesen Büchern? Was sind die Thesen, die Parolen? Was die Frau heute kennt und anwendet, sollte auch endlich der Mann wissen.

Wer sich heute in einer Buchhandlung umsieht, wird fast erschlagen: Meterweise gibt es Bücher, die der Frau gewidmet sind – und den Mann betreffen. Kein Psychologe, der nicht seine Seminararbeit zu einem »Ratgeber« umfunktionierte, keine Doktorin der Soziologie, die nicht aus ihrer Dissertation ein Buch schneidert, keine Lebens- oder Sexberaterin, die sich nicht anschickt, die Menschheit mit einer neuen Sexdoktrin zu beglücken.

Alle und alles beschäftigt sich mit der Liebe, der Lust, dem Sex, der Erotik, der Körpersprache, dem Miteinander- und vor allem dem Gegeneinanderleben. Ganz besonders verkaufsträchtig scheinen Bücher mit Fallbeispielen zu sein. Unter Nichtbeachtung irgendwelcher Datenschutzgesetze werden hier Männer und Frauen vor die Mikrofone der Psychologen gebeten und deren Intimstes einer gierigen – meist weiblichen – Leserin als »Beispiele« verkauft. Dabei erschöpfen sich die meisten Bücher mit den jeweiligen Zustandsbeschreibungen von Persönlichkeits- und Ehe- oder Beziehungsmerkmalen. Da sich Menschen – und besonders Frauen – oft und gern in anderen Frauen ausgedrückt sehen (nicht umsonst lebt die Herz-und-Schmerz-Presse von dieser falschen Identifikation), werden immer neue Theorien mit persönlichen Konstruktionen auf den Büchermarkt gebracht, um so »Phänomene« anhand von Einzelbeispielen zu verdeutlichen. Meist aber erschöpfen sich die endlos wiederhol- und beliebig austauschbaren Beschreibungen in netten Wortschöpfungen und lustigen Anekdoten, bei denen im allgemeinen der Mann der Stumme, die Frau die Kommunikative ist: Schließlich müssen Feindbilder gewahrt bleiben. Die Taxonomie, also das Zusammenfinden und die Dynamik bestimmter Persönlichkeitsmerkmale und Verhaltensmuster, kommt aber nur bei sehr wenigen »Lebensberatungsbüchern« zum Tragen. Der Schritt vom Einzelbeispiel zur Hypothese, die als »Gebot« verkauft wird, läßt sich jedoch leichter vollziehen. Und so ist es besonders wichtig, bei den nachfolgend aufgeführten »Kurs-Beispielen« sich selbst immer in Frage zu stellen: Ist die Hypothese wirklich mit Erklärungsmustern und Beispielen untermauert? Oder handelt es sich nur um eine Gehirngeburt eines pfiffigen Psychologen? Oder eines flotten Zeilenschinders?

Um auch den 75 Prozent der Männer, die keine Psychobücher lesen, jedoch Frauen haben, die selbige gierig verschlingen, die Chance zu bieten, sich mit der Frau über die neuen Trends der Männer-Frauen-Liebe- und Ehe-Literatur zu unterhalten und somit Mauern zwischen den Geschlechtern abzubauen, werden hier die signifikantesten Bücher kurz vorgestellt.

Keine Angst: Der Mann muß sich nicht durch Orgasmusschwierigkeiten, Partnerbeziehungen und intime Geständnisse von Mann, Frau, Freundin, Geliebter, Geliebtem, Trans-, Homosexuellem oder Transvestit kämpfen. »Die wichtigsten Herzschrittmacher und ihre Liebeslehren« nannte die deutsche Zeitschrift *Tempo* unlängst eine erkenntnisreiche Auflistung der wesentlichsten Mann-Frau-Bücher. Basierend auf dieser Idee sollen die interessantesten und wichtigsten – was nicht gleichbedeutend ist mit den »neuesten« – Bücher und ihre Autoren unter die Lupe genommen und in Kurzform präsentiert werden.

Ich stelle Ihnen dabei immer kurz den Autor vor, sodann die Personen, denen der Autor sein Buch gewidmet hat – was bereits Rückschlüsse auf den Inhalt des Werks zuläßt –, anschließend den auf wenige Zeilen reduzierten Inhalt des Buches plus die wichtigsten Kernsätze und gehe dann den Fragen nach: »Wer ist für den Autor schuld am Dilemma des Mannes?« und »Wie hilft dieses Buch dem sprachlosen Mann?«

Denn wie gesagt: Kommt das Thema Mann-Frau-Beziehung zur Sprache, sollte der Mann nicht sprachlos aus Unwissenheit kapitulieren, nur weil ihm der neue Thriller von John le Carré oder Patrick Süskinds Kindheitserinnerungen mehr zusagen.

Kurs eins:
So lerne ich lieben

»Die Kunst des Liebens« von Erich Fromm

Wer war Erich Fromm?

Deutsch-amerikanischer Psychoanalytiker. 1900 in Frankfurt geboren, 1980 in Muralto/Locarno in der Schweiz gestorben.

Wem ist das Buch gewidmet?

Niemand. Statt dessen beginnt er: »Man darf von diesem Buch keine simple Anleitung zur Kunst des Liebens erwarten; tut man es doch, wird man enttäuscht sein. Das Buch möchte ganz im Gegenteil zeigen, daß die Liebe kein Gefühl ist, dem sich jeder ohne Rücksicht auf den Grad der eigenen Reife nur einfach hinzugeben braucht.«

Was will uns der Autor sagen?

Liebe ist keine angeborene Fähigkeit, sondern ein Lernprozeß. Nur wer sich auf den schwierigen Pfad der Liebe zu sich selbst begibt, kann auch andere lieben. Sein ist wichtiger als Haben.

Kernsätze von Fromm:

- In der Liebe gibt es keine Erfüllung ohne die Liebe zum Nächsten, ohne die wahre Demut, ohne Mut, Glaube und Disziplin.
- Viele Menschen meinen, zu lieben sei ganz einfach; schwierig sei es nur, den richtigen Partner zu finden. Hinter dieser Einstellung – daß man nichts lernen müsse, um zu lieben – steckt die Annahme, es gehe bei dem Problem der Liebe um ein Objekt und nicht um eine Fähigkeit.
- Man verwechselt das Anfangserlebnis »sich zu verlieben« mit dem permanenten Zustand »zu lieben«.
- Lieben ist eine Kunst, wie das Leben eine Kunst ist. Liebe ist geben und nicht empfangen.
- Lieben heißt, das wir uns dem anderen ohne Garantie ausliefern, daß wir uns der geliebten Person ganz hingeben in der Hoffnung, daß unsere Liebe auch in ihr Liebe erwecken wird.
- Liebe ist ein Akt des Glaubens. Wer nur wenig Glauben hat, der hat auch nur wenig Liebe.

Wer ist schuld am sprachlosen Mann, der nicht lieben kann?

Mutter und Vater, welche die Kinder mit den falschen Werten erzogen haben, und die materiell eingestellte Gesellschaft.

Wie will Erich Fromm dem sprachlosen Mann helfen?

Durch Disziplin, durch Konzentration, durch Geduld und praktisches Üben lernt man, sich selbst wieder zu spüren, den eigenen Narzißmus zu überwinden – und kommen noch Demut, Vernunft und Glaube hinzu, dann dürfte die Angst verflogen sein, uns und andere zu lieben.

Kurs zwei: So lerne ich Unterschiede kennen

»Typisch weiblich? Typisch männlich?« von Ekkehard Kloehn

Wer ist Ekkehard Kloehn?
Dr. Ekkehard Kloehn, geboren 1939, ist Studiendirektor am Institut für Praxis und Theorie in Lübeck, daneben freier Publizist und leitete jahrelang die Fernsehredaktion »Naturwissenschaft und Technik« im Norddeutschen Rundfunk.
Wem ist das Buch gewidmet?
Addi, Christa, Hannes, Heinrich: Vielen Dank!
Was will uns der Autor sagen?
Lieben Frauen anders? Das Verliebtsein, jene Anfangsphase, in der sich beide Partner geradezu eifersüchtig-besitzergreifend miteinander beschäftigen, dauert im Normalfall höchstens zwei Jahre. Entweder verlieren die Partner danach mehr oder weniger das intensive Interesse aneinander, oder sie retten ihre Zuneigung in eine anschließende ruhigere Beziehung hinein, in der sie sich weiter mögen, aber oft ohne diesen besessenen Ausschließlichkeitsanspruch. Beide Phasen werden getragen von der Empfindung, den anderen gern zu haben.

Und in diesem »einfachen« Gefühl gibt es keine geschlechtstypischen Unterschiede – jedoch bei Wünschen, Vorstellungen und Erwartungen bezüglich dieser Empfindung.
Kernsätze von Kloehn:

- Männer erwarten Sicherheit, schätzen Verständnis, liebevolles Wesen, Aufrichtigkeit.
- Frauen wünschen sich Zärtlichkeit, Wärme, Verständnis, glauben aber (so hat's Mütterlein gelehrt), Männer wollen nur »das eine«.
- Männer meinen, man müsse sich den Geschlechtsverkehr erst durch Leistungen »verdienen«: Leistung, Karriere, Beruf, Liebe und Sexualität zählen für sie zur »Männlichkeit«. Wer im Beruf Erfolg hat, so mag es sich den Männern darstellen, hat auch ebensolchen bei Frauen.
- Bei den Frauen stehen Karrierestreben und weibliche Potenz deutlich in einem anderen Verhältnis. Frauen mit starkem beruflichem Engagement haben doppelt so häufig keinen Orgasmus beim Geschlechtsverkehr wie Frauen mit geringerem Berufsengagement oder »Nur-Hausfrauen«.
- Männer sehen Schwierigkeiten sachlich, verstandesmäßig, wollen sie technisch lösen, auch Probleme in der Partnerschaft.
- Frauen erleben die Gefühlsseite von Problemen, intensivieren sie, lösen sie emotional.

- Frauen reden über die innere gefühlsmäßige Seite von Ereignissen und Konflikten. Männer hängen an der Außenseite der Wirklichkeit, an dem, was man errechnen, was man organisieren und technisch machen kann.
- 1963 hatte ein Drittel der Mädchen bis zu ihrem neunzehnten Geburtstag keine sexuelle Erfahrung, 1982 hatten über siebzig Prozent geschlechtliche Erlebnisse.
- Jede fünfte Frau kann sich ein Leben auch ohne Sex schön vorstellen.
- Nur jeder dreizehnte Mann kann sich ein Leben ohne Sex vorstellen.
- Auch bei der Orgasmuspotenz haben sich Unterschiede erhalten: Die meisten Männer, die zur Erektion fähig sind, können beim Geschlechtsverkehr stets ihren Orgasmus erleben. Dem stehen dreißig Prozent Frauen gegenüber, die das auch tun sowie etwa zwanzig Prozent, die mit Hilfe manueller Stimulation durch den Partner fast immer zu ihrem Höhepunkt kommen.
- Etwa die Hälfte der Frauen erreicht im Gegensatz zu den Männern nicht oder nicht regelmäßig den Orgasmus.
- Beim Sexualakt gehen die motorischen Aktivitäten immer noch vom Mann aus.
- Als anregenden »Begleitfilm« zur Masturbation stellt sich fast ein Viertel der Frauen unter 35 Jahren vor, vergewaltigt zu werden, aber nur drei Prozent mögen sich in der aktiven Rolle des Vergewaltigers sehen.
- Die optische Phantasie spielt bei Männern eine größere Rolle als bei den Frauen, die sich mehr durch taktile Reize (Berührungen, Streicheln) erregen lassen.
- Die Zahl der Frauen, die sich einen Seitensprung leisten, ist auch heute um ein Vielfaches niedriger als die der fremdgehenden Männer.
- Die Gruppe der Frauen, die sich kritiklos zu ihrer Ehe bekannte, schrumpfte von 62 Prozent (1949) über 43 Prozent (1963) auf 36 Prozent (1968).

Wer ist schuld am Nichtverstehen?

Obwohl das Buch von Ekkehard Kloehn bereits zehn Jahre alt ist, hat es nichts von seiner Aktualität eingebüßt. Denn es geht auch heute in der Diskussion um den »neuen« Mann und die »neue« Frau um Rollenfixierungen. Schuld am Nichtverstehen der Geschlechter sind Natur, Gesellschaft und Staat. Doch es kommt auf den einzelnen an, sich so zu ändern, daß kein noch größeres Mißverständnis und keine rigide Geschlechtertrennung die Folgen sind.

Wie will Kloehn helfen?

Die Frau sollte ihr Selbstwertgefühl steigern, könnte dies im Rollenspiel in der Gruppe lernen, einer selbstbestimmten Tätigkeit nachgehen, um sich als Persönlichkeit bewußt und konsequent zu akzeptieren. Der Mann muß umdenken, muß die neue Qualität der emotionalen und sexuellen Partnerschaft begreifen, erlernen und erleben. Nur so können auch die Kinder dieser »emanzipierten« Eltern sich von den Rollenstereotypien freimachen.

Kurs drei:
So lerne ich den Partner verstehen

»Du kannst mich einfach nicht verstehen« von Deborah Tannen

Wer ist Deborah Tannen?
Deborah Tannen ist Professorin an der University of Georgetown (USA), verheiratet und schreibt regelmäßig in amerikanischen Zeitungen.
Wem ist das Buch gewidmet?
»Es läßt sich kaum in Worten ausdrücken, wieviel ich meinen großzügigen Kollegen verdanke, die das Manuskript gelesen und durch ihre Anregungen verbessert haben. Meinem Mann – Dank für alles!«
Was will uns die Autorin sagen?
Frauen haben das Gefühl, daß Männer nie mit ihnen reden, sondern immer nur dozieren und kritisieren. Männer sind der Meinung, daß Frauen immer nur an ihnen herumnörgeln und nie zur Sache kommen. Und daher bringt Deborah Tannen eine Unzahl von Gesprächen zwischen Frauen und Männern – analysiert diese auch, nennt aber auf 360 Seiten nicht einen Ratschlag, wie dieser Zustand zu verbessern wäre.
Kernsätze von Deborah Tannen:

- Ein Mann und eine Frau fassen dieselbe Unterhaltung häufig ganz anders auf, sogar wenn es offenbar gar nicht zu Mißverständnissen kommt.
- Mein Mann redet nie mit mir, wenn er von der Arbeit nach Hause kommt.
- Wenn wir Gäste haben, ist er der fröhlichste Plauderer in der ganzen Runde. Ich denke dann immer: ›Warum erzählt er mir nie so was?‹ Das geht jetzt seit 38 Jahren so.
- Nachdem wir zehn Jahre verheiratet waren, hörte Paul auf, mit mir zu reden. Ich habe nie verstanden, warum.
- Zu verstehen, wie der andere redet, ist ein Riesensprung hinweg über den Graben, der die Verständigung zwischen Frauen und Männern so schwierig macht, und ein Riesenschritt hin zur Öffnung von Kommunikationswegen.

Wer ist schuld am sprachlosen Mann?
Erst die Mutter, die der Tochter die falsche Sprache beibringt. Natürlich auch der Vater, der dem Sohn die falsche Sprache beibringt ... Natürlich Umwelt, Staat und Gesellschaft, die das Unverständnis der Geschlechter zum Funktionieren voraussetzt. Und schließlich der Mann. Da der, so Tannen, »jede Aussage zum Mann-Frau-Thema als Vorwurf auffaßt – als ob man insgeheim

mit dem Finger auf sie deuten und ›ihr Männer!‹ kreischen würde«. Und wenn der Mann versteht, warum er seine Frau nicht versteht, versteht er zwar, warum er sich unverstanden fühlt, aber nicht, wie er selbst das zu verstehen hat. Fazit von *Tempo*: Schweigen ist Gold.
Wie will Deborah Tannen dem sprachlosen Mann helfen?
Sie schildert wie fast alle US-Autorinnen tausendundeinen Fall, nennt aber nicht einen durchgehend praktikablen Lösungsansatz. Mit dem Begriff »Kommunikationsweg öffnen« ist beiden, Mann und Frau, nicht geholfen.

Kurs vier: So lerne ich Partnerschaft

»Schluß mit dem Beziehungskrampf« von MICHAEL MARY

Wer ist Michael Mary?
Ein Partnerschaftstherapeut aus Hamburg und zusammen mit PUJO NORDHOLT Gründer des Instituts für Methodische Transformation.
Wem ist das Buch gewidmet?
»Die meisten Anregungen habe ich Paaren zu verdanken, die mir in Partnerschaftssitzungen Einblicke in die Dynamik der Liebe und der Mann-Frau-Beziehung gaben. Diesen Paaren, allen voran aber meiner Partnerin PUJO NORDHOLT, durch die ich viel über mich lernte, gilt mein Dank.«
Was will uns der Autor sagen?
Tempo erklärt: »Männer wollen immer nur das eine: ihre Freiheit. Frauen wollen immer nur das eine: Liebe. Zusammenleben können sie nur im Gleichgewicht des Schreckens. Mary versucht, die kalten Krieger abzurüsten. Zum Buch gibt es Tonbandkassetten und ein Begleitheft mit Übungen. Damit Männer weiblicher und Frauen männlicher miteinander umgehen können.«
Beispiel aus seinem Buch:

- »Elke droht, Dietmar zu verlassen.
- Dietmar: ›Es fühlt sich an wie ein Stich.‹
- Therapeut: ›Ein Stich womit?‹
- Dietmar: ›Wie mit einem Messer.‹
- Therapeut: ›Steckt es noch drin?‹
- Dietmar: ›Ja.‹
- Gemeinsam ziehen wir ein imaginäres Messer aus seiner Brust.
- Therapeut: ›Tut es noch weh?‹
- Dietmar: ›Ja, aber es ist gut, daß es draußen ist‹ (beginnt zu weinen).«

Wer ist schuld?
Die Mutter und der Vater geben ein miserables Vorbild ab. Doch auch Staat und Gesellschaft bekommen ihr Fett weg.

Wie kann dem Mann geholfen werden?
Er muß viele Stunden mit dem Tonbandgerät arbeiten und brav seine Hausaufgaben machen – aber bitte nicht von der Partnerin abschreiben. Ein schönes Spiel für lange Abende. Langweilig, aber sinnvoll. So *Tempo.*

Kurs fünf: So lerne ich das Zusammenleben

»Was hält Paare zusammen?« von JÜRG WILLI

Wer ist Jürg Willi?
Jürg Willi ist Professor und Direktor der Psychiatrischen Poliklinik am Universitätsspital Zürich und Ordinarius für ambulante Psychiatrie, Psychotherapie und psychosomatische Krankheiten. Willi ist Autor der bekannten Bücher *»Die Zweierbeziehung«* (1975), *»Die Therapie der Zweierbeziehung«* (1978) und die *»Ko-Evolution«* (1985).
Wem ist das Buch gewidmet?
Niemandem. Dazu ist er zu klug.
Was will uns der Autor sagen?
Auch in Zukunft streben Menschen dauerhafte Paarbeziehungen an. Weniger aus ethisch-moralischen Gründen oder nach gesellschaftlichen Leitbildern, sondern wegen der menschlichen Beschaffenheit. Willi begreift den Menschen als ökologisches Wesen, als Beziehungswesen, das in der Auseinandersetzung mit Mitmenschen seine Kräfte entfaltet und strukturiert, als einen Menschen, der in Beziehungen seine Identität und seine Persönlichkeit findet.
Kernsätze von Willi:
- Die tiefste und persönlichste Beziehungserfahrung ist die Liebesbeziehung.
- Die Liebesbeziehung bleibt ungeachtet der gesellschaftlichen Veränderungen in ihrer Sehnsucht auf zeitliche Unbegrenztheit gerichtet sowie auf ein bedingungsloses Verstandenwerden und einander Verbundensein.
- Die Verwirklichung der Liebe vollzieht sich im Spannungsbogen zwischen Verliebtsein und Leiden an der Einsamkeit und dem Getrenntbleiben in der Liebe.
- Diese Spannung bleibt die treibende Kraft der Liebe. Sie erst veranlaßt die Partner zu einem dauernden Prozeß, einander zu suchen und sich gegenseitig zu erklären, und fördert damit Selbsterkenntnis und Selbstwerdung in der Liebe.
- Zur Sehnsucht der Liebenden gehört, sich gemeinsam eine eigene Welt zu schaffen und sich in ihr einzurichten.

Wer ist schuld am Nichtverstehen?

Das Getrenntbleiben der Liebenden. Doch wenn beide diesen Zustand in der Liebe als schmerzliche Gegebenheit akzeptieren, gewinnen sie für ihr Zusammenleben eine entscheidende Grundhaltung.

Wie will Willi helfen?

Mann und Frau, Frau und Mann müssen die Verschiedenheit ihrer Sichtweisen akzeptieren. Diese Sichtweisen regen die Partner an, einander zu suchen, sich auseinanderzusetzen und so das eigene Bild durch jenes des Partners zu ergänzen, zu erweitern und zu differenzieren.

Glück ist nicht das einzige Kriterium. Wachstum ist ein neues. Dazu kommt die selbstgeschaffene Welt als fester Bestandteil der eigenen Identität, die der Partnerschaft Stabilität verleiht, die Zweierbeziehung entlastet und die Verbindung der Partner auch bei deren Abwesenheit sichert.

Kurs sechs: So bewältige ich Ehekrisen

»Ich dachte, meine Ehe sei gut, bis meine Frau mir sagte, wie sie sich fühlt«
von Augustus Y. Napier

Wer ist Augustus Y. Napier?

Augustus Y. Napier ist Familientherapeut in Amerika und berichtet von seiner eigenen Ehe unterm Brennglas.

Wem ist das Buch gewidmet?

»Für Margaret, ohne die ich mir mein Leben nicht vorstellen kann, und meine Kinder Sarah, Mark und Julia, die mir halfen, ich selbst zu werden.«

Was will uns der Autor sagen?

Er will den männlichen Narzißmus und die weibliche Selbstverleugnung, die Rollenverteilung, die Identitätskrisen und Strategien der Veränderung, besonders für Väter, darstellen.

Kernsätze von Napier:

- Die Ehe ist die populärste Form von Psychotherapie.
- Die Ablehnung von Verantwortung für das Selbst muß bearbeitet werden, bevor das Paar konstruktive Veränderungen vornehmen kann.
- Beide Partner brauchen Zeit und Freiraum, um sich zu ändern.
- Partner sollten Buch über ihren Fortschritt führen.
- Verändern Sie Ihr Verhalten ungeachtet dessen, was Ihr Partner tut.
- Männer müssen lernen, sich geliebt und geschätzt zu fühlen.
- Die Aufgabe der Männer: Die Suche nach dem eigenen Vater und der Weg zu den eigenen Kindern.

Wer ist schuld am sprachlosen Mann?

Die Mutter, die sich als schlechtes Vorbild für die bewußte Kommunikation zwischen den Geschlechtern herausstellt. Ihr hat es gegenüber dem Mann

und den Kindern die Sprache verschlagen. Ebenso ist der Vater gegenüber seiner Frau und den Kindern zu keiner Kommunikation mehr fähig.
Wie kann dem Mann geholfen werden?
Mittels eifriger Besuche von Gruppentherapien, Ehetherapien, Gesprächsrunden und sonstigen Meetings, bei denen nur einer verdient: der Therapeut.

Kurs sieben: So lerne ich Lust ohne Gier

»Die Liebe« von Peter Lauster

Wer ist Peter Lauster?
Der Diplompsychologe, 1940 in Stuttgart geboren, studierte Psychologie, Philosophie, Anthropologie und Kunstgeschichte. Seit 1971 leitet er die »Praxis psychologische Diagnostik und Beratung«, malt neuerdings und beschäftigt sich mit sozialen Phänomenen, die den Menschen neurotisieren.
Wem ist das Buch gewidmet?
»Alles, was du tust, das tue aus Liebe.« Worte an einen Freund.
Was will uns der Autor sagen?
Die gesellschaftlichen Verhältnisse erschweren die Liebe, und die Begierde nach Lust ruft Frustration hervor. Die Liebe schafft Selbstbewußtsein. Die Liebe ist nur durch Offenheit der Sinne und Sensitivität möglich. In der Liebe entfaltet sich Schönheit. Wenn die Liebe regiert, muß das Denken schweigen, es herrschen Zeitlosigkeit und die Kunst des Alleinseins. Wenn Liebe besteht, ist die Lust kein Selbstzweck.
Kernsätze von Lauster
Die Grundvoraussetzungen für die Liebe sind:
- Die gesellschaftlichen Verhältnisse müssen ignoriert werden.
- Die Begierde muß verschwinden.
- Das Selbstbewußtsein muß sich entwickeln und stärken.
- Die Sinne müssen sich öffnen.
- Es herrschen Sensitivität, Meditation.
- Die Schönheit entfaltet sich unabhängig von der Mode.
- Das Denken wird still.
- Es herrscht Zeitlosigkeit.
- Alleinsein ist möglich, ohne Einsamkeit oder Isolation zu empfinden.
- Lust ist von der Liebe nicht getrennt.
- Eine ausgereifte Liebesfähigkeit ist die Voraussetzung dafür, daß sich die sexuelle Lust nicht isoliert und sich als Begierde verselbständigt.
- Wer nur nach Lust strebt, ohne liebesfähig zu sein, wird zwar den Sexualtrieb befriedigen können, aber das Lusterleben konzentriert sich dann auf den Orgasmus, und es fehlt die seelische Erfüllung.

Wer ist schuld an der Unfähigkeit zu lieben?
Die neun »Mythen«, die uns von der Gesellschaft gepredigt werden, als da beispielsweise sind: »Sexualität macht frei« – »Der Orgasmus ist das Ziel der Liebe« – »Die große Liebe dauert ewig« – »Eifersucht gehört zur Liebe«.
Wie will Lauster dem Mann helfen?
Nur wenn der Mann die Liebesfähigkeit mit viel Geduld und Ausdauer entwickelt, findet er über die Liebe auch zu erfüllter Sexualität, zu seinem Glück, in dem Seele und Körper zur Einheit verschmelzen.

Kurs acht: So lerne ich, wie Frauen Männer manipulieren

»Der dressierte Mann« von ESTHER VILAR

Wer ist Esther Vilar?
1935 als Kind deutscher Emigranten in Buenos Aires geboren, studierte sie Medizin und in Deutschland Soziologie und arbeitet als Ärztin. Ihre Bücher, etwa: *»Der betörende Glanz der Dummheit«*, oder ihre Theaterstücke wie *»Die Antrittsrede der amerikanischen Päpstin«* erregten Aufsehen. Esther Vilar lebt in Barcelona oder Zürich. Der Schweizer Schriftsteller JÜRG FEDERSPIEL ist ihr Freund.
Wem ist das Buch gewidmet?
»Das Buch ist denen gewidmet, die darin nicht erwähnt werden; den wenigen Männern, die sich nicht dressieren lassen, den wenigen Frauen, die nicht käuflich sind – und den Glücklichen, die keinen Marktwert haben, weil sie zu alt, zu häßlich oder zu krank sind.«
Was will uns die Autorin sagen?
Es geht um die Abrechnung mit der verdummten Frau, die den Mann bis auf die Knochen aussaugt – und dies auch keine Sekunde lang bereut. Denn:

1. Männer leisten Militärdienst, Frauen nicht.
2. Männer werden in den Krieg geschickt, Frauen nicht.
3. Männer werden später pensioniert als Frauen (obwohl sie aufgrund ihrer kürzeren Lebenserwartung ein Recht auf frühere Pensionierung hätten).
4. Männer haben praktisch keinen Einfluß auf ihre eigene Fortpflanzung (es gibt für sie weder Pille noch Schwangerschaftsabbruch, sie müssen oder können nur die Kinder bekommen, die Frauen bekommen wollen).
5. Männer ernähren Frauen, Frauen ernähren nie – oder nur vorübergehend – Männer.
6. Männer arbeiten ein Leben lang, Frauen vorübergehend oder gar nicht.
7. Obwohl Männer ein Leben lang arbeiten und Frauen nur vorübergehend oder gar nicht, sind erstere insgesamt ärmer als Frauen (die amerikanischen Frauen besitzen bereits 61 Prozent des US-Privatvermögens).

8. Männer bekommen ihre Kinder »geliehen«, Frauen dürfen sie behalten (da Männer ein Leben lang arbeiten und Frauen nicht, beraubt man sie mit der Begründung, sie müßten arbeiten, bei einer Trennung von der Mutter automatisch der Kinder).

Kernsätze von Esther Vilar:

- Wer eine Dienstleistung verlangt, muß etwas entsprechend Wertvolles dagegenbieten. Nun verhält es sich so, daß die Männer die exklusive Benutzung der weiblichen Vagina zu Wahnsinnspreisen hochgesteigert haben. Das ermöglicht der Frau einen sehr hohen Grad der Ausbeutung.
- Wenn eine Frau etwas sagt, dann meint sie etwas ganz anderes. Hier das »Wörterbuch« der Frauen:

Die Frau sagt:	**Aber sie denkt:**
Ein Mann muß mich beschützen können.	Ein Mann muß mich vor Unbequemlichkeiten schützen können.
Ich will mich bei einem Mann geborgen fühlen.	Mit Geldsorgen muß er mir um alles in der Welt vom Halse bleiben.
Zu einem Mann muß ich aufblicken können.	Er muß intelligenter, verantwortungsbewußter, mutiger, stärker, fleißiger sein als ich.
Ich würde meinen Beruf sofort aufgeben, wenn es mein Mann von mir verlangt.	Sobald er genug Geld hat, werde ich nie mehr arbeiten.
Ich wünsche mir nichts weiter, als ihn glücklich zu machen.	Ich werde mir alle Mühe geben, damit er niemals merkt, wie ich ihn ausnutze.
Ich will ihm alle kleinen Sorgen abnehmen.	Ich werde alles tun, damit ihn nichts von der Arbeit abhält.
Ich will nur für ihn da sein.	Kein anderer Mann soll für mich arbeiten dürfen.
Ich werde nur noch für meine Familie leben.	Nie mehr im Leben werde ich etwas tun. Soll er sich mal anstrengen!
Ich halte nichts von der weiblichen Emanzipation.	Ich bin doch nicht blöd, ich lasse lieber einen Mann für mich arbeiten.
Wir leben schließlich im Zeitalter der Gleichberechtigung!	Er soll nicht denken, daß er mir Vorschriften machen kann, nur weil er mein Geld verdient!
Ich bin in diesen Dingen so schrecklich ungeschickt.	Das ist eine Arbeit, die er mir abnehmen muß. Wozu ist er denn sonst da?
Er weiß einfach alles.	Man kann ihn sogar noch als Nachschlagewerk benutzen.
Wenn man sich wirklich liebt, braucht man nicht gleich einen Trauschein. Ich liebe ihn.	Er ist noch etwas widerspenstig, aber im Bett kriege ich ihn schon rum. Er ist eine erstklassige Arbeitsmaschine.

Wer ist schuld am Dilemma des sprachlosen Mannes?

Die Frauen! »Die Frauen erfinden Regeln, dressieren die Männer darauf und können sie so beherrschen. Frauen putzen sich bereits im Alter von zwölf Jahren als Köder heraus. Was Wunder, daß der Mann, durch dieses unverhohlene Kaufangebot in ständige sexuelle Erregung versetzt, bald keinen anderen Gedanken mehr hat als den, genug Geld zu verdienen, um sich in den Besitz der verlockenden Ware zu bringen.«

»Ökonomischer wäre es für den Mann auf jeden Fall, seinen Sexualtrieb bei Prostituierten zu befriedigen, statt sich in eine Ehe zu stürzen (bei Prostituierten im konventionellen Sinn – strenggenommen gehören ja die meisten Frauen in diese Gruppe).«

Wie hilft Esther Vilar dem sprachlosen Mann?

Mit klugen, polemischen Denkanstößen wie beispielsweise: »Der Mann sollte die Frauen dazu überreden, den Männern ihre Unabhängigkeit wenigstens anzubieten. In ihrem eigenen Interesse. Wir finanzieren heute Tierreservate, damit die wilden Tiere so bleiben können, wie sie sind, während direkt vor unseren Augen die Männer, von der Natur ebenfalls für ein Leben voller Abenteuer programmiert, immer zahmer, domestizierter und serviler werden. Es ist also an der Zeit, dem Mann eine Chance zu geben.«

Kurs neun: So sehe ich hinter die Cinderellas

»Der Cinderella-Komplex« von COLETTE DOWLING

Wer ist Colette Dowling?

Colette Dowling lebt und arbeitet seit 1958 in New York, vier Jahre war sie Redakteurin für die Frauenzeitschrift *Mademoiselle*. Heute ist sie freie Autorin, beschäftigt sich seit Jahren mit den »psychischen Dispositionen weiblicher Abhängigkeit«. Sie hat drei Kinder und wohnt heute in Rhinebeck im US-Bundesstaat New York.

Wem ist das Buch gewidmet?

»Ich bedanke mich bei LOWELL MILLER und meinen Kindern Gabrielle, Connor und Rachel für ihr Verständnis – und dafür, daß sie die geschlossene Tür meines Arbeitszimmers akzeptierten. Im letzten Jahr meiner Arbeit blieb die Tür oft bis Mitternacht geschlossen. Beschwerden von den Lieben kamen selten, in großen Abständen und waren nie ungerechtfertigt.«

Was will uns die Autorin sagen?

Frauen dürfen wählen, Geld verdienen, sogar in der Öffentlichkeit Macht ausüben. Warum aber nehmen so wenige von ihnen diese Chance wahr? Warum nutzen Frauen soviel seltener ihre Begabungen? Und warum kehren selbst die erfolgreichsten abends in eine ungleiche Partnerschaft zurück? Weil sie sich insgeheim noch immer nach Schutz und Versorgung sehnen. Weil sie die inneren Schranken noch nicht überwunden haben. Denn im Innersten wollen die Frauen nicht für sich selbst sorgen, sondern daß es ein Mann für sie tut.

Kernsätze von Colette Dowling:

- Es ist bemerkenswert, wie leicht es uns Frauen fällt, Motivationen und Ambitionen aufzugeben. Nach einer Weile spüren wir den Verlust nicht mehr.
- Wir entscheiden uns für Bequemlichkeit und Sicherheit.
- Die Mißbilligung der Mutter führt in vielen Fällen zu einer von drei charakteristischen Verhaltensstörungen bei den Töchtern: Die erste ist eine chronisch leichte Depression. Das zweite Syndrom ist die Unsicherheit im Bereich weiblicher Identität. Aber am erschütterndsten ist die Angst der Frauen, die auf der Leiter des Erfolgs schon zahlreiche Sprossen bewältigt haben – und plötzlich von Angst überwältigt werden und nicht weiterkommen.
- Frauen mißtrauen ihrem Urteil weit stärker als Männer. In Beziehungen überlassen sie es meist ihrem Partner, die Entscheidungen zu treffen; dies trägt dazu bei, daß sie sich im Laufe der Zeit auf ihr Beurteilungsvermögen nicht mehr verlassen.

Wer ist schuld an der sprachlosen Frau?

Die Mutter, die ihrer Tochter kein selbstbewußtes Vorbild war. Der Vater, der »Papas kleines Mädchen« nur so lange liebt, wie er selbst als oberste Bezugsperson fungiert. *Tempo* fügt noch hinzu: »Staat und Gesellschaft, die die Frauen an Heim und Herd ketten.«

Wie kann der Frau geholfen werden?

Sie muß ihre eigenen Ängste und Unsicherheiten sensibilisieren und diese nicht unter unmöglich zu vollziehenden Forderungen der Emanzipation begraben. Nur wenn die Frau sich selbst liebt, kann sie andere lieben.

Kurs zehn: So werde ich kein gefühlsarmer Casanova

»Der Casanova-Komplex« von Peter Trachtenberg

Wer ist Peter Trachtenberg?

Peter Trachtenberg, geboren 1953, ist Schriftsteller und Literaturkritiker in Baltimore; er gewann 1984 den Nelson-Algren-Preis für Kurzgeschichten. Pikanterweise war Nelson Algren (*»Der goldene Arm«*) der Liebhaber von Simone de Beauvoir, die ihn sogar kurzfristig heiraten wollte, bevor sie zu Jean-Paul Sartre zurückkehrte und zur Urmutter des Feminismus wurde.

Wem ist sein Buch gewidmet?

»Für all die Männer, mit denen ich gesprochen habe, und die Frauen, die sie liebten – und für das Zwölfstufenprogramm der Genesung.«

Was will uns der Autor sagen?

Jeder Mann träumt – offen oder heimlich – davon, ein Casanova oder Don

Juan zu sein. Er stellt sich vor, begehrt und unwiderstehlich zu sein. Jede Frau kennt aus leidvoller Erfahrung ebenfalls diese Freibeuter des Herzens. Doch hinter jedem Casanova, jedem Don Juan steckt nur der Traum vom lebenslänglichen Abenteuer, eine unstillbare, schmerzhafte Sucht nach ständigem Liebes-Drill.

Diesen Männern muß geholfen werden. Sie müssen vom Zwang zur Liebe um jeden Preis befreit werden.

Kernsätze von Trachtenberg:

- Erotische Liebe bedarf einer Geliebten, um wen es sich dabei handelt, ist dem Casanova egal.
- Idealisierung und heftigste Desillusionierung sind die grundlegenden Mechanismen, welche die Mentalität des Casanovas prägen.
- Negative Gefühle wie Wut, Angst oder Enttäuschung fungieren als »Puffer« gegen die seelische Unruhe.
- Die Promiskuität des Fluchtspezialisten ist keine Jagd nach Vergnügen, sondern Flucht vor Schmerzen und Angst.
- Die Eroberungsrituale finden in geweihten Räumen statt: Eroberer konzentrieren sich stets auf ganz bestimmte Orte.
- Casanovas sind keine Produkte übertriebener Mutterliebe – im Gegenteil: Sie haben ihre Mutter als »hart« und emotionslos in Erinnerung.
- Die Geliebte ist nur der Fetisch, die Droge, die vorübergehend Trost spendet.

Wer ist schuld am Casanova?

Es fehlt dem Casanova der bewußt erlebte Vater, die emotionale Mutter. Sein Penis erscheint ihm als Haken und Rammbock, die Geliebte ist ihm ständige Ersatzmutter. Sie sind gespaltene Persönlichkeiten, ständig auf der Jagd, sich als Mann zu beweisen.

Wie kann dem Casanova geholfen werden?

Er muß ein Programm durchlaufen wie die Anonymen Alkoholiker. Er muß lernen, Sex nicht als Droge zu benutzen, emotionalen Entzug zu durchleiden und die Bereitschaft, sich wirklich zu ändern, bekunden. Er muß erfahren, daß Angst etwas Natürliches und Einsamkeit ein Segen sein kann. Doch ändern kann er sich nur, wenn der Casanova erkennt, was ist, und nicht, was sein soll.

Kurs elf: So lerne ich Sex mit Phantasie

»Sex beginnt im Kopf« von Carol G. Wells

Wer ist Carol G. Wells?

Eine US-amerikanische Eheberaterin und Sextherapeutin.

Wem ist das Buch gewidmet?
Ihren Patienten: »Ich gratuliere meinen Patienten stets zu dem Mut, den die Suche nach größerer Zufriedenheit im sexuellen Bereich erfordert.«
Was will uns die Autorin sagen?
Sie will uns den mentalen Weg zu höchster Erfüllung zeigen. Der lustvolle Genuß der körperlichen Liebe ist nur über den Kopf steuerbar! Anhand zahlreicher praktischer Beispiele beschreibt die Sexualtherapeutin, wie man durch mentale Entspannungsübungen eine positive Grundlage dahingehend schafft, Lust, Sinnlichkeit und sexuellen Genuß neu zu erleben.
Kernsätze von Carol G. Wells:

- Stellen Sie sich als sinnlichen, lustvollen Menschen vor, dann wird dieses Bild in Ihrem Langzeitgedächtnis haftenbleiben.
- Entdecken Sie erotische Brücken: etwa ein heißes Bad, ein Spaziergang, eine Massage, ein visuelles Erlebnis, beispielsweise ein Videofilm oder ein Sexmagazin, oder eine erotisch gewürzte Unterhaltung.
- Richten Sie Ihre schöpferischen Gedanken auf die empfindsamsten Teile Ihres Körpers.
- Führen Sie Visualisierungsübungen durch, um Lust und Spiel miteinander zu verbinden.

Wer ist schuld am schlechten Sex?
Alle, denen körperliche Liebe zu langweilig geworden ist und die nicht Carol Wells' Geschichten geistig nachvollzogen haben.
Wie will Carol G. Wells dem Sexmuffel Mann helfen?
Er soll die Blockaden im Kopf abbauen, denn sie sind die Ursache dafür, wenn beim Sex »nichts mehr läuft«. Diese Sperren können derart massiv werden, daß es unmöglich wird, körperliche Liebe zu genießen. Umgekehrt ist sexuelle Erfüllung aber über den Kopf steuerbar – und hierin liegt der Schlüssel für eine Wiederentdeckung und Intensivierung der eigenen Lust.

Kurs zwölf: So gehe ich als Mann garantiert unter

»Der Untergang des Mannes« von VOLKER ELIS PILGRIM

Wer ist Volker Elis Pilgrim?
Volker Elis Pilgrim, geboren 1942, lebt in Frankfurt und München, studierte Jura, Psychologie, Soziologie, ist Doktor der Rechtswissenschaft. Der homosexuelle Autor schrieb neben dem *»Untergang des Mannes«* weitere Bücher, zum Beispiel *»Die Elternaustreibung«*.
Wem hat Pilgrim sein Buch gewidmet?
»Für Achim, Agnes, Alexander, Alexandra, Alfred, Alice... Winfried, Woitek, Wolfgang, Zenta...«

Was will der Autor uns sagen?
Mit dem ungelösten Streit Mann kontra Weib, Jugend kontra Patriarchat treibt die Menschheit dem Untergang zu. Er verrät den Mann, um ihn vor dem sich anbahnenden Untergang zu bewahren.
Kernsätze von Volker Elis Pilgrim:
- Der Mann, der den »Untergang des Mannes« nicht versteht, wird untergehen.
- Die Grenzen des Wachstums werden in hundert Jahren den Untergang der Menschheit zur Folge haben. Dieser Untergang wird vom Mann bewerkstelligt. Der Mann erleidet ihn auch als erster. Er steht vor allem sich selbst feindlich gegenüber.
- Erotisch ist der Mann am Ende.
- Der Mann als Zerstörer des Mannes.
- Der Mann als Zerstörer der Frau.
- Der Mann ist der Zerstörer der Partnerschaft.
- Der Mann als Zerstörer der Menschheit.
- Die Frau kann nichts dafür.
- Schon die biblische Schöpfungsgeschichte enthält Anweisungen für den Untergang, sie ist eine Vernichtungsgeschichte, jetzt nach fünftausend Jahren vom Mann endgültig vollzogen. Die christliche Religion faßt in der Trennung und Verschmelzung von Jesus und Gottvater das Konzept homosexueller Ausbildung des Mannes zusammen, ohne die eine patriarchalische Gesellschaft nicht existieren kann und die sie schließlich in die Selbstzerstörung treibt.

Wer ist schuld?
Die Mutter, genauer: das Abhängigkeitsverhältnis zwischen Sohn und Mutter. Die Eifersucht, begründete und unbegründete; Verletzungen, absichtliche und unabsichtliche; das Gefühl, selbst vom anderen nicht genügend wahrgenommen zu werden.
Wie soll der sprachlose Mann seinen Untergang abwehren?
Das kann er gar nicht, meint Pilgrim. Denn »der patriarchalische Mann, der sich durch Befruchtung mit sich selbst immer wieder zu einem herrschenden, besitzenden, zerstörenden, latent Homosexuellen produziert, ist zum Pfauenschwanz der Menschheit geworden, der seiner ganzen Art den Untergang bereitet. Einen Zoo für den Menschen gibt es in keinem Himmel, bei keinem Gott.«

Kurs dreizehn: So werde ich ein weiblicher Mann

»Männer lassen lieben« von Wilfried Wieck

Wer ist Wilfried Wieck?

Dr. rer. pol. Dr. phil. Wilfried Wieck wurde am 28. 5. 1938 geboren. Studium der Mathematik und Physik. Arbeit in Kinderläden und psychotherapeutischen Männergruppen. Seit 1980 praktiziert er mit Irmgard Hülsemann als feministischer Psychotherapeut in Berlin.

Wem ist das Buch gewidmet?

»Ich danke Irmgard Hülsemann, meiner Lebensgefährtin, für ihre Anregung, mich mit mir und meinem Mannsein in dieser Gesellschaft zu befassen, und für ihre Unterstützung bei dieser Arbeit. Sie hat viel Kraft aufgewendet, mit Liebe und Konsequenz so manches Kapitel, so manches Problem angehört und mich auf Mängel hingewiesen.«

Was will der Autor uns sagen?

Der Mann ist liebesunfähig; er kann nur von der Frau erlöst werden. Sie ist die Heilige, die Liebende, die Helfende. Dem Mann vermag nur noch eine Psychotherapie zu helfen.

Kernsätze von Wieck:

- Der Mann ist kraftlos und schwach. Frauen versorgen die Männer.
- Der Mann ist süchtig nach der Frau. Darum hat er solche Mühe, sich von ihr zu befreien.
- Der Mann ist eifersüchtig auf die tüchtige berufstätige Frau, auf ihre außerfamiliären Beziehungen und auf ihre menschliche Entwicklung.
- Alle Männer sind gewalttätig, auch wenn nicht jeder ein potentieller Vergewaltiger ist.
- Die Liebe der Mutter macht jene schon zu Lebzeiten zu einer Heiligen.
- Die Frau ist die einseitige Helferin des Mannes.
- Die Welt braucht die konsequente Therapeutin des Mannes. Sie hat sie nicht, weil die Frauen zu brav sind.

Wer ist schuld am sprachlosen Mann?

Die Mutter, die ihren Sohn verwöhnt, vereinnahmt und erdrückt hat. Der Vater, der die Mutter nicht lieben konnte. Der Staat, der die Ausbeutung der Frauen begünstigt, weil Männer ohne ihre weiblichen Energieversorger nicht arbeitsfähig sind.

Wie will Wieck dem sprachlosen Mann helfen?

Der Mann muß lernen, sich seinen Gefühlen nicht zu verweigern, die Frau nicht zu entwerten; nicht bloß reden, sondern fragen und zuhören. Die Sprache der Männer geht auf Kosten der Frau. Allein die Frau kann den Mann aus seiner Sprachlosigkeit führen.

Kurs vierzehn: So werde ich ein gläubiger Mann

»Jesus – der erste neue Mann« von Franz Alt

Wer ist Franz Alt?

Römisch-katholisch, am 17. Juni 1938 in Untergrombach geboren; studierte Geschichte, Theologie und Philosophie; machte Karriere als *»Report«*-Chef beim Südwestfunk in Baden-Baden; tritt nebenberuflich unter dem Namen »Franco Altini« als Zauberer auf; schrieb die Bestseller *»Liebe ist möglich«* und *»Von Sexualität und Liebe«*. 1991 wurde Alt per Gerichtsbeschluß verpflichtet, Alimente für seine zwei unehelichen Kinder zu zahlen. Das Buch *»Jesus«* soll er seiner Exgeliebten sogar mit Widmung geschickt haben.

Wem ist das Buch gewidmet?

»Meiner Frau und unseren Kindern bin ich dankbar für viele Anregungen und dafür, daß ich mir die Zeit nehmen konnte, dieses Buch zu schreiben.«

Was will der Autor uns sagen?

Alt erklärt in seinem 183seitigen Standardwerk Jesus zum »ersten neuen Mann«. Denn der Sohn Gottes verkörpert all das, was der neue Mann zu sein hat: Toleranz, Männlichkeit, Liebe, Zuneigung, Verständnis.

Kernsätze von Franz Alt:

- Jesus war ein Traum von Mann, der erste, der das Weibliche integrierte.
- Jesus ging bei den Frauen in die Schule. Jene spürten seine Lernbereitschaft und waren verrückt nach ihm.
- Von Jesus kann der Mann alles lernen, was ihm ein Leben in Liebe und Freiheit garantiert.
- Jesus ist der »erste neue Mann« gewesen – und den müssen wir heute wiederentdecken.
- Nur weil wir nicht wissen, wie Jesus mit seiner Sexualität fertig wurde, heißt das noch nicht, daß er sie nicht ausgelebt hat.
- Jesus war kein Softie, sondern ein zärtlicher Papi.
- Jesus ist eine Geistesrevolution, die noch vor uns liegt.
- Die Sorge um die Ungeborenen muß einhergehen mit Erbarmen gegenüber den Geborenen, sonst haben wir auch bei diesem Thema Jesus nicht verstanden.

Wer ist schuld am sprachlosen Mann?

Der ungläubige Mann, der sich nicht von Jesus bekehren läßt und sich weigert, auf die Predigten von Franz Alt zu hören.

Wie kann dem sprachlosen Mann geholfen werden?

Erst Franz Alts gesammelte Weisheiten kaufen, dann diese zusammen mit der Frau lesen und anschließend in die Kirche gehen, wo Franz Alt eine Laienpredigt für nur fünf Franken Eintritt hält.

Kurs fünfzehn: So werde ich ein Uralt-Macho

»Mann, leb dich aus!« von Joachim H. Bürger

Wer ist Joachim H. Bürger?

Joachim H. Bürger ist 48 Jahre alt, Inhaber eines PR- und Marketing-Unternehmens, schrieb früher Fachbücher. Er lebt von seiner amerikanischen Frau, einem Fotomodell, in Scheidung, versteuert in Irland (Schriftsteller müssen dort keine Steuern zahlen) und hatte mit dem Buch »Mann, bist du gut!« 1990 einen großen Erfolg.

Wem ist das Buch gewidmet?

Den Buhmännern: »Wir haben keine Lust mehr, uns unentwegt zu Buhmännern abstempeln zu lassen! Wir leben uns aus. Ab sofort.«

Was will uns der Autor sagen?

Bürger verkündet ein klares Postulat für die Männlichkeit, will das männliche Selbstverständnis wieder aufbauen. Er versucht, die subtilen Strategien der Frauen in der lebenslangen Ausbeutung der Männer zu enttarnen – und hat die Damenwelt empört. Bürger fordert zu Egoismus, unverkrampftem Umgang mit der geschlechtsspezifischen Sexualität, zu einer klaren Rollenverteilung auf, die sich an den Naturgesetzen und nicht an Erscheinungen des Zeitgeistes orientiert.

Kernsätze von Bürger:

- Wenn der junge Mann heute tatsächlich ohne Absicherung den Weg zum Traualtar antritt, so wird er gleich mehrfach in den »Schwitzkasten« genommen: Die Eroberte wird ihn fühlen lassen, daß er zur niedrigen Kaste gehört, und die Medien geben ihr die argumentative Rückendeckung.
- Unsensibel sind wir Männer wahrhaft nicht.
- Wer die Musik bezahlt, der bestimmt, was gespielt wird.
- Geld ist ein Stoff, der nach Ansicht der Frauen immer und ohne Probleme zur Verfügung steht.
- Geben Sie nie die Geldgewalt freiwillig aus der Hand! Sie machen stets ein denkbar schlechtes Geschäft, egal, ob die Gattin auszog oder verschwenderisch ist.
- Lassen Sie sich nie mehr sagen, auf welche Art Sie das größte Vergnügen am Sex finden, sondern erleben Sie ihn so, wie es Ihnen Spaß macht.
- Sollte Ihnen je ein Weib bezüglich Ihres Sexualverhaltens Vorwürfe machen, dann hilft im schlimmsten Falle immer noch der Spruch, den Sie in New York als Graffiti an jeder Hauswand finden: Fuck yourself...
- Erwarten Sie nie von einer Frau, daß sie freiwillig auf die Idee käme, Ihnen die Freizeit für eine dringend benötigte Erholungspause zu genehmigen.

- ○ Das Gerücht von der Lust am Fremdgehen hält sich nur deshalb so hartnäckig, weil Ehefrauen nichts mehr fürchten als ein Doppelleben ihres Mannes, bei dem eine andere die Geldquelle ebenso gnadenlos anzapft wie das angestammte Ehegespons.
- ○ Da hält man doch gleich mehr zur Mama. Denn die ist immer da, wenn wir was brauchen.
- ○ So wie die Spinnen ein feines Netz spannen, um der dicken Brummer habhaft zu werden, so werden Frauen heute und zu allen Zeiten ihre erotischen Waffen kunstvoll kaschieren, um junge wie alte Hengste zu bändigen. C'est la vie.

Wer ist schuld am sprachlosen Mann?
Die Frau als Alleintäterin. Laut Bürger beutet sie den Mann aus, hat keinen Humor und ist nicht mal zu einem ordentlichen Orgasmus fähig. Und wenn sie frigide ist, dann macht sie auch noch den Mann dafür verantwortlich.
Wie will Bürger dem sprachlosen Mann helfen?
Der Mann soll alles machen, was ihm Spaß macht. Er soll seitenspringen, ins Bordell gehen, seine Frau nie an die Kasse lassen, und wenn sie etwas sagt, dann braucht der Bürgersche Mann gar nicht erst zuzuhören: Es kommt eh nur Bockmist heraus.

Kurs sechzehn: So werde ich ein wilder Mann

»Eisenhans« von Robert Bly

Wer ist Robert Bly?
Robert Bly ist 64 Jahre alt, Lyriker, Erzähler, Übersetzer und Redner. Für seine Gedichte wurde er mit diversen Preisen ausgezeichnet. Bly lebt mit seiner Frau, seinen zwei Söhnen und zwei Töchtern in seinem Seminarzentrum in Minnesota (USA).
Wem ist sein Buch gewidmet?
»Auch bin ich den vielen Männern verbunden, die mir anvertrauten, mir zuhörten und mich damit ehrten, daß sie mir ihre eigene Geschichte erzählten, oder einfach sangen, tanzten oder weinten.«
Was will der Autor uns sagen?
»Der Mann von heute hat auf dem Grunde seiner Psyche ein großes, primitives Etwas liegen. Etwas, das von Kopf bis Fuß mit Haaren bedeckt ist. Mit diesem ›wilden Mann‹ Kontakt aufzunehmen, ist ein Schritt, den der Mann der achtziger und neunziger Jahre noch vor sich hat.« Oder wie *Tempo* es ausdrückt: »Der frauenbewegte Mann hat heute statt Mumm nur noch Müsli in den Knochen. Leider lieben starke Frauen aber nicht das Kind, sondern das Tier im Manne: So starren Blys Mannen und Memmen in die

trüben Tümpel ihrer Seelen, immer auf der Suche nach dem archaischen ›Eisenhans‹. Und suchen den märchenhaft schönen ›Goldenen Ball‹, der sie aus ihrem Käfig befreien soll.«

Das Märchen stammt nicht von Bly, sondern von den Brüdern GRIMM, die es 1850 während der deutschen Sturm- und Drangzeit verfaßt haben.

Kernsätze von Bly:

- Der naive Mann ist auf eine eigenartige Weise mit Verrat, Betrug und Lüge verknüpft. Im Haus des naiven Mannes gehen die Diebe ein und aus und tragen Säcke heraus, und er scheint es nicht zu bemerken.
- Der Softie könnte sagen: »Ich kann deinen Schmerz fühlen, und ich werde für dich da sein und dich trösten.« Aber er kann nicht ausdrücken, was er will, und dann dazu stehen.
- Die kraftvollen Energien des Mannes liegen auf dem Grund von Tümpeln. Unsere Geschichte besagt, daß der erste Schritt darin besteht, den »wilden Mann« auf dem Grund des Tümpels zu finden. Manchen Männern gelingt es unter gewaltigen Leiden, zu diesem Ort hinabzusteigen.
- Jetzt, wo so viele Männer ihr Leiden, ihre Sehnsucht nach dem Vater oder Mentor, auch empfinden, sind wir eher bereit, dem »wilden Mann« zu begegnen.

Wer ist schuld am Dilemma des sprachlosen Mannes?

Der Vater: »Ein Mann lernt von seinem Vater«, sagt Bly. »Die Nahrung des Lebens eines Mannes kann nicht von der Mutter kommen. Ein Knabe kann nur mit Hilfe älterer Männer zum Mann werden.« Blys eigener Vater war Alkoholiker.

Wie hilft Bly dem sprachlosen Mann?

Er will, daß die Männer ihren »wilden Mann« wiederfinden und zulassen. Er läßt die Männer Indianer spielen, schickt sie in den Wald, nimmt ihnen die Statussymbole, schrumpft sie auf ihre eigene Persönlichkeit zusammen. Blys Männer trommeln auf indianischem Fell, umarmen sich, singen, stöhnen, beichten, vergeben sich gegenseitig im Wald, sitzen auf Heuballen, jammern herzzerreißend und fühlen sich nach einem Wochenende bei Bly wie »neugeboren«.

Kurs siebzehn
So werde ich ein neuer Mann

»Feuer im Bauch« von SAM KEEN

Wer ist sam Keen?

Sam Keen ist 51 Jahre alt, lebt heute in Kalifornien. Er studierte an der Harvard University Theologie und promovierte an der Princeton University. Er arbeitete als Redakteur für psychologische Zeitschriften und ist heute freier Autor und Professor.

Wem ist sein Buch gewidmet?

James Donaldson, Bill Jersey, Richard Ruopp, Earl Scott, Männer mit Herz. Freunde seit drei Jahrzehnten. Jananne Lovett-Keen. Unsere unvereinbaren Unterschiede ließen die Liebe wachsen.

Was will uns der Autor sagen?

Der Bestsellerautor unterzieht das Verhältnis von Mann und Sex, Mann und Krieg, Mann und Arbeit einer kritischen Würdigung und zeigt neue Rollen, neue Vorbilder auf, die den Männern den Weg von der Gebrochenheit zur Ganzheit aufweisen sollen.

Kernsätze von Keen:

- Die Männer sind wütend, weil sie übelnehmen, daß sie für alles verantwortlich gemacht werden.
- Die Beziehung zwischen den Geschlechtern wird erst dann heil werden können, wenn Männer und Frauen damit aufhören, ihre jeweiligen Leiden als Rechtfertigung für ihre Feindseligkeit zu benutzen.
- Eine Mann muß sich neu definieren – und zwar abseits seiner Beziehung zu Frauen.
- Männer müssen das schwärmerische Element in der Geschichtsbetrachtung der feministischen Ideologie hinterfragen.
- Die Bedrohung der Erde ist zu real, um sie als Argument im Partisanenkampf der Geschlechter zu mißbrauchen.
- Das Bild des Mannes der Zukunft beginnt sich erst am Horizont abzuzeichnen, doch ist klar, daß wir vor der Notwendigkeit eines Neuanfangs stehen.
- Viele Männer merken, daß sie überdomestiziert sind und eine gewisse Qualität von Wildheit verloren haben, die für die Männlichkeit essentiell ist.

Wer ist schuld am sprachlosen Mann?

Der sprachlose, überdomestizierte, vom Feminismus gebeutelte Mann, der nicht mehr den Mut, Mann zu sein und sich den Problemen zu stellen. Der Vater, der nicht vorhanden ist. Und die Unfähigkeit und die Angst, sich selbst als Mann und Vater neu zu definieren.

Wie hilft Keen dem sprachlosen Mann?

Er muß die Rituale der Männlichkeit durchschauen, sich als Mann neu bewerten, ein neues Verhältnis zu sich und der Frau finden und »wenn wir schon über Ideale reden, sollten wir da nicht nach den Sternen greifen?«

11. Lektion
Der Mann auf der Suche nach dem Mann

»Fluchtbewegungen des Mannes vor der übermäßig fordernden Frau sind in der Geschichte nicht selten. So waren im späten Mittelalter die Frauen sexuell übermächtig, und die Männer zogen sich ins Mönchstum zurück. Und warum soll das heute nicht auch wieder so sein?«
Professor ROLF KNIEPER, Universität Bremen

Gute Kerle, falsche Frauen, erledigte Typen

Warum durfte der Mann kein Rocker, Hippie oder Milkie werden, sein und bleiben? Warum wurde er zum Softie und wandelt sich jetzt zum frauenbewegten Esoteriker?

Die neue Frauenbewegung hat vieles erfunden. Nicht nur den »neuen Vater«, den »feministischen Mann«, den Yuppie, den Milkie, den neuen Bescheidenheitsapostel, den Sexmönch und – neuerdings – den frauenbewegten esoterischen Mann. Die neue Frauenbewegung hat in immer neuen Studien auch bewiesen, daß der Mann sich zwar verändert hat, aber nur im Schneckentempo und unter größter Überwindung – und natürlich nur »auf Druck der Frauenbewegung«. Daß sich der Mann in Frage stellt und sich seit Jahrhunderten eine neue Freiheit im Mannsein erträumt und Facetten dieses Traumes auch erlebt – das wird verschwiegen. Aus guten Gründen, wie wir wissen.

Der Mann war und ist sich selbst und den Frauen nie Manns genug. Der Mann versuchte stets, sich abseits des ihm vorgeschriebenen Weges neu zu suchen, zu finden und auszuleben. Die Enge eines Ortes, einer Region, einer Ehe, einer Liebe trieb ihn immer wieder zu neuen Orten, in neue Regionen, neue Ehen, neue Lieben.

Der Mann als Kulturfigur und Sozialcharakter trachtete nach mehr als einem Leben. Er versuchte, angeregt durch Romanciers und Lebemänner wie HONORÉ DE BALZAC oder HENRY MURGER, wie ein Bohemien zu leben. Er versuchte sich in Freiheit und ohne Zwang zu verwirklichen in der Schwabinger Boheme um die Jahrhundertwende. Er jagte auf den Spuren von JACK LONDON Abenteuern nach, versuchte die Ketten alter Bürgerlichkeit zu sprengen – ständig auf der Suche nach dem Ort, wo die große Freiheit wohnt.

Und doch: Wann immer Männer aus ihrem Leben, ihren Zwängen, der »Katastrophe: Liebe«, einer verkorksten Zweierbeziehung oder einer gefühlsschwachen Beziehungskiste ausbrechen und die Fesseln zerreißen wollen – es gelingt kaum einem. Damit der Mann als sprachlose Versorgungsmaschine permanent auf Trab gehalten wird – dafür sorgten und sorgen die Frauen und ihre devoten Sprachrohre, indem sie neuerdings für den Mann weitere Leitbilder und Etikettierungen finden, die ihm zwar alle nicht passen, mit denen er sich aber arrangieren muß.

Sicher ist: Männer haben seit der Erschaffung von Adam immer versucht, ein anderes Leben als das ihnen von der Eva vorprogrammierte zu führen. Wir wollen nicht gleich in vorarchaische Zeiten zurückfallen und uns dem Leben des Mannes als Jäger, Bauer, Krieger, Prophet oder Kreuzritter widmen, wie dies in der US-Literatur derzeit in Mode ist, um dem Mann das Bild des »wilden, freien Bauern« als neue Lebensform anzupreisen. Wir wollen uns hier mit dem Mann als Anarchisten der Liebe und des Lebens beschäftigen. Denn wir wissen: Männer fliehen gern aus vorgezeichneten Lebensbahnen, flippen aus, steigen aus, um, ein. Des Mannes Wunsch nach Veränderung ist stark. Sein Wunsch nach einem Neubeginn, nach einem anderen Leben ist ungebrochen – erst der Tod beendet diesen Traum vom besseren Leben.

Männer – Piraten ohne Heimathafen?

Die Piraten der Karibik waren ungehobelte Kerle, die brandschatzten, raubten, plünderten und mordeten – aber sie waren auch auf der Suche nach einer neuen Freiheit. Unruhig, wie es der Geist des Mannes nun mal ist, zog es solche Kerle in immer weitere Kontinente, zu immer regelloseren Gemeinschaften. Daß heute CHRISTOPH KOLUMBUS, der von Europa aus Amerika erreichte (allerdings ohne sich darüber im klaren zu sein), in europäischen Magazinen als Macho, Verbrecher, Frauenschänder und übler Patron abgehandelt wird, paßt genau in das Bild, das dem Mann unserer Tage eingehämmert werden soll.

Daß die Räuberbanden des achtzehnten Jahrhunderts Volkshelden wurden, mag heute Männer erstaunen. FRIEDRICH VON SCHILLERS »Karl Moor« aber bleibt eine »Traumgestalt«, ebenso wie CARL ZUCKMAYERS »Schinderhannes«. Das Killer-Paar »Bonnie & Clyde« ist bis heute ein Kultidol der amerikanischen Jugend – ohne daß sofort auf blindwütige Aggression geschlossen werden muß.

Sehen wir uns nun einmal die inszenierte Sprachlosigkeit des Mannes, der ein anderes Leben denken, wagen und frei leben will, seit dem Zweiten Weltkrieg an. Betrachten wir, wie dieser Mann über die von Frauen beherrschte Öffentlichkeit stolperte. Entdecken wir, wie er sich in den Widerhaken der Moden verfing, die Frauen aus Philosophien griffig gestrickt haben. Und folgen wir dabei der Fährte, die der Schweizer Männerforscher WALTER HOLLSTEIN vorgespurt hat.

Versuch eins: Der Existentialist – der Traum vom selbstbestimmten Männerleben

Der Zweite Weltkrieg war zu Ende. Deutschland lag in Trümmern. Paris erschien vielen als die Hauptstadt Europas. Die Basis zum Existentialismus legte der französische Philosoph, Professor und Lebemann JEAN-PAUL SARTRE (1905–1980) in seinem 1943 erschienenen Buch *»Das Sein und das Nichts«*. Die Ideale und Ideologien waren zusammengebrochen. Mißtrauen, Bitterkeit und Zweifel gegenüber jeder Ordnung herrschten vor. Sartre, der die deutschen Philosophen, beispielsweise MARTIN HEIDEGGER, bestens kannte und bei EDMUND HUSSERL in Freiburg studiert hatte, stellte – in Anlehnung an den legendären Satz von KARL MARX – »das menschliche Sein auf den Kopf«. Sartre predigte die neue Lebensphilosophie: »Existenz ist einfaches, pures, nacktes Sein.«

Was Sartre darunter versteht, verdeutlicht die folgende Textstelle aus *»La nausée«*:

»Das war atemberaubend. Nie vor diesen Tagen hatte ich geahnt, was das heißt, existieren. Ich war wie die anderen, wie die, welche am Meerufer in ihren Frühjahrskleidern spazierengehen. Ich sagte wie sie: das Meer *ist* grün; dieser weiße Punkt da oben *ist* eine Möwe, aber ich fühlte nicht, daß das existierte, daß die Möwe eine existierende Möwe war; für gewöhnlich verbirgt sich die Existenz ... Und jetzt auf einmal: mit einem Schlag war es da, war es klar wie die Sonne: die Existenz hatte sich plötzlich enthüllt. Sie hatte ihr inoffensives Aussehen einer abstrakten Kategorie verloren: sie war der Stoff der Dinge selbst, diese Wurzel war aus der Existenz gemacht.«

Sartres Kernsatz: »Existieren, das ist einfach da sein.«

Sartres Bild vom Menschen, das der Mann als ein neues Bild von sich auffaßte, entspricht so gar nicht dem Bild der Frauen vom Mann. Weisen diese ständig darauf hin, daß der Mann zur Unfreiheit verdammt ist und nur durch sie (die Frauen) gerettet werden könne, schreibt Sartre, daß der Mensch, also auch der Mann, frei sei. Im Handeln kann er Werte setzen.

Oder wie es ALBERT CAMUS, ein weiterer Vertreter der französischen Existenzphilosophie formuliert: Die Selbstverwirklichung des Menschen geschieht im freien Entwurf. Der Mann trägt eine außerordentliche Verantwortung – und ist keineswegs ein geborener Trottel. Was sich auch in der Tatsache dokumentiert, daß im Existentialismus erstmals die Institution Ehe vom Mann abgelehnt, zumindest in »weite Ferne« geschoben wurde: Lag das durchschnittliche Heiratsalter in den frühen fünfziger Jahren noch bei 23 Jahren für Männer, so kletterte es bald auf 27 Jahre hoch.

Nun wäre kaum ein Mann auf die Idee gekommen, diese Philosophie als neues Lebens- und Liebesideal zu stylen. Anders die kühle Lehrerin mit der strengen Frisur und Sartre-Geliebte SIMONE DE BEAUVOIR, von Sartre »Castor« genannt. Die bienenfleißige Autorin beeilte sich flugs, die wichtigsten Vertreter des Existentialismus und deren Intrigen, Eifersüchteleien, Depressionen und intime Bekenntnisse in ihrem Enthüllungsroman *»Die Mandarins von Paris«* zu desavouieren.

SIMONE DE BEAUVOIR, »eine humorlose Frau, mit der ich bis morgens soff« (ERNEST HEMINGWAY nach einem Besuch Sartres und de Beauvoirs in seiner Finca auf Kuba), wird von ALICE SCHWARZER & Co. als Göttin der Emanzipation gefeiert. Daß sie sich entnervt angesichts der immer neuen Affären Sartres mit immer jüngeren Frauen in die Arme des amerikanischen Schriftstellers NELSON ALGREN flüchtete, das wird von den Feministinnen sorgsam verschwiegen. Es paßt nicht ins prüde Gesamtbild. Es paßt nicht zu den asexuellen Feministinnen. Daß Sartre sich offen über de Beauvoir vor anderen Freundinnen lustig machte – auch das wird fein säuberlich unter den Tisch gekehrt.

Wie auch immer: Aus der männlich-freien Denkrichtung des Existentialismus wurde dank de Beauvoir und anderen Adeptinnen des neuen Zeitgeistes eine Lebensmode und aus dieser schließlich eine Kaufhausmode.

Das Ergebnis ist bekannt: In Pariser Kellern fand sich die seltsame Symbiose von SIDNEY BECHETS Sopransaxophon, CHARLIE PARKERS modernem Sound, schwarz gekleideten Musen und kettenrauchenden Studenten der Filmakademie. Aids war unbekannt, der Tripper ein Gesellschaftsspiel, ewiger Hedonismus und ständig wechselnde Damen bildeten das Korsett des neuen Mannes, der ausgerufen wurde: der Existentialist.

Verfangen in dem unausrottbaren Irrtum, daß allein der Jugend die besten Lebenswerte, wie Glück, Freiheit, Schönheit, Erlebnishunger, innewohnen, ließen sich unsere Eltern und Großväter bereits in die Tasche lügen. Sie erkannten nicht, daß die Jugend als Lebenselixier des Existentialismus auch ein unerträglicher Zwang, eine beständige Gängelei war. Immer wollten sie der Zeit einen Tick schneller voraus sein als die anderen, die Spießer. Sie wollten die Zukunft vorwegnehmen, um den Damen zu gefallen. Sie wollten das Dasein von quälender Irrationalität befreien. Sie legten den Grundstein für den bis heute blühenden Irrsinn: Nur wer dem von den Frauen vorgeschriebenen Modetrend als Mann folgt, ist begehrenswert, ist ein Mann, hat Chancen.

Es waren auch im Rahmen des Existentialismus die Frauen, die oft kein Buch von Sartre, Camus, Husserl, Heidegger oder anderen Philosophen gelesen hatten – und trotzdem die Akzente setzten. Frauen funktionierten das in Kaffeehäusern und Jazzclubs Aufgeschnappte zur Mode um.

Ein bis heute lebendes Beispiel, wie frau sich einem modischen Trend bis zum Messer des Chirurgen ausliefert, ist JULIETTE GRÉCO, die Muse der Pariser Existentialisten. Als der berühmte Maler KEES VAN DONGEN die Gréco als Liane porträtierte – anders malte er Frauen nie –, mußte er zwar zugeben, daß sein damals noch spitznasiges Modell nichts derartiges war, sondern eher klein und fest gebaut. Trotzdem malte van Dongen die Gréco als Liane und meinte anschließend: »Es ist völlig unwichtig, ob das Bild ihr ähnlich sieht oder nicht. Wichtig ist, daß sie so wird, wie das Bild sie zeigt.«

Und siehe da: Aus der robusten Madame Gréco wurde die zierliche Liane Juliette, die bis heute als Verkörperung eines untergegangenen Zeitgeistes durch Frankreich tingelt.

Der Existentialist als real lebender Mann: eine Erfindung der Damenwelt, die mit der Sachkundigkeit eines Roßtäuschers und mit Kennerblick die Idee vom freien Mann in Röcke und lange Hosen steckte und mit schwarzem Pony bis in die Stirn und tief geschwärzten Augenbrauen plus den dazugehörenden tiefen Augenringen aufpoppte.

Frauen erklärten den Existentialisten zum neuen Mann – damit war sein schneller Tod besiegelt.

In den Vereinigten Staaten von Amerika verwechselten zur gleichen Zeit Frauenverbände Kommunismus, Sozialismus und Existentialismus – und machten aus ihrer Gegnerschaft eine Geistesmode. Mit Hilfe des tumben Werkzeugs Mann in Gestalt des rechtsradikalen Senators MCCARTHY blies die konservative Weiblichkeit zur fröhlichen Jagd auf solche Männer, die an mehr als den neuen Staubsauger und den Klatsch mit der Nachbarin dachten. Mit Hilfe der Frauenverbände wurden Männer mundtot gemacht, wurden Berufsverbote verhängt. Nur weil Künstler, Filmschauspieler, Schriftsteller und Wissenschaftler sich nicht der grassierenden Dummheit der US-Amerikanerinnen beugen wollten.

Versuch zwei: Der Halbstarke – James Dean überlebte den Alltag nicht

Ältere Leser erinnern sich. Sie waren selbst mal »Halbstarke«, erzogen im Bier- und Blasmusikdunst. Der Bub in Lederhosen, der Papa immer von der Front erzählend und die Mama am Miele-Herd. Die Cola kostete zwanzig Pfennig, die Straßenbahn auch und die *Bild*-Zeitung zehn Pfennig. Aus dem alten Grundig-Radio dudelte RUDI SCHURICKE – und der junge Mann brach aus. Er schüttelte die musizierenden Hanswurste des Tausendjährigen Reichs aus den Klamotten, steckte sich einen Kaugummi zwischen die Zähne, paffte eine Lucky Strike an, stellte den amerikanischen Soldatensender ein – und hörte ELVIS, BILL HAILAY, PAT BOONE und entdeckte, was »Rock'n'Roll« wirklich bedeutete: Es ist ein Slang-Ausdruck für »Beischlaf«, ein US-Wort für bumsen...

Die jungen Männer rebellierten gegen ihre Eltern, im allgemeinen gegen ihre Mütter, denn die Väter waren großenteils im Krieg gefallen. Die Mütter verabscheuten diese Musik als »Neger-Geschrei«, ließen sich im Kino lieber von neudeutscher Schwachsinnsseligkeit berieseln.

Die jungen Männer wollten raus aus dem Mama-Mief, wollten ein anderes Leben wagen. Sie legten keinen Wert auf Bertelsmanns »Einmaleins des guten Tons« aus dem Jahr 1955, der da rät: »Der ritterliche Tänzer fordert auch das Mauerblümchen auf.« Oder: »Auch häßliche Frauen haben Erfolg, wenn sie scharmant sind.« Ja – es hieß damals »scharmant« und nicht charmant.

Die ewige Sehnsucht des Mannes nach Veränderung nahm bizarre Formen an. In den USA erschien 1954 die erste Ausgabe des *Playboy* mit MARILYN MONROE. Die Automobilindustrie entdeckte erstmals den jungen Mann als Käufer und bot den »'55 Chevy« an. MARTIN LUTHER KING beginnt seinen Kampf für Rassengleichheit. BUDDY HOLLY singt »That'll Be the Day«. Und der junge Deutsche legte sich stundenlang in die Badewanne, weil Bluejeans nur so knalleng wurden. Er veränderte sein Gesicht, ließ sich Koteletten wachsen und schmierte sich Zuckerwasser ins Haar. ADOLF HITLER hatte den Müttern in den vierziger Jahren den Mann und den Söhnen den Vater geraubt. In den fünfziger Jahren herrschten die Witwen. Sie hatten weder einen Versorger noch einen Beischläfer – sondern einen Filius. Der mußte zwar viele Pflichten seines toten Vaters wahrnehmen – aber immer blieben die Söhne nur halbe Väter, nur »halbstark«.

Die »Halbstarken« waren weder alt noch blutjung, nur »halbstark«. Sie definierten sich nicht aus einer Politik, dem Nord-Süd-Gefälle, der Arbeiter- oder Angestelltenklasse, den »nouveaux riches« oder den »nouveaux pauvres« – sie waren klassenlos. Ihr einziges Bindeglied waren Musik, Jeans und Petticoat – und der unheimliche Hunger nach Freiheit. Waren die Teenager vor dem Krieg kleine Erwachsene, Lehrlingsdrohnen, Bürger zweiter Klasse, wurden sie nach dem Krieg in die Unabhängigkeit und in den Markt entlassen. Ihr Einkommen hatte sich im Vergleich zu dem der Erwachsenen um das Doppelte erhöht. Niemand redete von Klassenunterschieden, nur von Kassenunterschieden; den machten aber die Bluejeans wett.

In England schossen modische »Teds« wie Sämlinge aus der Erde, und junge »Prolls« scherten sich einen Dreck um Verordnungen. JAMES DEAN verkörperte alle Ideale des Halbstarken.

Für Psychologen brach die Neuzeit aus: Die Seelenklempner entdeckten plötzlich, daß alle Querköpfe, Randalierer, Aussteiger, Rocker und Halbstarken eines gemeinsam hatten: In ihrer Vergangenheit gab es eine Mutter. Seither ist jene an (fast) allem schuld. Nicht die Frau, nicht die Geliebte und nie die Feministin – verdammt wird nur die Mutter. Der »Halbstarke«, der Mann, der neue Wege suchte – er ist nichts. Seine Mutter hat ihn nur falsch »programmiert«. Sie ist dafür verantwortlich, daß er sich nicht verwirklichen konnte. Seine Mutter ist schuld, so psychologische Feministen wie WILFRIED WIECK, der den blühenden Unsinn vom »Mamaismus« à la Amerika zur neudeutschen Seuche erklärte. Die Mama als Schlüssel zum Kyffhäuser für den verborgenen Barbarossa hat bis heute Hochkonjunktur im Büchermarkt.

Der Mann – auch heute noch ein »Halbstarker«? Eine Abqualifizierung? HORST BUCHHOLZ, dessen Film *»Die Halbstarken«* damals einer ganzen Generation den Namen gab, wird bis heute in den Medien als solcher bezeichnet. Er ist einer, der gern groß werden möchte, aber im Grunde immer der Halbstarke aus Berlin-Wedding bleibt. Warum? Weil Mama das so wollte?

Helden wie James Dean dürfen den Alltag nicht überleben.

Versuch drei: Der Beatnik – Sex, Drugs & Rock'n'Roll – und eine Rechnung ohne die Wirtin

Der von Frauen so fein gebürstete Flanell der verordneten Langeweile wirft im Wirtschaftswunder-Europa Knitterfalten. Die Arbeitszeit wird zur verpfändeten Zeit. Die Entmündigung des Mannes in den fünfziger Jahren ist total. Also bricht er aus, flieht, geht auf Reisen – aber diesmal, ohne seine neue Adresse auf dem fein polierten Küchentisch aus der Frauenzeitschriften-Werbung zu hinterlassen. Der Mann verweigert erstmals den Gehorsam, zahlt ohne schlechtes Gewissen keinen Unterhalt mehr – und wird sofort von eifrigen Psychiatern als »unreifer Mann« abqualifiziert. Auch wenn Jahrzehnte später Lyriker wie Robert Bly, der mit seinem Buch *»Eisenhans«* den neuen wilden Mann forderte, auf die »Bejahung des Barbaren« zurückkam – einen Ausdruck, den der junge Norman Mailer prägte und der erst heute seine Renaissance feiert.

Jack Kerouac, William S. Burroughs und der sich offen zur Homosexualität bekennende Alan Ginsberg sind die geistigen Wegbereiter der neuen Männer, die als »Beatniks« sofort ins Visier der Frauen geraten. Jack Kerouac, ein verkrachter Footballspieler, der von Ehe und Vaterschaft nichts hielt und vor Unterhaltszahlungen floh, schrieb zwischen 1948 und 1956 sein im September 1957 veröffentlichtes Buch *»On The Road«*: die Vision des freien, ungebundenen Mannes, der sich von keinem Büro und keinem Geschäft, erst recht nicht von einer Frau geschweige denn von der Ehe einzwängen läßt.

»Ich habe eine Vision von einer großen Rucksackrevolution. Tausende oder sogar Millionen junger Amerikaner, die mit Rucksäcken rumwandern, auf Berge gehen, um zu beten, Kinder zum Lachen bringen und alte Männer froh machen, junge Mädchen glücklich machen und alte Mädchen noch glücklicher, alles Zen-Besessene, die rumlaufen und Gedichte schreiben, die ihnen zufällig und ohne besonderen Anlaß einfallen, und die durch Freundlichkeit und auch durch seltsame, unerwartete Handlungen ständig jedermann und jeder lebenden Kreatur die Vision ewiger Freizeit vermitteln.« Das schrieb Jack Kerouac, einer der geistigen Ziehväter der Beatnik-Generation, die den Zauberworten Cool Jazz, LSD, Rock, Pot und sexuelle Freiheit verfiel.

Was die Männer besonders anturnte, war die verheißungsvolle Aussicht auf Freiheit und Mädchen. Letztere genossen Kerouac-Anhänger so exzessiv, daß es selbst ihrem Guru, der achtzehn Bücher schrieb, zuviel wurde: »Meine Anhänger glauben, in meinem Sinne zu handeln. Sie ficken vor mir rum, aber alles, was ich sehe, sind Schenkel.«

Freie Liebe in Freiheit von freien Männern? Das durfte nicht sein. Und so wurden die Begründer der Beatniks schnell als Säufer, Hurenböcke und Drogenfreaks abgekanzelt oder wie Neal Cassady, das Kerouac-Idol, ins Gefängnis gesteckt.

William S. Burroughs wurde von Frauenvereinen geächtet. Der Grund? Beim Versuch, seiner Frau ein Glas Gin vom Kopf zu schießen, traf er nicht das Glas, sondern seine Frau. Und die starb. Später, als Schriftsteller, erzählte er gern und oft Geschichten wie diese: »Robbins hatte all sein Geld auf den Namen seiner Frau überschrieben, um Einkommensteuer zu sparen, und seine Frau lief ihm mit einem heimtückischen Australier davon.« Oder er erzählte von dem Fremdenführer aus Tanger, der Touristen mit den Worten »Zusehen, ich ficke meine Schwester?« lockte.

Als auch noch die freie Liebe ohne jeden Zwang zur Ehe beschworen wurde, sauste das Fallbeil herab – und brave Spießer gaben die Devise aus: Wer nicht verheiratet ist, ist entweder unreif oder homosexuell.

Das hat auch der amerikanische Schriftsteller PHILIP ROTH erfahren und in seinem Bestseller *»Mein Leben als Mann«* 1974 niedergeschrieben: »Wenn sich zu meiner Zeit ein gutbürgerlicher junger Mann mit College-Bildung gegen das Vorhaben Ehe sträubte, es vorzog, aus Dosen oder in Selbstbedienungsrestaurants zu essen, den Boden selbst zu fegen oder sein Bett selber zu machen, wenn er schalten und walten wollte, ohne rechtlich gebunden zu sein, dann setzte er sich dem Vorwurf der ›Unreife‹, wenn nicht gar ›versteckter‹ oder offener ›Homosexualität‹ aus. Oder man hielt ihn einfach für ›egoistisch‹, glaubte, er habe ›Angst vor Verantwortung‹, und befand, daß er nicht fähig sei, sich zu einer ›dauerhaften Beziehung‹ zu ›verpflichten‹ (eine besonders nette Umschreibung der Institution Ehe).«

Tatsächlich ergab eine Untersuchung aus dem Jahr 1957, daß 53 Prozent der Amerikaner glaubten, Unverheiratete seien »krank«, »unmoralisch« oder neurotisch.

Das Buch von Roth scheinen seltsamerweise nur wenige Frauen gelesen zu haben, sonst wäre es auf dem Index der frauenfeindlichen Titel gelandet. Denn Roth nimmt darin kein Blatt vor den Mund und berichtet, wie glückselig er war, als seine Frau endlich das Zeitliche gesegnet hatte. In einer Offenheit, die europäischen Schriftstellern zum Verhängnis geworden wäre, klagt der Mann Roth über die Unterdrückung durch seine Frau. Er berichtet detailliert, wie sie ihn bis aufs Blut reizte und ihn fast in den Wahnsinn trieb. Mithin genau das Gegenteil der Frau, die uns ständig in deutschen Romanen begegnet.

»Die Beat-Generation«, so schreibt der Schweizer Männerforscher WALTER HOLLSTEIN, »war die erste Alternativbewegung, die sich merkbar aus dem umfassenden System bestehender Herrschaft ausgliederte ... Die Beats waren nach dem Zweiten Weltkrieg die ersten, die die eindimensionale Ausrichtung nach einer nur noch materialistischen Existenz in den USA durchbrachen und neue Werte wie Selbstverwirklichung, individuelle Befreiung, Kreativität und persönliche Erfüllung betonten. Insofern stellten die Beats eine viel grundsätzlichere Herausforderung des American way of life dar als die traditionelle Linke.«

Man versteht sehr gut, warum BARBARA EHRENREICH in ihrem Buch *»Die Herzen der Männer«* empört aufschreit: »Die führenden Ideologen und Persönlichkeiten der Beat-Generation verhielten sich oft unverantwortlich gegenüber Frauen.« Und das, weil diese Männer es durchsetzten, sich auszuleben, nicht an Mamas Rockzipfel hängenzubleiben und ohne schlechtes Gewissen ihr eigenes Leben zu gestalten.

Versuch vier: Der Hippie – Peter Pans Traum zwischen Flower-Power und LSD

Ihre Losungen waren einfach: »Make love, not war.« Oder: »Wenn dich jemand nach dem Chef fragt, sag ihm, er steht vor ihm.« Oder: »Du bist frei, laß dich nicht von anderen erschaffen.« Gerade fünfundzwanzig Jahre ist es her, als in Kalifornien die ersten Menschen auftauchten, die sich absolut nicht mit der Standardwelt ihrer Mütter und Väter abfinden konnten. Sie wollten das Gegenteil der von Frauen gefestigten bürgerlichen Werte erleben: also Zärtlichkeit, Ekstase, Meditation, Solidarität und Bedürfnislosigkeit. Plötzlich sahen die Männer nicht wie Abziehbilder aus der TV-Reklame aus, sondern, wie die Hippie-Zeitschrift *Oracle* 1966 meldete: »Barfuß, mit wehenden Haaren, selbstgemachten Gewändern über ausgefransten Bluejeans, wandern junge Leute von Mittag bis Mitternacht. Sie alle haben begriffen, daß das Spiel, das in unseren Schulen gespielt wird und im Riesenkaufhaus Amerika, nur zu einer neuen Sklaverei führt.«

Erfunden wurde der Begriff »Hippie« im September 1965 vom Jazzkritiker Ralph Gleason, der ihn erstmals im *San Francisco Chronicle* erwähnte. Angeregt hierzu wurde Gleason durch den Besuch eines Seminars an der Universität Berkeley, während dem der damals berühmte Schriftsteller Ken Kesey die Studenten aufforderte, die Droge LSD zur Bewußtseinserweiterung zu nehmen. Seine Vorbilder waren Christus und Buddha, der heilige Franz von Assisi und Mahatma Gandhi.

»Die Welt wird jung«, jubelte Hippie-Guru und Collegeprofessor Charles Reich. »Der Mann verläßt den Supermarkt und fühlt sich zu neuem Leben erweckt.« Die Zeitschrift *Look* widmete »The American Man« 1967 eine ganze Sonderausgabe und behandelte den Hippie als »sozialen Aussteiger«. Patricia Coffin schreibt in dem Magazin unter dem Titel »A Message to the American Man« am 10. Januar 1967 folgendes: »Unsere gesichtslose, homogenisierte Gesellschaft mit ihrem Büromanagement, ihren unechten Puritanern, ihren menschenfeindlichen Bürokraten, ihren Professoren mit dem Motto ›veröffentlichen oder umkommen‹, diese Gesellschaft fängt an, sich zu trennen wie die Milch von der Sahne. Es gibt bei uns den sozialen Aussteiger, den männlichen Dandy, den neuen, grenzüberschreitenden Geschäftsmann. Das sind noch nicht alle, aber sie haben etwas gemeinsam: Sie sind ungewöhnliche Männer.«

Und Joe David Brown bemerkt in der 1967 in der *Time* erschienenen Titelstory: »Man könnte behaupten, daß die Hippies in ihrer Unabhängigkeit von materiellen Besitztümern, ihrer Friedfertigkeit und Ehrlichkeit ein sinnvolleres Leben führen als die Mehrheit ihrer Mitmenschen.«

Schnell griffen auch deutsche Medien wie *Spiegel* und *Bild*-Zeitung den neuen Trend auf und legten ihn nach guter deutscher Art sogleich in Schubladen ab: Für den *Spiegel* bestand der »Sommer der Liebe« aus »Twens mit langen, zottigen Haaren«, die »wie Gammler Wasser, Seife und Bürgertum verabscheuen«. Die *Bild*-Zeitung teilte ein in: Großstadt- und Vorstadthippie, den Strand-, Berg-, Wüsten- und Flußhippie, den indischen und polynesischen Hippie – je nach Kleidung und Ritual, Musik, Literatur und Licht.

»Der Hippie hatte die Rechnung ohne den Hauswirt gemacht, bei dem er weiter zur Untermiete wohnte, ohne das System, dem er entfliehen wollte«, schreibt der 1931 geborene deutsche Psychologe Reimar Lenz. Die Hippies waren anfangs keine kulturellen Rudeltiere, sondern junge Männer, die über Geld, Mädchen und Drogen verfügten. Die Hippies waren gegen Krieg, Aufrüstung, Atomkraft und Unterdrückung der Menschen. Sie machten die Kriegsdienstverweigerung hoffähig, setzten die US-Administration unter Druck, sich aus Vietnam zurückzuziehen. Sie protestierten gegen die Zerstörung der Natur, gegen den blinden Positivismus der Naturwissenschaften, dachten ganzheitlich, entdeckten wieder Gefühl, Intuition, Kreativität. Und setzten dies gegen Leistungszwang und entfremdete Arbeit.

»Steig aus, entferne dich aus dem System, schalte und stimme doch statt dessen ein in alternative Bewußtseinsströme«, forderte der Hippie-Prophet Timothy Leary. Ergebnis war, daß der Hippie sich gegen die herrschenden Strukturen wandte und neue erotische und psychedelische Kreativität erprobte. Auch datiert aus dieser Zeit die erste Auseinandersetzung mit der Übermacht und der Manipulation der Presse. Und gegen sogenannte »Rollenzwänge« setzte der Hippie androgyne und bi-erotische Leitbilder: Familien wurden durch Kommunen ersetzt, Gesprächsrunden durch Ashrams.

Schnell wurde der Hippie von den Medien vereinnahmt. Noch schneller von den Frauen, hier besonders von den US-amerikanischen Müttern und den allmächtigen Frauenvereinen. »Den Hippie« sah man als androgynes Wesen, als eine Art Zwitter an, der weder Mann noch Frau sei, und der amerikanische Vordenker der Massenmedien, der schnelle Formulierer Marshal McLuhan, ortete sofort in den langen, wallenden Haaren des Hippies »eine nachhaltige Erschütterung der patriarchalischen Gesellschaft«. Was in der Tat der Fall war. Denn seither ist das traditionelle Männerbild in Frage gestellt, und die Feministinnen eilen von Erfolg zu Erfolg.

Barbara Ehrenreich meint sogar: »Den Hippies ist als historisches Verdienst anzurechnen, die Männlichkeit als Ausdrucksform über Bord geworfen zu haben. Das schockierendste Merkmal des Hippies war, daß man auf Grund seiner langen Haare, der Ketten und seiner improvisierten wallenden Kleidung Jungen und Mädchen nicht voneinander unterscheiden konnte.«

Der Schweizer Männerforscher Hollstein geht noch einen Schritt weiter: »Das gängige Modell der Konsum- und Kulturindustrie von der verführerischen Frau und dem virilen Supermann, das die Intimität zwischen den Geschlechtern störte und alle Freundschaft zwischen Mann und Frau unmöglich machte, wurde von den Hippies zurückgewiesen. Sie lebten die Kameradschaft zwischen den Geschlechtern und befreiten gleichzeitig die Frau aus dem goldenen Käfig, in den Hollywood, der Broadway und die Frauenvereine sie verbannt hatten. Die Blumenkinder bekannten sich ausdrücklich zum Hedonismus und versuchten ein natürliches Verhältnis zur Sexualität zu verwirklichen, das Glück, Lust und Vergnügen nicht mehr in Abhängigkeit von Leistung, Konsum und Verdienst setzte. Gemeinsam gründeten sie die Gesellschaft, die alles erlaubte, die ›permissive society‹.«

Doch der Hippie tanzte nur einen Sommer. Dann wurde er von den »Hell's Angels«, den Radikalfeministinnen und der modebewußten Konsumentin aus dem Verkehr gezogen.

Als ein Mitglied der »Hell's Angels« während des legendären Konzerts der Rolling Stones in Altamount einen Fan erstach, erkannten selbst die im Haschrausch fast Verblödeten die Hohlheit ihrer Träume. Da schrieb Valerie Solanas ihr Pamphlet *»Manifest der Gesellschaft zur Vernichtung der Männer«* – und rechnete mit den Hippies brutal ab: »Der Hippie quatscht von Individualität, aber er hat kaum mehr Ahnung davon als jeder andere Mann ... Der Mann kennt keinen sozialen Fortschritt.«

Zum schnellen Untergang des Hippies trugen nicht nur die Feministinnen, sondern auch die größte Traumindustrie der Welt bei: Hollywood. Es entmündigte den »neuen Mann«, den Hippie, in rasender Geschwindigkeit. Filme heizten die Mode und die Medien an. Die Hippie-Ideale wurden verballhornt von sensationslüsternen Redakteurinnen der Frauenpresse. Mit trivialen Geschichten und blumenreichen Bildlegenden warfen sie eine »Hippie-Mode« nach der anderen auf den Markt. Ohne je ein Buch von Timothy Leary gelesen zu haben, zerrten sie blutjunge Mannequins und Models in Fotostudios, wo sie von den besten Lichtbildnern der knipsenden Zunft abgelichtet wurden. Die »Hippie«-Mode geriet zum Verkaufsschlager. Und selbst Elizabeth Taylor entblödete sich nicht, Hippie-Röcke zu tragen.

Über Nacht eröffneten allerorten Hippie-Boutiquen. In Swinging London und München-Schwabing wurde Schundschmuck als »psychedelic gifts« verkauft. Psychologinnen veranstalteten »Liebes-Meetings«, bei denen sie ihre angelesenen Weisheiten zu Tagespreisen bis zweihundert Mark verkauften. Das Musical *»Hair«* vermarktete auch die letzte Hippie-Idee. Konzerne warfen Artikel für Blumenkinder auf den Markt. Und schließlich umarmten die Frauen mit ihrem Modewahn und dem ersten Aufflackern ostasiatischer Glückseligkeit, die sich per Guru käuflich erwerben ließ, den Hippie, bis ihm die Luft ausging und er, erdrückt von soviel Kommerzstreben, starb.

Kein Rettungsversuch half. Zwar stöhnte Hippie-Guru JERRY RUBIN hilflos auf: »Die Massenmedien haben unser Grab geschaufelt, haben falsche Unterscheidungen getroffen.« Und ABBIE HOFFMAN, ein heute in Ehren ergrauter Gruftie, wollte mit einer Umbenennung in »Yippies« den Hippie retten: »Hippie ist tot. Es lebe der Yippie, der Freund der Youth International Party (Yip).«

Die Bilanz der Hippie-Kultur sieht rückwirkend dennoch nicht traurig aus. Denn erstmals hat sich der Mann als ständig verfügbare Geldquelle dem Joch der lebenslangen Ausbeutung durch die Frau entzogen. Er entdeckte Marktlücken, in denen er seine Kreativität einbringen konnte. Der Traum vom »weniger arbeiten, mehr genießen« wurde Realität. Der Gedanke an Job-Sharing wurzelt ebenso wie die Ansicht »Lebensqualität ist wichtiger als Industriequantität« in der Hippie-Zeit. Auch waren die Hippies die ersten, die sich intensiv mit Meditationstechniken befaßten.

Und doch hatte der Hippie angesichts der politischen Repression und den von Frauenvereinen aufgestachelten US-Politikern auf die Dauer keine Chance, das System vom »Kopf in den Bauch zu verlegen«.

Der Hippie wurde zwar schon vor zwanzig Jahren mit den Worten: »Wir beklagen den Tod des ›Hippies‹, des gehorsamen Sohnes der Massenmedien«, beerdigt. Doch *Tempo*-Kolumnist und Schriftsteller MAXIM BILLER entdeckt in einer bezaubernden Abrechnung den »ewigen Hippie« noch heute. Und der erzählt: Er sei »Pfadfinder gewesen und SDS-Mitglied und KBW-Aktivist und Sponti und Sannyasin und Grüner und New Ageler – und im Grunde die ganze Zeit ein verstruwwelter Hippie«. Doch jetzt findet er »Hippies doof: Früher, wie gesagt, war ich auch einer, ich hab' sogar auf einem Bauernhof gelebt, mit Fachwerkbalken – war das ekelhaft! Aber das ist lange her«, sagt er, »sicher fünf Jahre. Man muß sich verändern können.«

Biller kennt seinen »ewigen Hippie« genau: »Einen blassen, biertrinkenden Soziologiestudenten älteren Semesters, einen verkniffenen Lehrer-WG-Bewohner, ein US-Gegner, ein Friedensfreund.«

Versuch fünf: Der Rebell – ein Stadtindianer im Tretrad der Ideologien

»Die Revolution hat aufgehört, eine ideologische Angelegenheit zu sein. Statt dessen versuchen Menschen hier und jetzt, Kommunismus in kleinen Gemeinschaften – der neuen gesellschaftlichen Ordnung – zu praktizieren. Wie erkennen sie einander? Nicht immer an den Bärten, langen Haaren, nicht daran, daß sie barfuß sind oder Perlenschnüre tragen. Das wahre Merkmal ist das gewisse Glänzen und die Zärtlichkeit im Blick, ihre Ruhe und Güte, ihre Begeisterung und Ungezwungenheit.« Das schrieb GARY SNYDER, der Lyriker, Essayist und Vordenker einer neuen Gesellschaft in den USA. In Japan hatte er den Zen-Buddhismus kennen- und schätzengelernt. Da viele Beatniks und Hippies von einer repressiven Polizei und einer alles beherrschenden Modernisierung der Welt in den Untergrund gedrängt wurden, entdeckten sie sich als »Revolutionäre«.

Was in den Vereinigten Staaten, in London und Paris wenigstens noch intellektuell fundiert in Kellern, Kommunen und Dachstöcken diskutiert, agiert und gemacht wurde, verkam in Deutschland einerseits zu strenger Politdisziplin à la Sozialistischer Deutscher Studentenbund mit Gewalt, Gegengewalt, Mord und Totschlag, andererseits vergnügten sich die Revolutionäre gern mit Fotomodellen (wie USCHI OBERMEIER) in Kommunen, liebten sich vor laufenden Kameras und verdienten als Darsteller einer Gegenkultur dickes Geld.

Auch wenn die neuen Linken in Berlin und anderswo rhetorisch bestens trainiert, alle an die Wand schwätzen konnten – als Männer redeten sie sich den Mund fusselig und die Lenden lahm. Die Sprachrohre der Linken, die ständig von Gleichberechtigung, Ausbeutung, alternativen Lebensformen schwafelten, »waren zu Hause die schlimmsten Paschas«. So jedenfalls die übereinstimmende Meinung der meisten Lebensgefährtinnen dieser politisierenden »Herrenrasse«. Diese Herren sind und waren die Stubenhocker, die KANTS, die aus ihrem Königsberg, das bei ihnen Kreuzberg heißt, nicht heraus wollten.

Zu den Revolutionären müssen wir auch zweierlei Erscheinungen zählen, die oberflächlich betrachtet Gemeinsamkeiten zu haben scheinen – den nietenreichen Schwarzlederdreß allemal: Punks und Skinheads. Die Skinheads bilden den biertumben Gegenpol des intellektuell Maßgeschneiderten; sie erhoben sich in den achtziger Jahren als »schwerfällige Parodie proletarischer Männlichkeit«, sie rieben sich wie die Revolutionäre in Revierkämpfen auf, mit hysterischer Männlichkeit und eindeutig militaristischen und neofaschistischen Absichten; da zelebriert man alkoholgeschwängerte Männlichkeit und nimmt sich die Weiber, wie es sich gerade so ergibt. Die politischen Rebellen aus den besseren Kreisen der Republik verkamen hingegen im Tretrad der Ideologien, erstickten in Ignoranz und Selbstgefälligkeit. Die Punks lehnten alles ab: Manieren, Sitte, Moral, Politik – und wollten durch ihre ins Groteske übersteigerte Aufmachung vor allem provozieren, protestieren gegen die allzu glatte Oberfläche einer perfekten, fertigen, ordentlichen, aber abweisenden Umgebung.

Versuch sechs: Der Alternative – Modellcharakter mit Beamtenstatus

Alternative Lebensformen gibt es seit Jahrtausenden. Die Katharer, die Vaganten, die Hussiten, die Freimaurer, die Romantiker, die Mormonen, die Wandervögel, die Spontis, die Anhänger von »Tunix« oder die Bhagwan-Jünger – sie alle wollten anders leben, anders lieben, anders sein. Dieses Anderssein bezieht alles ein: Handwerk statt Industrie, Parzelle statt Großbauerntum, Kneipe statt Massenabfütterungsstätte, Ökologie statt Chemie. Das Leben wird von der kleinen Zelle aus organisiert, selbstverwaltet, transparent gemacht, und natürlich ist jeder und jede gleichberechtigt. Der Traum ist so alt wie die Menschheit. Und er wird von jeder Generation mindestens einmal neu geträumt.

Die Besonderheit der »Alternativen« seit Ende der siebziger Jahre bis heute ist jedoch die Tatsache, daß der Mann sich endgültig in Frage stellte und feministischen Vorstellungen öffnete. »Freaklich in die Katastrophe« nannte Hartmut Schulze 1979 seinen Artikel über »Die unheimliche Alternative« und wird konkret: »Dialoge finden nicht mehr statt, Opposition atomisiert sich in In-Groups mit Verhaltens- und Sprachmustern, die andere ausschließen. Nur noch in einer Suzuki-Anzeige finden sie sich gemeinsam wieder: ›Das richtige Fortbewegungsmittel für alle Ökos, Spontis, Anti-Imps, Stadtindianer, Altsozis und sonstigen Chaoten‹.«

Der alternative Mann indes: Er ist aus Angst vor dem Rückfall in die Bürgerlichkeit in die Arme der Feministinnen gesunken. Er wurde ein von Frauen determiniertes Wesen, von den Frauen herbeigeredet, herbeigeschrieben und schließlich als Trittbrettfahrer der Feministinnen enttarnt und als lächerliche Figur aus dem Weltbild der Emanzen geschmissen.

Der alternative Mann war eine Hoffnung: nicht nur für Frauen. Er stellte die Gesellschaft ebenso in Frage wie sich selbst, das Bild des Mannes und der Frau in der Gesellschaft. Er packte beherzt an und entwickelte Alternativprojekte. Er deckte die Umweltzerstörung nicht nur im kleinen auf, er veränderte auch das politische Bewußtsein für die Natur. Walter Hollstein, der Männerforscher mit der langen Erfahrung, präzisiert: »Die

Alternativbewegung hat substantielle Voraussetzungen unserer Produktionsweise in Frage gestellt: wirtschaftliches Wachstum, Technologie, vermehrte Industrialisierung, und auf der individuellen Ebene Arbeits- und Erfolgsstreben, Konsumverhalten und Leistungsdenken. Sie hat dabei nicht nur Kritik geübt, sondern neue Wege eingeschlagen: Den gesellschaftlich verordneten Modellen von stetigem ökonomischem Wachstum hat die Alternativbewegung eine Praxis der Selbstgenügsamkeit entgegengesetzt, die auf einem bescheideneren Niveau der Erfüllung materieller Bedürfnisse gründet, dafür aber strikter ausgerichtet ist auf die Befriedigung von Kommunikation, auf Zufriedenheit, Mitmenschlichkeit, Zärtlichkeit und Kreativität.«

Der Alternative – er hatte alle Chancen, das Weltbild der Männer nachhaltig zu verändern. Und tatsächlich hat er auch viel erreicht: Bürgerinitiativen, alternative Kindergärten, Schulen, Begegnungszentren, Jugendkneipen, Wiederbelebung von Quartierbeizen und Altentreffs.

Doch als er von Frauengruppen, Emanzenzirkeln und Lesbenvereinen umarmt wurde, versank er mit seinen Tankstellenhosen im Mief der Wohngemeinschaftsküchen.

Den Todesstoß versetzten dem Alternativen nicht die von ihm abgelehnten bürgerlichen Medien, sondern die von ihm anfangs gegründete Linkspresse, die sich in Sprache und Layout bald kaum noch von Zeitschriften wie *Die Zeit*, *Spiegel* und *Stern* unterschied. Und alle machten sich lustig über den Alternativen. Sie warfen ihm unrealistisches Utopiedenken vor und zerrten ihn aus seiner kleinen, heilen Welt in die Zentren der Macht. Kam er dort überhaupt an, zerbrach er in kurzer Zeit und verriet seine einstigen Ideen und Ideale an den Beamtenstatus, sechs Wochen Lehrerferien oder sonst ein Privileg, das ihm dank der Mitgliedschaft in einer Partei oder einer Gewerkschaft das Überleben in einer ihm fremden Welt rentensicher garantiert.

Vom alternativen Mann zum androgynen Softie war es nur mehr ein winziger Schritt.

Versuch sieben: Der androgyne Softie – der Zwitter mit den zarten Zweifeln

»Ich bin zu der Überzeugung gekommen, daß wir ganz neuer Kriterien bedürfen, um zu bestimmen, welcher Mann und welche Frau ›normal‹ sind. Ich bin mit vielen Feministinnen einer Meinung, daß Menschen ihre Handlungs- und Ausdrucksmöglichkeiten erweitern, wenn sie von starren Geschlechtsrollen befreit werden und ihnen die Möglichkeit gegeben wird, ›androgyn‹ zu sein (wie der Ausdruck nach ›andro‹ – griechisch: männlich – und ›gyne‹ – griechisch: weiblich – lautet).« Das schrieb 1982 die amerikanische Psychologin SANDRA LIPSITZ BEM in einem Sonderheft der Zeitschrift *Psychologie heute*, das unter dem Titel »Die Harten und die Zarten – das neue Verhältnis zwischen den Geschlechtern« veröffentlicht wurde.

Die Psychologin hatte einen Fragebogen, den »Bem Sex role Inventory« (BSRI), entwickelt und sechzig Persönlichkeitseigenschaften: je zwanzig männliche, weibliche und neutrale. Das Ergebnis: »Männer reagieren gleichermaßen auf dieselben Reize wie Frauen.« Ihr Fazit: »Androgynität gibt dem Menschen die Möglichkeit, beides zu sein: unabhängig und zärtlich, selbstsicher und nachgiebig, männlich und weiblich.«

Die 1955 in Hamburg geborene Literaturwissenschaftlerin SVENDE MERIAN beginnt ihr 1980 erschienenes Buch *»Der Tod des Märchenprinzen«*, das zu einem Kultbuch werden sollte und bis heute 535 000mal verkauft wurde, mit dem Text einer Kleinanzeige in einem Hamburger Szenemagazin: »linke frau, 24, möchte gerne unmännliche männer, gerne jünger, kennenlernen. chiffre 9003.«

Mit einem Gedicht meldet sich der autonome Anti-AKW-Kämpfer Arne, sechsundzwanzig Jahre alt. Die Tage verbringt er mit der »linken Frau« auf der Matratze, an den Wochenenden ist er weg: für die Revolution unterwegs.

Was verbindet Sandra Lipsitz Bem und Svende Merian? Es ist die Suche nach dem weichen, dem androgynen, dem »neuen«, dem »unmännlichen« Mann.

Der antikommunistische Macho, der sozialistische Stadtindianer, der Kommunarde aus der Soziologen-WG war untergegangen. Die Gegenbewegung, der soziale, androgyne Softie, war geboren. Wobei bis heute dessen Schreibweise ebenso diffus ist wie der Inhalt: Der *Spiegel* hält unbeirrbar am »Softie« (mit »ie«) fest, ein Szenetyp bezeichnet sich als »Softy« (mit lyrischem »y«) und Sprachforscher CLAUS PETER MÜLLER-THURAU fertigt in seinem Büchlein *»Laß uns mal 'ne Schnecke angraben«* den »Softi« mit einfachem »i« ab.

Ob mit »i«, »y« oder »ie« – die Suche nach dem neuen Mann gestaltete sich Anfang der achtziger Jahre sehr erfolgreich. Kaum wurde der neue Trend von den Medien in alle WGs, Mensen und Seminare posaunt, schon traten die androgynen, »echt unmännlichen Softies« in Kompaniestärke an.

Was aber ist ein Softie?

Einer aus der »Berliner Männergruppe« umschrieb sich und den Softie 1980 in dem Sammelband *»Alternativ-Projekt«* so: »Klar, man ist nicht mehr der ›Macker‹ oder ›Chauvie‹. Das geht auch kaum noch unbeschadet, auch tut der dem entgegenstehende subkulturelle Druck ein übriges (gegebenenfalls schreibt man auch ›mann‹ statt ›man‹ – ich tu's nicht, weil ich zwanghaft darauf achten müßte). Aber was verbirgt sich hinter dem Klischee ›Softy‹? Oft passierte es mir, daß Frauen mich spontan als Softy bezeichneten. Das sollte wohl zunächst so was wie Anerkennung ausdrücken. Dennoch fühlte ich mich eigentlich nie geschmeichelt, eher betroffen, da ich nur zu gut wußte, was sich hinter dieser glatten Fassade befindet. Der Softy ist eine erste, subkulturell beschränkte Reaktion von Männern auf die ihnen entgegenschlagenden Zumutungen der neuen Frauenbewegung, eine erste Reaktion, die bestimmte Aspekte des Verhaltens oberflächlich umformt. Der Softy ist ein Oberflächenwesen mit Doppelcharakter. Er treibt sein sanftes Wesen, findet seine Bühne in der linken Zirkulationssphäre, in die ja auch die Frauenbewegung hineinragt. Dort aber, wo Beziehungen wirklich produziert und aufrechterhalten werden und schließlich scheitern, bröckelt's alsbald an der Fassade. Ich will damit nicht sagen, der ›Softy‹ sei bloß die raffinierteste Form der Durchsetzung patriarchalischer Ansprüche – er stellt schließlich für viele Männer einen persönlichen Fortschritt dar.«

Tatsache ist, daß dieser unbekannte Autor den Nagel auf den Kopf traf. Der Hamburger Sexualwissenschaftler VOLKMAR SIEGUSCH meinte zwar eilfertig, »das bisexuelle Potential macht bereits ein Drittel der Bevölkerung aus«. Nicht weniger flink sekundierte Österreichs Populärsexologe ERNEST BORNEMANN: »Das bestätigt nur meine Theorie, die ich seit zehn Jahren vertrete: Die Geschlechter werden sich einander angleichen.« Auch wenn vierzig Prozent der Männer nichts von der »verweiblichenden« Angleichung wissen wollten.

Den Hammer gegen den »schwachen neuen Mann« schwangen einmal mehr die Frauen. Für die Feministinnen war der Softie ein saft-, kraft-, machtloser, nur dümmlich in Wohngemeinschaften herumlungernder Schwätzer, ein »doofer Typ, der immer nur nachgibt«. Und so ging schnell die Losung an Redaktionen in Film, Funk, Fernsehen, Presse weiter: Der Softie ist eben doch die »raffinierteste Form der Durchsetzung patriarchalischer Ansprüche«. Ein neues Feindbild!

Und so wirkt dieses androgyne Frauen- und Männerbild bis heute: Viele Männer profitieren äußerst erfolgreich von der sogenannten Frauenemanzipation, da sie in ihr den Vorteil erkennen, sich vor jeder Verantwortung zu drücken, sich risikofrei zu bewegen und die ökonomische Abhängigkeit mit der Frau teilen oder ganz auf sie abwälzen. Was wiederum zu einem Selbsthaß führt mit der Folge, daß der Mann die weiblichen Eigenschaften wie »Wärme, Hingabe, Sensibilität« verherrlicht. Die Frau hingegen greift beherzt zu männlichen Eigenschaftswörtern wie »Aufbruchstimmung, Kampfbereitschaft, Durchsetzungsvermögen und Disziplin«.

Da nicht jeder Mann weibliche Werte auf Teufel-komm-raus verinnerlichen will, die Medien aber von jedem Mann die totale Unterwerfung unter das gerade aktuelle Männerbild verlangen, suchen viele Männer ihr Heil in immer neuen Varianten: Die einen entfliehen dem heimischen Bett gen

Toilette und loben à la Woody Allen die Selbstbefriedigung, da man hier wenigstens Liebe mit einem bekannten und noch dazu geliebten Wesen macht. In der Wirtschaft wird die »sanfte Gesprächsführung« Handelsvertretern und Versicherungsmanagern indoktriniert, die am Ende völlig verblödet die Hausfrau in endlose Fragen verstricken – und in beiden (Vertreter wie Kundin) Aggressionen wecken. Am Ende der androgynen Latte angelangt, jubeln die devotesten unter den frauenbewegten Medien: »Wir lieben den Mann, der auch Frau ist«, und schreiben sich die Finger wund. Alter Käse. Das schrieben sie schon vor Jahrzehnten – und wie heute Rosa von Praunheim mit seinem »Outing« Männer zwingen will, ihr Schwulsein zu bekennen, so praktizierten dies früher in Hollywood die alten Klatschtanten Hedda Hopper und Louisa Pearsons, die Stars wie Randolph Scott, Montgomery Clift, Cary Grant und Roger Taylor offen als »Männer, die auch Frauen sind« betitelten.

Da der Mann sich von Frauen anscheinend alles gefallen läßt, freute sich die blendende Journalistin Alice Schwarzer zu Recht über »die Aufhebung der Geschlechterrollen«. Und der heute im Wortsalat untergegangene Meinungsideologe Harald Schenk feierte »das Ideal der androgynen Persönlichkeit«.

Der androgyne Mann gehört zwar (fast) der Vergangenheit an. Doch der »Rückgang der Männlichkeit« blieb bestehen: So sind Männer heute deutlich »femininer angezogen« (so der wohl asexuelle Modezar Karl Lagerfeld), lieben »weibliche Stoffe« (so der wohl nicht so asexuelle Männerfreund Giorgio Armani) und auch die klassischen Maße der Frauen sind im Rückzug begriffen: Brust und Hüfte haben sich im Durchschnitt um drei Zentimeter vermindert und liegen derzeit bei 88 und 94, wie das »Deutsche Modeinstitut« ermittelte.

Versuch acht: Der Hausmann – ein Versuchskaninchen

Der androgyne Mann paßte so recht ins Konzept der frauenbewegten Medien. Und findig, wie sie nun mal ist, kam frau schnell auf die verbesserte Version des Androgynen, den »Hausmann«. Weit entfernt, sich Gedanken über das Verschwinden des Vaters und die Probleme, die daraus für Kinder resultieren, zu machen, propagierten sie den Mann als kostenlose Putzfrau, (der) die auch Windeln wechselt und der Frau bei ihren erotischen Erzählungen über andere das debile Ohr leiht.

Vom Bonner Familienministerium finanziert, probten Ende der achtziger Jahre 427 Männer den Ausstieg. Doch der *Spiegel* bedachte den frauenbewegten Hausmann schnell und unbarmherzig mit dem vernichtenden Urteil: »Hausmänner: Lieb, aber uninteressant«.

Dabei gingen die Hausmänner den Feministinnen auf den Leim, klebten sich das feministische Etikettchen auf, häkelten sich ein neues Bild vom fortschrittlichen Mannsbild – und katapultierten sich selbst ins Abseits. Die Konkurrenz und Eifersucht ums Kind, so diagnostizierte die amerikanische Psychoanalytikerin Gisela Erler in ihrem Buch *»Frauenzimmer«*, ist »gerade in Deutschland so groß, daß sich beide Eltern über weite Strecken des Kindesalters die simpelste animalische Freude am Leben mit dem Kind vergällen, vor allem aber die Mütter zu anspruchsvollen und maulenden Partnerinnen machen«.

Und ein Direktor des Münchner Staatsinstituts für Frühpädagogik geißelt im *Stern* die penetrante Besserwisserei jener Väter, die glauben, die besseren Mütter sein zu können. Er stellt klar: »Die Vaterschaft hat eine eigene Qualität, die nicht zu verwechseln ist mit der Qualität der Mutter-Kind-Beziehung. Das Kind braucht für eine gesunde Erziehung Vater und Mutter, aber nicht eine Mutter und eine Mutter-Imitation.«

Der Mann als »Mutter-Imitation« hält im Kreißsaal zwar brav Händchen, nimmt auch – soweit möglich – Vaterschaftsurlaub, verschwindet aber schnell in den eigenen vier Wänden als Arbeitsloser, da einer Untersuchung zufolge es von hundert Männern nur einer schafft, eine Teilzeitarbeit zu ergattern.

Und wenn er sich schon für die Hausmannrolle entschieden hat, so wird ihm von den Feministinnen schnell nachgewiesen, daß er »sich eine Freundin leistet, die ihm bei der Erziehungsarbeit hilft«. Also grundsätzlich eine abzulehnende Gestalt in Männerform bleibt.

Ja, was will nun die Feministin? Einen Hausmann als Alleinerzieher im Zölibat? Einen Mann, der am Familientisch alles noch besser weiß und empfindlich reagiert, wenn seine Gegenwart im häuslichen Tagesrhythmus vehement von Frau und Kindern in Frage gestellt wird? Oder ein »Hausschwein«, wie amerikanische Frauenkämpferinnen diese Spezies bezeichnen, »da sie mehr Unheil anrichten als jede Frau«?

Die Hausmannrolle klappte also nicht. Der dem Mann von den Frauen vorgeschriebene Part, ein genetisch und emotional unzulängliches feminines Embryo zu sein, funktioniert trotz wortreicher Hilfe nicht. Weder beim Mann, der diese Fabelwesen, die sich »aktive Väter« nennen und mit ihren Kindern knuddeln und krabbeln, während die Mutter das Geld verdient, nicht ernst nahm, noch bei der Frau, die den Hausmann schnell als hilflosen Verantwortungskrüppel gründlich satt hatte. Und so fiel der »Hausmann«, gerade erst erfunden und als »neuer Mann« empfohlen, schnell durch den Verbalrost der Frauen. Kurze Zeit später durch den Rost der Medien.

Schlimmer – der Hausmann störte: »In Krabbelgruppen fallen sie auf, und zwar unangenehm. Mütter, die gerade noch angeregt plauderten über das Glück des Stillens nach schmerzhafter Entbindung, wechseln das Thema.«

Schnell wandten sich die Frauen vom soften Hausmann ab. Warum?

Weil es den lieben, weichen, zärtlichen »Hausi«, der seine eigenen Schwächen und Ängste offen, ständig und bis zur Schmerzgrenze für andere zelebriert und beredt den aktuellen Recyclingstand für Windeln in der westlichen Welt mit besonderer Berücksichtigung des Macho-Hausmeisters in seine Männergruppentherapie einbringt, nicht gibt.

Die gewiefteren Kriminalistinnen unter den Feministinnen enttarnten auch schnell den »Halb-Hausmann«, den »Macho-Faulen« und den »Halbsoftie«. Der »bejaht«, so MÜLLER-THURAU, »zwar die Emanzipation der Frau, verhält sich dann aber im Alltag doch wieder mackerhaft«. Oder wie ein Wandspruch verrät: »Der Softie ist auch keine Lösung.« Der Hausmann auch nicht. Der windelweiche Mann erst recht nicht.

Versuch neun: Der Yuppie – der Mann aus der Marketingabteilung

Wer hat ihn erfunden? MARISSA PIESMAN und MARLIES HARTLEY schrieben 1982 für den New Yorker Verlag Simon & Schuster das Buch *»The Yuppie Handbook«*: dürftige 124 Seiten, schlichte Strichzeichnungen. Der Titel der Männerbibel wurde zum Programm einer Männergeneration: Der Mann sieht aus, wie sich alle Mütter ihren Schwiegersohn wünschen; die Frau an seiner Seite sieht aus, wie sich alle Väter ihre Schwiegertochter wünschen. Beide Yuppies sind sonnengebräunt, schlank, mittelgroß, adrett und beide sehen aus, wie viele unserer Nachbarn sich ihre jungen Nachbarn wünschen.

Wer ist ein Yuppie? Hier die offizielle Definition:

Yuppie or Yuppy, pl. Yuppies: (hot, new name for Young Urban Professional): A person of either sex who meets the following criteria:
1) Resides in or near one of the major cities.
2) claims to be between ages of 25 and 45;
3) lives on aspiration of glory, prestige, recognition, fame, social status, power, money or any and all combinations of the above;
4) anyone who brunches on the weekend or works out after work.
The term crosses ethnic, sexual, geographic – even class – boundaries.
Aj.: Yuppiesque, Yuppie-like, Yuppish a la Yuppie.
See also fast trackers, baby boomers.«
Frei übersetzt bedeutet das:
»Der Yuppie, das ist ein aktueller, neuer Name für Young Urban Professional.
Der Yuppie betrifft beiderlei Geschlecht, wenn er die folgenden Kriterien erfüllt:
1) Er wohnt in oder nahe einer Großstadt.
2) Er ist zwischen 25 und 45 Jahre alt.
3) Er ist bestrebt, trachtet und sehnt sich nach Ruhm, Prestige, Anerkennung, sozial hohem Status, Macht, Geld – am besten nach allem.

4) Er verbringt seine Wochenenden bei lohnenden Essen oder hält sich fit nach der Arbeit.
Die Bezeichnung »Yuppie« ist allumfassend, betrifft Sex, Leben, Konsum und ist klassenüberschreitend.
Als Adjektiv tritt der Yuppie in Formen wie ›yuppiehaft‹ auf.
Weitere Hinweise sind unter dem Stichwort ›Baby-Boomer‹ zu finden.«

Entdeckt in den achtziger Jahren, als die USA nicht wegen, sondern trotz RONALD REAGAN wieder eine stolze und führende Nation wurden, rissen sich sofort die Marketingstrategen um den »Yuppie« als »potente Zielperson« für die Lancierung neuer und alter Markenprodukte. Wie RICHARD KERLER, der heute für das Medienunternehmen Burda arbeitet, uns in seinem Buch *»Die Yuppies«* mitteilt, wurden von der Münchner Unternehmensberatung Dr. Höfer & Partner in Zusammenarbeit mit dem Mediabroker H. M. S. in Wiesbaden Zielgruppen definiert, damit sich der Yuppie auch sofort für die Medien ausschlachten ließ. Nach den Ergebnissen der Marktstudie deckten Ende des letzten Jahrzehnts fünf neue Zielgruppen bis zu zehn Prozent der europäischen Bevölkerung ab und repräsentierten eine beachtliche Konsumkraft. Denn um Konsum ging es dem Yuppie – und sonst um nichts. So unterteilte man diese Spezies in:
1. die Euro-Yuppies,
2. die Perspektivensucher,
3. die Nachkarrieristen,
4. die jugendlichen 60er,
5. die aktiven 70er.

Von besonderem Interesse aber sind nur die »Yuppies«. Ihre besonderen Merkmale: Aufsteiger, 20 bis 39 Jahre alt, hohes Bildungsniveau, ebensolches Einkommen (über 4000 Mark im Monat netto), wohnen in Städten und Randgebieten, Nachfrage für Konsum: 40 Milliarden Mark, ausgeprägtes Markenbewußtsein, Nischen- statt Massenprodukte bevorzugt. Sie kaufen das technisch Neueste (10 Prozent), informieren sich über neue Produkte (16 Prozent), sind Innovatoren, Trendsetter, Lebenserotiker (13 Prozent), soziokulturell Orientierte, leben nicht wie 22 Prozent unauffällig oder wie 14 Prozent bescheiden oder wie 18 Prozent kleinbürgerlich. Die Yuppies, das sind die 16 Prozent, die als »arbeitsorientiert« und die 18 Prozent, die als »genußorientiert« gelten.

»Yuppies«, so die Studie, »sehen Leistung nicht wie 28 Prozent der Bevölkerung als Pflicht, oder, wie ebenfalls 28 Prozent, als Antriebsschwäche, sondern als persönliche Motivation und als Mittel, um Karriere zu machen. Die Leistungsbereitschaft im Berufsleben setzt sich auch im privaten Bereich mit Sport und Fitneß fort. Die hohe Leistungsbereitschaft im Berufsleben wird durch Freude an der Arbeit und am Beruf motiviert.«

»Ein echter Yuppie«, so Kerler, »braucht seine Statussymbole: Lacoste-Hemden, Rolex- oder Cartier-Uhren, Louis-Vuitton-Taschen, Boss-Jogging-Anzüge, Kenzo-Jeans, Closed-Hosen und vieles mehr... Das Beherrschen des Computers gilt als Statussymbol. Der Computer wird auch als Karrierehelfer und als Problemlöser angesehen, der hilft, Arbeiten schneller und genauer zu erledigen... Ohne Zweifel sind Yuppies leicht für Trends sensibilisierbar. Sie erkennen und adaptieren schnell neue Entwicklungen – allerdings nicht, ohne sie vorher im Hinblick auf ihre eigenen Bedürfnisse abgeprüft zu haben. Das bedingt auch, daß durch diese Gruppe vermeintliche Trends zu Flops umfunktioniert werden können.«

Der Abschied vom Alternativen fiel dem Yuppie seidenleicht: Statt auf Liebe setzt er auf Leistung, statt auf Solidarität auf Individualismus – auch wenn dieser sich nur in jeweiligen Statussymbolen ausdrückt.

Und die Werte des Yuppie? Die deutsche Frauenzeitschrift *Elle* hat sie wie folgt zusammengefaßt: »Egoismus, finanzieller Verdienst, Ansehen, Image, Welt des Designs, 1 Hund (Akita), 0 Kinder, Sex ohne Liebe (aus Zeitnot), Computerspiele, In-Sein, Aktualität, Betroffenheit, Einpacken, Fitneß, Trends kennen, Börsenberichte, Geschäftspolitik, Feeling haben, Delegieren, heute, elitär, Ökonomie, Idole (JANE FONDA), Gewinn.«

Es kommt noch schlimmer, wenn *Elle* die »Geschmacksachen« des Yuppie auflistet: Eau Perrier, Ruccola, Basilikum, Lachs und Lotte, Braten vom Zicklein, Wachteln, Fruchtsorbets, hausgemachte Tagliatelle, Sylter Austern, Morcheln und Trüffeln, Brokkoli-Püree, Wilder Reis, Kenia-Böhnchen, Mozzarella und Brie, Champagner-Senf von Pommery, Croissants, Walnußbrot, Dom Perignon, Balik, Sushi, Crème fraîche, rosa Pfeffer, Parmaschinken.

Werte und Geschmackssachen des Yuppie sind fürwahr fragwürdig. Nur – sie wurden von einer Frau definiert – von der *Elle*-Autorin EVA-GESINE BAUR. Und sie wußte, warum sie ihre Wahl so und nicht anders traf: Schließlich wollte sie das neue Zeitalter des neuen Frauenfreundes, des »Milkie«, einläuten.

Bei der Liebe à la Sex-und-Hopp, bei der Lust auf Luxus, dem hemmungslosen Egoismus des Körperfreaks, der Leidenschaft, lieber Schweinebäuche an der Börse in Chicago zu dealen als mit einer Frau den Abend am Strand bei untergehender Sonne und einem selbst zusammengestellten Picknick-Korb zu verbringen, blieb zuerst die dieses Tempo nicht aushaltende Frau auf der Strecke, später konsequent der Yuppie selbst.

So verwundert es nicht, daß sich schnell Gegenströmungen zum narzißtisch sich auslebenden und ausliebenden Yuppie etabliert haben – an ihrer Spitze wie immer die Frauen. Und schneller noch, als der Yuppie denken konnte, wurde er entmündigt.

Strafverschärfend kam hinzu, daß die Frau, die Freundin, die Geliebte des Yuppie »zur strohdummen Konsumsklavin« degradiert wurde. Von wem? Von ihren eigenen Schwestern!

Versuch zehn:
Der homosexuelle Mann – der beste Freund der Feministinnen

Der Mann, der Störenfried. Als Homosexueller steht er der Feministin nahe. Denn beide können mit einem normalen Mann so gut wie nichts anfangen. So wurde flugs dem »genießenden Luxusliner« der genießende Schwule als neues Vorbild verkauft.

Richard Kerler notiert dazu: »Die ›Guppies‹, die ›Gay Urban Professionals‹, formieren Gemeinschaften auf der Basis des Doppelverdienens, sind Trendsetter, bilden Impulsgeber, beeinflussen den Modestil der Yuppies und auch ihr Freizeitverhalten, wobei die Favorisierung der italienischen Herrenausstatter und der Nouvelle-cuisine-Restaurants auch von der Majorität der Etablierten adaptiert wurde, nicht jedoch der Besuch von schicken Männerbars.«

Tatsache ist: Plötzlich verstanden nur mehr Homosexuelle etwas von Kunst, Kultur und Lebensart. Der Homosexuelle wurde zum neuen Trendsetter hochgeschrieben. Nur der Homosexuelle zog sich modisch richtig an: mit Bermudashorts fürs Büro, Pferdeschwanz für den Aufsichtsrat, knallengen Lederhosen für die Freizeit, labrigen Cocktails als Apéro und Knopf im Ohr wie ein Plüschbär von Steiff.

Da selbst B, C, E und F (also *Brigitte, Cosmopolitan, Elle* und *Freundin*) von Inseraten leben und die Anzeigenabteilungen ihre Zielgruppe mehr lieben als die Redakteurinnen, muß in diesen Heften, die von Frauen gelesen werden, natürlich auch »Männermode« erscheinen. Denn die Frau entscheidet, wie wir wissen, über das Aussehen des Mannes.

Fazit: Der Mann als farbige Lächerlichkeit. Der Mann im schwülstigen Elton-John-Look. Was sehen wir da? In den Magazinen in Wort und Bild? Wir sehen fotografierte Modebübchen. In Lack und Leder gesteckte Fotomodelle. Männchen, die mit Männern nur die ersten vier Buchstaben des Begriffs teilen. Wobei auch den Homosexuellen damit ein Bärendienst erwiesen wurde – doch was stört das schon die Frau? Der Mann, von schreibenden Frauen schon mal gerupft, bekommt auch im Text sein Fett ab. »Nur der schwule Mann versteht uns wirklich«, schreibt *Cosmopolitan*. Und widmet bevorzugt ihre Porträts homosexuellen Männern – wie beipielsweise dem Schweizer TV-Star Kurt Aeschbacher im Novemberheft 1991. Nur dem »homosexuellen Mann können wir Frauen Vertrauen schenken«, tönt eine Journalistin in der Wochenendbeilage einer deutschen Tageszeitung.

Und der Mann ist wieder einmal sprachlos, wird in einer Schublade endgelagert und durch die »hübsche, intelligente und finanziell unabhängige Frau« ersetzt. Was wiederum den feministischen Fundamentalistinnen nicht paßt. Denn diese neue Frau, die Konkurrenzdenken nicht als typisch männlich verdammt, sondern es längst selbst verinnerlicht hat und bestens damit lebt, wird von den schreibenden Xanthippen schnell aufgemischt: »Diese Frauen haben nichts, aber auch gar nichts begriffen«, geifert die Frauenpresse. Begründung: »Sie haben den Mann imitiert und wissen nicht, wo sie stehen.«

Unsinn. Diese Frauen wissen sehr genau, wo sie stehen. Im Leben. Im Beruf. Und nicht in der von scharfzüngigen Besserwisserinnen vorformulierten Emanzenecke.

Eine Hoffnung aber keimt: »Flyers« nennt die einzige überregionale amerikanische Zeitung *USA Today* die Schüler, die ihr Lebensmotto mit den Worten »Fun Loving Youths En Route to Success« ausdrücken. Laut Kerler, dem deutschen »Yuppie«-Experten, »handelt es sich um eine demographische Gruppe von jungen Leuten, die sich bereits ›auf der Straße des Erfolges‹ befinden und über die Nouvelle cuisine genauso perfekt parlieren wie über Vollwertkost«.

Und was machen die Feministinnen mit diesen Flyers? Richtig – auch diese Burschen müssen verdammt werden.

Versuch elf:
Der Milkie – der Prototyp der neuen Bescheidenheit

»Die Zeit der karriere- und konsumsüchtigen Jungmanager ist vorbei. Jetzt regieren die Milkies (M-odest I-ntroverted L-uxury K-eeper). Sie sind ehrlich, engagiert, traditionsbewußt und genußfreudig.« So faßte *Elle*-Autorin Eva-Gesine Baur den neuen Mann in Worte.

Und Frau Baur wird konkret: »Die Dinks: double income, no kids; die Guppies: gay urban professionals; die Ultras: ultra consumers – waren ja nur ein Abklatsch der Yuppies gewesen.«

Als »Taufpatin« rechtfertigt *Elle*, das einzige deutsche Frauenmagazin, das den Mann nicht als verblödet tote Hose ansieht: »Milk spielt eine zentrale Rolle. Nicht nur als Rohmilch, auch als die Milch der frommen Denkungsart. Die Milkies haben vom frühen Tod der Yuppies gelernt. Sie wissen: Der Neid der Besitzlosen ist anstrengend. Also wozu ihn provozieren? Über nackte Konsumierlust haben sie das Mäntelchen der Bescheidenheit (daher modest) gezogen, das eine wahre Rüstung gegen gemeine Angriffe ist. Auch die Repräsentationsgeilheit der Yuppies ist den Milkies fremd. Sie tun nichts, bloß um damit irgendwem zu imponieren. Sie kaufen, handeln und leben für sich selber und für den notleidenden Teil der Flora, Fauna und der

Menschheit. Sie sind intro- statt extrovertiert, und ihre Götzen sind die frühen Helden von Greenpeace, die Streiter von Amnesty International und die Bekämpfer von Tierversuchen.

Gleichzeitig sind die Milkies zu intelligent und zu wissend, um dem Luxus abhold zu sein. Erstens: Weil man damit die Wirtschaft ankurbelt und somit indirekt die dritte Welt ernährt. Zweitens: Weil es schön ist. Und drittens: Weil es sich einfach besser leben läßt.

Wenn das Ozonloch größer und die Umwelt dreckiger wird, braucht die menschliche Seele Trost. Nachdem aber die Milkies den Papst so stark ablehnen wie die RAF, den Therapeuten-Tick der Yuppies lächerlich finden und das Esoterik-Getue peinlich, müssen sie anderswo Halt und Hoffnung suchen. Auf dem Cashmerepullover steht bitte sehr nicht der Name des Herstellers, der Koffer aus Ziegenleder ist frei von Markenzeichen, so daß nur Insider ahnen, was er gekostet hat. Die Armbanduhr stammt aus den zwanziger Jahren und ist damit nur für Kenner taxierbar. Ein Auto ohne Kat ist für Milkies so abwegig wie ein Pelzmantel, beim Griff nach gebleichtem Küchenkrepp oder umweltfeindlichem Klopapier fällt ihnen die Hand ab. Und Ehrlichkeit ist natürlich Tugend Nr. 1 bei den Milkies. Und um ganz ehrlich zu sein: Die Milkies sind um Klassen sympathischer, kritischer und natürlicher als die Yuppies. Um Luxusklassen.«

Sie sind um Luxusklassen bescheidener. Und das Wort von der »neuen Bescheidenheit« der Männer macht die Runde. Denn um sie geht es in erster Linie. Der Mann beginnt tatsächlich, sich mehr und mehr vom häuslichen Leben angezogen zu fühlen – und er rückt seine Frau, seine Kinder, seine Haustiere, seinen Garten, selbst die Gartenschere in den Mittelpunkt seines Tuns. Die Frage: Wie reich müssen wir eigentlich noch werden? stellen sich viele Männer neu und machen sich nun daran, statt eine Stufe auf der Karriereleiter eine Stufe im Leben emporzuklimmen.

Nach einer Umfrage der Zeitschrift *Time* und des TV-Senders CNN gaben beispielsweise 69 Prozent der befragten erwachsenen US-Bürger an, sie würden gern ein ruhigeres Leben führen. Nur 19 Prozent wollten es »noch aufregender, noch schneller«. Eine Mehrheit von 61 Prozent stimmte dem Satz zu, es sei heute »so aufreibend, den Lebensunterhalt zu verdienen, daß kaum Zeit bleibt, dieses Leben auch zu genießen«.

Die neue Bescheidenheit begann 1987 mit dem Börsenkrach. Finanzjongleure wie DONALD TRUMP stehen kurz vor der Pleite. Arbeitslosigkeit ist kein Fremdwort mehr. Der Golfkrieg machte die Jagd nach Geld, Glanz und Glamour noch fragwürdiger. Dazu die Hungersnot in Rußland, der Fall der Sowjetunion, das Elend an unseren Grenzen.

Und langsam begannen die Männer hüben wie drüben, in der Endphase der Goldgräberzeit die Rückkehr zum normalen Leben zu proben.

Und so klingen auch die von Eva-Gesine Baur eruierten neuen Werte der »Milkies« sympathisch, als da sind – wir zitieren: »Voluntarismus, menschlicher Verdienst, Einsichten, Moral, Öko-Design, 1–3 Kinder, 1 Hund (Mischling) für die Kinder, Sex mit Liebe (aus Überzeugung), Kinderspiele, Glücklichsein, Integrität, Engagement, Zupacken, Wellness, Bäume kennen, ERICH FRIED, Friedenspolitik, Gefühle zeigen, Teamwork, Übermorgen, humanitär, Ökologie, Ideale.«

Und das sind, laut *Elle*, die Sachen, die dem Milkie-Geschmack entgegenkommen: Rohmilch, Rote Bete, Schnittlauch, Kerbel, Forelle, Renke, Karpfen, Tafelspitz, Bauern-Ente, Butterkuchen, handgeschabte Spätzle, Matjesfilets selbst mariniert, (im Zeichen der Atompilze keine Pilze), Blumenkohl überbacken, Pellkartoffeln, Stangenbohnen, Bergkäse und alter Emmentaler, Hausmacher Senf von LUISE HÄNDLMAIER, Brezeln, Dinkelbrot, Zwiebelkuchen, Sauerrahm, Muskatnuß, Beinschinken. Wir wollen nicht hoffen, daß er zuviel davon in sich hineinstopft und daß ihm folglich die Worte fehlen ... Womit wir wieder beim Thema wären.

12. Lektion
Worte als Waffen

»Die Sprache ist der Leib des Denkens.«
FRIEDRICH HEBBEL

Sprache verbindet – Sprache trennt

Was ist Sprache? Sprechen Frauen anders als Männer? Wie trennt und wie verbindet Sprache? Wie Sprache durch die ideologische Mühle gedreht wird und Männer wie Frauen sprachlos macht.

Wir haben gesehen und gelesen, wie der Mann von Wortkeulen sprachlos geschlagen wurde. Wie dem Mann immer neue verbale Fallstricke gelegt wurden, nur um zu beweisen, daß der Mann zur Sprache nicht fähig sei. Ob im Kino, wo sprachlose Männer über stille Steppen reiten und wortlos einen anderen umbringen; ob im Fernsehen, wo der Mann, unfähig seinen Gefühlen Ausdruck zu verleihen, sich in bizarre psychologische Nischen flüchtet, aus denen er nur mordend entkommt; ob in der Literatur, in der dem Mann Gefühle weggeschrieben werden, da er zu diesen erstens überhaupt nicht in der Lage ist, zweitens sie gar nicht kennt und drittens über sie redet wie über ein Fußballmatch – mit einem Gewinner und einem Verlierer, und im besten Fall ringt er sich ein Unentschieden ab.

Die Frage aber blieb bisher unbeantwortet: Woher kommt die Sprache? Wer erfand sie? Wer machte und macht sie? Sind die Männer die Herrscher über Sprache allgemein? Wer fabriziert die Wortkeulen solchen Ausmaßes, daß Mann und Frau sich stumm und still aus den Beziehungen verabschieden, da sie nicht mehr in der Lage sind, gemeinsam eine Sprache zu sprechen und mit dieser zu kommunizieren?

Apropos Kommunikation der Geschlechter: Die Möglichkeit, daß Frau und Mann miteinander ins Gespräch kommen und dieses Gespräch auch bewußt wollen, diese Möglichkeit zwischenmenschlicher Kommunikation ist nicht das vorrangige Ziel radikaler Emanzen.

Die neueste Spielwiese der Feministinnen ist die Sprache, die – natürlich – eine reine »Männersprache« ist. Oder wie es die Autorinnen des *»Wörterbuches der Feministischen Theologie«* auf 476 Seiten nicht müde werden zu behaupten: »Die Sprache ist die Sprache der männlichen Gewalt gegen Frauen, ist Ausdruck der männlichen Vergewaltigungsmentalität, ist das Machtinstrument in der patriarchal organisierten Gesellschaft.«

Das war, glaubt man den Fundamentalistinnen, nicht immer so. »Der Frau verdankt die Menschheit alles, was sie menschlich macht«, schreibt das Matriarchatsforscher-Duett RICHARD FESTER und MARIE KÖNIG in seinem Buch *»Weib und Macht«*. Nicht nur Kult und Kultur, sogar »die Sprache ist eine Errungenschaft, die die Menschheit den frühen Frauen verdankt«.

War das wirklich so? Oder ist dies eine der täglichen Desinformationen aus den PR-Zentren der feministischen Hochburgen?

Fragen wir uns also, was die Sprache ist und was sie heute bedeutet, beinhaltet, bewirkt.

Aufklärung eins: Was ist Sprache?

»Sprache ist ein Vorrat von sinnlich wahrnehmbaren Zeichen, die, allein oder nach bestehenden Kombinationsregeln untereinander verbunden, der Kommunikation dienen. Von der Sprache, die den Gebrauch gleichbleibender Zeichen zur Verständigung verlangt, leiten sich auch die stellvertretenden Zeichensysteme ab, wie Schreib- und Druckschrift, ja selbst die Trommelsprache. Die Sprache des Menschen ist Lautsprache, also ein Gefüge gegliederter Lautgebilde, die als hörbare Zeichen sinnvoll zum Ausdruck und zur Darstellung von Gedanken, Gefühlen, Willensregungen und Wünschen dienen. Die Wissenschaft ist heute überzeugt, daß die Sprache »ein Symbolverständnis voraussetzt und auf ererbten Dispositionen im sozialen Kontakt vom Kleinkind entwickelt wird«. So die Definition laut Lexikon.

Zur Sprache gehören nicht nur Wort-, sondern auch Ausdruckszeichen, die für Mitteilungen wichtig sind. »Das Was und Wie des Sagens, die Kommunikation über Inhalt und Ausdruck ist sicher sprachlicher Art«, belehrt Professor ROBERT LAY, der Sprache auch in engen Kontakt zur Manipulation bringt: »Manipulation geschieht vorwiegend über die Sprache. Es kann sein, daß Sprache selbst primäres Manipulationsmittel ist; es kann aber auch sein, daß Sprache die Manipulation wesentlich begleitet oder verstärkt.«

Sprache ist also eine Grundlage des Menschseins und der Bildung und steht in enger Wechselwirkung zum Denken. In der Sprache werden Stellungnahmen zu Sachverhalten, zu Menschen, zu Gefühlen, zu Ereignissen formuliert. Der Sprechende bedient sich dabei seines individuellen Dialekts am überkommenen Sprachbesitz einer Sprachgemeinschaft und verwendet Sprache nach den für die Gemeinschaft verbindlichen Regeln.

Aufklärung zwei: Wer braucht wie viele Wörter?

Daß die Zahl der Wörter, die heute Schriftsteller, Lyriker, Journalisten, aber auch Herr und Frau Jedermensch verwenden, abgenommen hat, überrascht nicht. Denn nicht Schriftsteller und Lyriker bestimmen den Wortschatz der Menschen, sondern Journalisten. Und in den Zeiten der totalen Fernsehberieselung sorgen TV-Stars wie KARL DALL, THOMAS GOTTSCHALK oder der *»Tagesschau«*-Sprecher für die Versorgung der Bevölkerung mit Worten.

Doch sehen wir uns einmal an, wie viele Wörter früher Literaten benutzten:

- Der Arzt, Lyriker und Schriftsteller GOTTFRIED BENN griff in seinen Gedichten etwa zu 3200 Wörtern. Seine häufigsten Substantive waren: »Nacht«, »Meer«, »Blut« und »Stunde«.
- FRIEDRICH HÖLDERLINS Wortschatz war noch nicht von Radio getrübt wie der von Benn. Hölderlin brachte es auf etwa 7500 Wörter.
- Der Grieche HOMER kam mit 9000 Wörtern gerade zurecht.
- Kirchengründer MARTIN LUTHER benutzte 12 000.
- Absoluter Weltmeister ist einmal mehr WILLIAM SHAKESPEARE: Das Sprachgenie – man zweifelt bis heute, ob sich nicht zwei Männer hinter dem Pseudonym verborgen haben – benutzte 30 000 Wörter. Seine häufigsten Substantive waren übrigens, so berichtet uns *Zeit*-Redakteur DIETER E. ZIMMER in seinem ausgezeichneten Buch *»So kommt der Mensch zur Sprache«*, die Worte »Herr«, »König«, »Zeit«, »Mensch«, »Kunst«, »Tod«, »Leben« und »Hand«.

Mutet es nicht seltsam an, daß sich unter diesen Autoren keine einzige Frau befindet? Oder macht dies Sinn? Für die Feministinnen liegt die Antwort auf der Hand: Leierkastenkonform verweisen sie auf die »Unterdrückung der Frau«. Was in diesem Falle Quatsch ist. Gottfried Benn war kein Neandertaler, kein Bürgerlicher des 19. Jahrhunderts, sondern ein Arzt im Armenviertel von Berlin. Und von Shakespeare glaubt man, daß er ein bitterarmer Waise war.

Daß Frauen einen weit geringeren Wortschatz lernen, benutzen und pflegen, ist eine bitter einzusehende Tatsache für die Feministinnen – und läßt sich nicht durch Chancenungleichheiten oder Benachteiligungen allein erklären. Der Wahrheit sollten die Frauenbewegten ins Auge sehen: Würden Frauen heute über einen umfangreichen Wortschatz verfügen und diesen auch bewußt pflegen, dann käme für sie der Kauf von Herz-und-Schmerz-Blättchen mit Roy Black, Prinzessin Diana und der neuesten Rheumadecke als Sonderangebot sicherlich nicht in Frage. Diese verbal Anspruchsvollen läsen wohl eher die Wochenzeitung *Die Zeit*. Und die hätte dann statt mickriger 500 000 verkaufter Exemplare pro Woche eine wöchentliche Auflage von 4,4 Millionen – vorausgesetzt, zehn Prozent der weiblichen Bevölkerung Deutschlands blätterten das arrivierte Intelligenzblatt des Rechtsanwalts Dr. Gerd Bucerius und des Ex-Bundeskanzlers Dr. Helmut Schmidt durch, und nicht die *Bild*-Zeitung.

Nur: *Die Zeit* krebst als fast reine Männerzeitung mit ihrer Auflage seit Jahrzehnten unter einer halben Million pro Woche herum und wurde jahrelang vom frauenbewegten Unterhaltungsdampfer *Stern* finanziert, der pro Ausgabe mit weit weniger Wörtern als erstere auskommt, also für Minimalisten der Sprache zu verstehen ist, zumal auch auf Fachausdrücke und Fremdwörter, wenn irgendmöglich, verzichtet wird. Stünde Frauen in ihrer Gesamtheit ein so großer Wortschatz wie im allgemeinen den Männern zur Verfügung, dann würde es die mehr als leicht faßliche *Bild*-Zeitung mit ihren sechs Ausgaben pro Woche kaum auf eine Auflage von 25 Millionen bringen.

Oder ein anderes Beispiel: *Der Spiegel*. Diese wohl reinrassigste »Männerzeitschrift« hat eine Auflage von etwas über einer Million Exemplaren. Schenkte man Alice Schwarzer & Co. Glauben, müßten auch wenigstens zehn Prozent der deutschen Frauen zu einem »gehobenen Blatt« dieser Art greifen. Das wären bei 44 Millionen Frauen immerhin 4,4 Millionen *Spiegel*-Käuferinnen. Doch dessen Sprache, Inhalt und der Verzicht, Storys als »Fotoromane« aufzubereiten, sind den Frauen denn doch zu schwer. Und da wir bereits gesehen haben, daß Frauen sich ausschließlich für ihresgleichen interessieren, versenken sich Woche für Woche über 30 Millionen von ihnen in Herz-und-Schmerz-Heftchen wie *Frau im Spiegel*, *Die Neue* oder *Goldenes Blatt*. Roy Black am »Wörthersee« und dann im Todeskampf, Prinzessin Diana mit ihrem esoterischen Thronfolger und irgendwelchen Hunden oder Udo Jürgens mit einer neuen Geliebten sind der Lesestoff, aus dem die Medien für Frauen gestrickt werden – und es sind eben nicht langatmige Dossiers, Reports, Hintergrundanalysen, zu denen frau süchtig greift.

Aufklärung drei: Der weibliche Analphabetismus

Weltweit gibt es weitaus mehr Frauen als Männer, die nicht lesen und schreiben können. In den Dritte-Welt-Ländern beherrschen rund zwanzig Prozent mehr Frauen als Männer die Schrift nicht. Doch auch in den westlichen Ländern sind die weiblichen Analphabeten in der Überzahl.

Daß der Analphabetismus in den Dritte-Welt-Ländern aus der Armut resultiert, ist unbestritten. Daß Wissenschaftler aber von über fünfzehn Millionen Analphabetinnen in den westlichen Ländern sprechen, sollte stutzig machen. Sicher ist, daß die Unfähigkeit des Lesens und Schreibens nicht ausschließlich schichtenspezifisch zu erklären ist, auch wenn Armut und Analphabetismus eng verknüpft sind.

»Die Ursachen sind nicht im biologischen Geschlecht, sondern im Geschlecht als sozialem Faktor zu suchen, darin also, wie eine Gesellschaft die Frau und ihre Rolle definiert, was sie von ihr erwartet, welche Aufgaben sie ihr zuweist und welche Handlungsräume sie ihr zubilligt«, meint die Schweizer Sprachwissenschaftlerin und Lektorin MARLIES MÜLLER. Ihr Schluß: »Der Grund des Analphabetismus der Frauen liegt in den patriarchalen Machtstrukturen.«

Jedoch trifft die Schulpflicht in den westlichen Industrieländern sowohl Buben als auch Mädchen. Das Argument, »Mädchen haben keine Chancen, eine Schule zu besuchen«, stimmt also nicht. Und wie Statistiken beweisen, bestehen prozentual weitaus mehr Mädchen die Aufnahmeprüfungen ins Gymnasium als Buben. Daß das Lern- und Leseverhalten bei den Mädchen nach einem meist abgebrochenen Studium erlischt, läßt sich wohl unschwer allein der Gesellschaft anlasten.

Zudem kann eine junge Äthiopierin, eine junge Türkin oder eine junge Kurdin nicht als Beispiel für westliche Unbildung herangezogen werden. Auch die immer wieder gern zitierte Statistik, daß Frauen weltweit zwei Drittel der Arbeitsstunden leisten, darf in den westlichen Industrieländern nicht als Maßstab gelten. Der Trick, klappt es mit einer Statistik nicht bei uns, zitiert man eine von der Elfenbeinküste, zieht nicht mehr.

Drittens ist es schlicht falsch, der Frau zu unterstellen, wegen ihrer Mehrfachbelastung bleibe ihr keine Zeit zum Zeitungslesen. Mit dieser These fallen Feministinnen allzu gern über Hausfrauen und Mütter her, weil diese die »Dümmsten« seien, ja nicht mal eine Zeitung lesen könnten, geschweige denn ein Buch. Die Diskriminierung der Hausfrau und Mutter zieht sich durch die feministische Denkart. Die Gleichung Hausfrau = Dummheit stimmt nicht. Keine Hausfrau sollte sich diese Unterstellung bieten lassen.

Auf welch wackeligen Beinen die Argumentation steht, beweist auch die Tatsache, daß sich die Männer unter den Analphabeten schneller als Frauen für Kurse anmelden, in denen sie schreiben und lesen lernen. Die Frauen, die solche Kurse besuchen, kommen nun aber keineswegs alle vom Kochherd, der Bügelmaschine oder den Babywindeln – wie immer gern behauptet wird. Wir wissen aber alle, wie wichtig die Alphabetisierung gerade der Frauen ist. Sind sie es doch, die als zentrale Personen die Kinder, die Familie, das soziale Beziehungsnetz verbal beherrschen und beeinflussen.

Einen wichtigen Punkt spricht der deutsche Sprachwissenschaftler HEINZ W. GIESE an, der darauf hinweist, daß »die Reduzierung von schriftlicher Kommunikation allenfalls in Teilbereichen der gesellschaftlichen Kommunikation stattgefunden hat«. Diese Teilbereiche aber breiten sich heute stetig aus. Das Fernsehen als nichtschriftliches Kommunikationsvehikel hat das Buch als schriftliches Kommunikationsmittel mittlerweile abgelöst. Es wird immer weniger gelesen, auch wenn die Buchproduktion allein auf der Frankfurter Buchmesse mit über einhunderttausend Neuerscheinungen pro Jahr ein vermeintlich anderes Bild vorspiegelt. Das Buch steckt ebenso in der Krise wie andere schriftliche Kommunikationsmittel. Die mündliche Ausdrucksform neigt dazu, die schriftliche nicht nur zu überformen, sondern abzulösen. Die Schere zwischen dem elementarsten Wortschatz, der zur Verständigung ausreicht, und dem vollständigen Schriftmaterial, das auch komplizierte Vorgänge verdeutlicht, klafft immer weiter auseinander.

Feministinnen machen es sich also allzu einfach, den Analphabetismus der Frauen darauf zurückzuführen, daß in Kinderliedern, Versen, Bilderbüchern und Schulbüchern Frauen und Mädchen zahlenmäßig zuwenig berücksichtigt und sie nur in diskriminierender Weise als Hausfrauen oder Mütter dargestellt werden. Es ist ein Unding, die Hausfrau als dumm hinzustellen – die Feministin aber grundsätzlich als Intellektuelle zu preisen. Keine Feministin käme auf den Gedanken, eine mathematische Analphabetin als dämlich zu betiteln.

Sexismus allein ist nicht die allumfassende Erklärung für alles und jedes.

Aufklärung vier: Sprechen Frauen anders als Männer?

Wie Gebetsmühlen wiederholen feministische Autorinnen immer wieder, seit den späten sechziger Jahren, daß Frauen grundsätzlich anders als Männer reden. Und seit die Wiener feministische Linguistin GERTRUDE POSTL ihr Buch *»Weibliches Sprechen«* 1991 auf den Markt brachte, werden nachfolgende Merkmalsbündel immer wieder herangezogen, um männliches und weibliches Sprechen ein für allemal auseinanderzudividieren. Gertrude Postl beruft sich dabei auf die recht fragwürdige Befragung von nur 74 männlichen und lediglich 80 weiblichen Collegestudenten.

Die Frau:	**Der Mann:**
nicht aggressiv	sehr aggressiv
abhängig	unabhängig
emotional	kontrolliert
versteckt keine Gefühle	versteckt Gefühle
subjektiv	objektiv
leicht zu beeinflussen	schwer zu beeinflussen
unterwürfig	dominant
haßt Mathematik	liebt Zahlen
passiv	aktiv
nicht konkurrierend	ständig konkurrierend
unlogisch	logisch
häuslich	weltoffen
verletzlich	stark
abenteuerunlustig	abenteuerlustig
weinerlich	weint nie
will nie führen	will immer führen
ohne Selbstbewußtsein	starkes Selbstbewußtsein
ambitionslos	voller Tatendrang
unfähig, Gefühle von Ideen zu trennen	trennt immer Gefühle von Ideen
spricht nicht frei über Sex mit Männern	spricht frei über Sex mit Männern
fürsorglich	technisch veranlagt
benutzt nie brutale Wörter	benutzt gern markige Wörter
taktvoll	grob
freundlich	brutal
nimmt auf Gefühle anderer Rücksicht	bemerkt Gefühle anderer gar nicht
gläubig	ungläubig
ruhig	laut
sicherheitsbewußt	leichtsinnig
liebt Kunst und Literatur	kein Interesse an Kunst und Literatur
drückt ihre zarten Gefühle gern aus	verstummt, wenn es um Gefühle geht

Darauf basierend entwickelten die US-Psychologen Mark Stevens (University of Southern California) und Bernie Herschberger (Boston University) die »Rollenstereotypien« von Mann und Frau und kommen zu dem Ergebnis, daß für den Mann Sex gleich Leistung und für die Frau Sex gleich Liebe ist.

Wie immer man zu diesen Stereotypien stehen mag – Tatsache ist, daß die feministische Linguistik aus ihnen Aussagen zur Sprache des Mannes und der Frau ableitet. Und immer wird betont, Frauen stellten eine sozial unterlegene Gruppe dar, und diese Unterlegenheit käme in ihrem Sprachverhalten zum Ausdruck. Hier die Frau als sozialer »underdog«, dort der mächtige Mann. Eine allzu einfache Gleichung, die sich Feministinnen da ausgedacht haben.

Glaubt man den beiden Feministinnen BENARD und SCHLAFFER, dann bilden Männer ein Kartell aus Verschlossenen, Schweigern, Kalten und Frauenzermürbern. Und das einzige, was dieses Kartell anzubieten hat, sind Sexualität und materielle Vorteile. Da Männer diesen beiden Autorinnen zufolge gar nicht in der Lage sind zu sprechen, sondern nur zu schweigen, verriegeln sie auch ihr Innenleben und erpressen die Frauen mit einer gezielten Strategie der Verweigerung und Entsagung.

Der Katalog der mit immer neuen Fallbeispielen untermauerten Vorverurteilung des Mannes sieht demnach so aus: Männer

- versuchen das Gespräch zum eigenen Vorteil zu verändern;
- meinen, daß eben alles seinen Preis hat;
- wenden privat die gleichen Machtstrategien wie im Geschäftsleben an;
- verbauen die Möglichkeiten einer Weiterentwicklung;
- sind Minimalisten;
- reduzieren ihre Lebenssicht;
- sind bestrebt, so einfach wie möglich zu sein, mit reduziertem Interesse, abgestumpften Gefühlen, minimaler Selbstkritik, geringster Aufnahme- und Reaktionsbereitschaft;
- sind nett, aber eben beschränkt;
- sind eben Ausländer im Land der Gefühle.
- Das Land der Frauen ist besser.

Was Männer zu sagen haben, ist für die beiden Feministinnen uninteressant. Sie interviewen diese zwar reihenweise, aber wie auch immer der Mann sich artikuliert: Er drückt sich falsch aus, er weiß gar nicht, wovon er redet – schlimmer: Männer lügen, wenn sie nur den Mund aufmachen.

Und so ist es ihnen auch völlig egal, ob Mann und Frau vielleicht über verschiedene verbale Konditionierungen verfügen. Und über verschiedene Dinge eben einfach anders sprechen. Die Wortführerinnen der allumfassenden feministischen Anti-Männer-Front gehen von verbal oft brillant formulierten Prämissen aus, die sie mit meist dubiosem Zahlenmaterial untermauern und dann als »Hypothesen« in den Rang von Wahrheiten hieven – eine Strategie, die beispielsweise die feministische Linguistikfundamentalistin SENTA TRÖMEL-PLÖTZ meisterhaft beherrscht:

1. Männer ergreifen öfter das Wort und reden länger als Frauen.
2. Männer unterbrechen Frauen systematisch; Frauen unterbrechen Männer kaum.
3. Frauen müssen um ihr Rederecht kämpfen und durchsetzen, es zu behalten.
4. Männer bestimmen das Gesprächsthema, und Frauen leisten die Gesprächsarbeit.

Um es kurz zu machen: Männern kommt es, so die gängige Feministinnenmeinung, überhaupt nicht auf die Sprache an – sie wollen nur die Macht dokumentieren. Und permanent drehen sich die Feministinnen im Kreis, wenn sie – wie es Erica Fischer in ihrem Buch *»Mannhaft«* beredt kundtut – behaupten, daß »Männer immer versuchen, die Frau abzublocken und zu leugnen«, daß »Frauen in Zeitschriften gar nicht vorkommen«, daß Männer Faschisten sind. Und überhaupt: Männer kommen sich stets als wichtiger und besser vor als Frauen. Was – objektiv betrachtet – barer Unsinn ist. Aber je mehr frau Unsinn wiederholt, desto mehr glaubt man ihn.

Sicher ist: Männer und Frauen reden keine andere Sprache, sie reden nur oft, allzuoft aneinander vorbei, haben also Kommunikationsprobleme. Geifernd werden stets die biertrinkenden Stammtischdeppen und stiernackigen Schnapsidioten herangezogen, wenn es den Mann betrifft. Und wenn ein Mann wie *Spiegel*-Chef Rudolf Augstein mit *Emma*-Chefin Alice Schwarzer diskutiert, geht es nicht um Inhalte, sondern um die Sekunden, die der Mann mehr sprach als die Frau. Senta Trömel-Plötz saß mit der Stoppuhr vor dem Fernseher und entdeckte 1984, daß »Augstein sich zwei Drittel der Redezeit nimmt und Schwarzer nur ein Drittel bleibt, daß Augstein Schwarzer an die dreißigmal unterbricht, Schwarzer Augstein nur siebenmal, daß Augstein kaum positive Spiegelungen zurückgibt«. Der Inhalt dieser Diskussion spielte keine Rolle.

Zu einer zukunftsträchtigeren Meinung, um die Kommunikationsprobleme zwischen Mann und Frau besser für beide Geschlechter zu lösen, neigt der deutsche Psychoanalytiker und Buchautor *(»Du verstehst mich nicht«)* Wolfgang Schmidbauer. Der Partnerschaftstherapeut beantwortet die Frage, ob Männer und Frauen in getrennten Welten leben, zwischen denen im besten Fall Liebe, aber keine Verständigung möglich ist, ausweichend mit »ja und nein«. Schmidbauer sieht derzeit die Partnerschaft in einer »historistischen Situation«, in der »alles möglich ist«. Er weiß, daß ein Dialog, der von sexistischen Interessen weitgehend frei ist und die Interpretation unterschiedlicher Voraussetzungen beinhaltet, stattfinden kann. Und er verweist die altbackene Ansicht, daß Frauen und Männer grundsätzlich eine andere Sprache sprechen, ins Reich der Fabel: »In der Technik, vor dem Bildschirm des Computers, in der Wirtschaft und in den mathematisch-disziplinierten Wissenschaften sprechen Männer und Frauen nicht nur dieselbe Sprache, sondern meinen auch das gleiche mit den verwendeten Wörtern.« Immerhin ein Fortschritt – auch wenn völlig klar ist, daß Männer und Frauen unter »Liebe«, »Begehren«, »guter Beziehung«, »Trennung«, »Freundschaft« und »Sexualität« verschiedene Dinge verstehen und eine Verständigung sich als weit schwieriger erweist, »als es die Illusion der Gleichheit erwarten läßt«.

Merkmale der Frauensprache

Die US-Sozialpsychologin Elizabeth Aries kennt die Männersprache: Diese beinhaltet nur Themen wie Leistung, Wettstreit und Aggression. Und Männer sprechen darüber nicht nur mit Männern, sondern langweilen auch ihre Frauen damit, während jene nur mit ihren engen Freundinnen über Themen wie »persönliche Probleme, Familienprobleme, Zweifel und Ängste, intime Beziehungen und Hobbys reden können«. Männer interessiert eh nur Sport, faßt die Wissenschaftlerin zusammen.

Die amerikanische Linguistin Robin Lakoff kam zu anderen Ergebnissen und stellte folgende Merkmale bei der Frauensprache fest:

- »leere« Adjektive (herrlich, phantastisch, schrecklich und dergleichen), die wenig oder nichts aussagen und das Gesagte nur ausschmücken. Menschen, deren Ausdrucksweise mit solchen Adjektiven gespickt ist, werden grundsätzlich nicht ernst genommen;
- rhetorische Redewendungen nach eindeutigen Aussagen (»es ist sehr heiß heute, nicht wahr?«);
- das Senken oder fragende Heben der Stimme am Ende einer Feststellung, wodurch sie abgeschwächt wird;
- »ausweichende« oder modifizierende Wendungen (»etwa«, »ungefähr«, »vermutlich«), die Zögern und Unentschlossenheit suggerieren;
- »überkorrekte« und übertrieben höfliche Sprache (keine Widersprüche äußern oder sorgfältig jeden Anklang von Dialekt vermeiden);
- Verwendung von zusammengesetzten Formen von Bitten und Fordern im Konjunktiv statt des klaren Imperativs (»wäre es zuviel verlangt, wenn ich dich bitten würde...«);
- Adjektive der Bewunderung (»wie charmant«, »einfach göttlich«);
- klar differenzierende Farbangaben (»lavendelgrün«);
- keine Flüche, aber abgeschwächte Schimpfwörter (»mein Gott«, »also wirklich«, »aber, aber«);
- emphatische Adverbien wie »so eine Schönheit«, »so ein schöner Sonnenuntergang«.

In diesen Merkmalen entdeckte Robin Lakoff Unsicherheit, Unschlüssigkeit, mangelndes Durchsetzungsvermögen, Rücksichtnahme, Indirektheit, Gefühlsbetontheit, Tendenz zur Abschwächung und vor allem Höflichkeit. Und doch stießen ihre Ergebnisse auf heftigen Widerspruch und regten feministische Wissenschaftlerinnen zu eigenen Untersuchungen über das weibliche Sprachverhalten an. Vieles von dem, was dabei herauskam, bestätigte die Beobachtungen von Robin Lakoff: Frauen bedienen sich tatsächlich einer vorsichtigen Ausdrucksweise. Sally Genet von der Cornell University prägte den Ausdruck »unsicher deklarativ« für die weibliche Neigung, vor klaren, eindeutigen Aussagen zurückzuschrecken. Andere

Wissenschaftler konnten überhaupt keinen Unterschied in der Sprache der Geschlechter feststellen – mit einer Ausnahme: Das Nichtäußern über Sexualität ist eine spezifisch weibliche Sprachlosigkeit, die von verschiedenen Autorinnen als »Abwertung des eigenen Körpers« interpretiert wird.

Die linguistische Extremistin Senta Trömel-Plötz behauptet, daß »Frauensprache unterstützender Dialog, Offenheit, Kreditgeben, Akzeptieren, Verstehen ist«. Und wenn Frau mit Frau spricht, herrschen eitel Wonne, Harmonie und Wohlgefallen. Diesen Feministinnen zufolge genügt es völlig, eine Frau zu sein – schon ist alles wunderbar, sofern der Mann von dieser Zauberwelt ausgeschlossen bleibt.

Die deutsche Linguistin Luise Pusch vergleicht unser Sprachsystem »mit einer Lotterie«, in der »Männer mit jedem Los gewinnen – Frauen aber nur mit jedem zweiten«. Statt »man/frau« fordert Frau Pusch das alleinige »frau«.

Und so zetern viele Feministinnen wie die Radikale Luce Irigaray, daß Lakoffs Studien und andere grundsätzlich falsch seien und überhaupt nichts aussagten. Ihre Begründung: Die von Lakoff als schwach, tentativ tastend, indirekt, hyperkorrekt, übertrieben modifizierend und fragend im Ton beschriebene Sprache der Frauen mißt sich am Kommunikationsstil der Männer. »Und das ist ein falscher Vergleich!« Männer sind kein Maßstab, nicht vergleichenswert. Männer gehören zu einem den Frauen fremden und feindlichen Geschlecht.

»Männer treffen«, so Senta Trömel-Plötz, »eine andere Auswahl aus den linguistischen Mitteln, die unsere Sprache zur Verfügung stellt, als Frauen. Männer wählen die Mechanismen aus, die ihnen mehr Macht und Autorität zugestehen, mit denen sie sich selbst positiv und vergrößert darstellen und mit denen sie ihre Herrschaft über andere (sprich: Frauen) herstellen.«

Ist das wirklich so? Oder sollen wir nur wieder geleimt werden?

Was frau spricht und man nicht gern hört

Shere Hite, heute aktives Mitglied der amerikanischen Frauenbewegung, hat in ihrem neuesten Mammutwerk *»Frauen und Liebe«* aufgelistet, was Frauen zur Sprache bringen wollen und daß Männer Streit lieber aus dem Weg gehen. Wobei es immer um Sprechen und Zuhören geht – und nicht um linguistische Finessen oder sexistische Machtprobleme. Aus der Gesamtpopulation der Frauen (100 Prozent) ergibt sich folgendes Bild:

- 88 Prozent meinen, Männer gingen Streit lieber aus dem Weg.
- 83 Prozent sind der Ansicht, intensive Gespräche würden von ihnen eingeleitet.
- 81 Prozent wünschen sich, daß Männer besser zuhören.
- 73 Prozent meinen, daß Männer sich durch Küsse und Berührungen mit ihnen versöhnten.

- 72 Prozent glauben, sie allein sorgten für Themen.
- 64 Prozent sind der Ansicht, der Mann will keine intensive Diskussion führen.
- 63 Prozent denken, Männer beenden mit Sex einen Streit.
- 55 Prozent meinen, daß Männer Gefühle negieren.
- 48 Prozent finden, Männer trügen Streit wie Wettkämpfe aus.
- 29 Prozent meinen, daß Gespräche Probleme wirklich klären.
- 19 Prozent finden, daß es zwischen Mann und Frau emotionale und intellektuelle Wechselbeziehungen gibt.

Feministinnen machen es sich angesichts dieser Zahlen einfach und meinen, es sei klar, daß der Mann jede Verantwortung für das, was vorgehe, ablehne. Unsinn: Aus den Erkenntnissen Shere Hites wird deutlich ersichtlich, daß Frauen und Männer tatsächlich oft aneinander vorbeischweigen und – führen sie ein Gespräch – aneinander vorbeireden. Tatsächlich aber fordern diese Zahlen auf, endlich selbstsicher und autonom zu agieren – und nicht zu reagieren. Es bedeutet, Männer sollten sich nicht passiv und einsilbig verziehen, sondern bewußt und konkret die Auseinandersetzung mit der Frau suchen. Demokratische Regeln in Liebe und Familie müssen angewandt werden.

Shere Hite formuliert lebensnah. Sie ist der Ansicht, Frau und Mann sollten mehr Spaß an der Sprache haben und sich nicht mittels Floskeln von Kritik plattmachen lassen. Oder wie US-Autor Gore Vidal zynisch witzelte: »O ja, die Männlichkeit – wie ich hörte, hat es unten, in der Gegend von Tampa, einen schweren Ausbruch gegeben. Aber ich glaube, die Frauen haben es wieder unter Kontrolle.«

Und alle reden über Geld statt über Gefühl

Trotz aller Zahlen und vieler Worte – Frauen und Männer reden zusammen über mehr, als es Feministinnen lieb ist. In einer kürzlich durchgeführten Umfrage wurden beide Geschlechter aufgefordert, ihre Beziehungsprobleme in der Reihenfolge ihrer Bedeutung aufzulisten. Und das Ergebnis verblüfft denn doch:

- Geld stand bei beiden an oberster Position.
- Hausarbeit rangierte bei den Frauen auf dem zweiten Platz.
- Einsamkeit stand bei den Männern an zweiter Stelle. Dieser Begriff erschien überhaupt nicht auf der Liste der Frauen!

Fazit: Frauen müssen mehr über das Gefühlsleben der Männer, Männer mehr über Frauen wissen, um mit ihnen eine neue Qualität des Dialogs zu erreichen. Zur Vertiefung dieses Dialogs müssen Männer mehr über und von Frauen lernen. Neue feministisch getünchte Mauern jedenfalls stellen nicht die Lösung einer Situation dar, in der alles möglich ist – auch das Beste.

Aufklärung fünf: Der Ansatz der Feministinnen zur Sprachänderung

Der Ansatz der Radikalfeministinnen geht darauf hinaus, daß der Mann die Sprache grundsätzlich manipuliere, daß er auf die Verwendung der Sprache diktatorisch Einfluß nehme, um seine Ideologie der Herrschaft und Gewalt zu festigen. Diese Theorie stammt aus der neomarxistischen Gesellschaftskritik, welche die Hochsprache als Instrument der herrschenden Klassen wertet. Und als ebensolche wird allein das männliche Geschlecht angesehen. Eine angebliche Tatsache, die bereits ESTHER VILAR in ihrem Buch *»Der dressierte Mann«* als Lüge entlarvte.

Und so verwundert es nicht, daß Feministinnen wie SENTA TRÖMEL-PLÖTZ eine »Inspektion der Herrenkultur« vornahmen und überall dort eine Sprachänderung forderten, wo die Sprache dem Ausdruckswillen der Frauen nicht mehr genüge.

Die Schriftstellerin und Philosophin ELFRIEDE HUBER-ABRAHAMOWICZ geht in ihrem Artikel in der *Neuen Zürcher Zeitung* vom 5. Oktober 1991 gleich mehrere Schritte weiter: »Die Ungleichheit der Geschlechter in unserer Gesellschaft, die nach wie vor ungebrochene Dominanz des Männlichen läßt sich wohl an nichts deutlicher zeigen als an der Sprache. Nirgends begegnen wir einem so hartnäckigen Widerstand gegen jede Bewußtmachung wie gerade bei der Sprache – und zwar Widerstand von Männern wie von Frauen. Schon das muß aufhorchen lassen.«

Für sie wie für viele Feministinnen stellt die Sprache eine »Gehirnwäsche« dar, die die Frau ständig durchleiden muß. Die Sprache ist ein böses Machtmittel in den Händen – richtiger: in den Mündern – der Männer. Begründung der Feministinnen: Der Mann denkt unbewußt oder bewußt jede Sekunde, wie er die Frau diskriminieren kann. Schlimmer: Der Mann denkt, fühlt und spricht nur das, was seiner Macht dient. Denn: Der Mann will die Frau verbal auslöschen.

»Vaporisieren« heißt das neue Zauberwort der Feministinnen, das Löschen der Persönlichkeit. Vaporisieren bedeutet zunächst nur »verdampfen«, man könnte auch zynisch sagen, »Dampf ablassen«. In der feministischen Linguistik meint Vaporisieren aber »das Löschen der Persönlichkeit«. Und Elfriede Huber-Abrahamowicz und ihren Gesinnungsgenossinnen zufolge läßt sich dies nur vergleichen mit Sklaverei, rassistischer und ökonomischer Unterdrückung.

Überhaupt, so die Sprachforscherinnen, leben, lieben und sprechen Frauen nicht mit und unter Freunden, sondern unter Feinden. Diese Feinde sind ihre Väter, Brüder, Geliebten, Männer und Söhne. Da der Mensch ausschließlich als »Mann« definiert wird – was nur Feministinnen behaupten –, haben sich die Männer das weibliche Geschlecht sprachlich und geistig einverleibt.

Daraus folgern diese Damen: Frauen werden sprachlich ignoriert, »verdampfen«, werden ausgelöscht. Und völlig aus der Luft gegriffen setzt Elfriede Huber-Abrahamowicz in ihrer Wut gegen den Mann noch eins drauf: »Wir kennen die schlimmen Folgen, die Nichtbeachtung bei Säuglingen: sie können daran sterben.«

Eine fürwahr aberwitzige Folgerung! Doch die Idee, daß der Mann mit seiner Sprache die Frau bereits als Säugling tötet, fasziniert Elfriede Huber-Abrahamowicz dermaßen, daß sie sofort zu noch stärkerem Tobak greift: »Wie viele Frauen an Nichtbeachtung, am Ignoriertwerden als menschliche Subjekte, zugrunde gehen, ist nicht bekannt. Bekannter sind die seltsamen, als ›nervös‹ bezeichneten Krankheiten bei Frauen.«

Aufklärung sechs: Droht eine neue Sprachlosigkeit durch Sprachverwirrung?

Was versteht man eigentlich unter »babylonischer Sprachverwirrung«? Woher kommt dieses Bild?

Aus der biblischen Geschichte entnehmen wir, daß diese Sprachverwirrung eingetreten sein soll, als es dem Menschen zu wohl wurde und er sich mit Gott verglich. Die mahnende Erwähnung von Babylon, der Stadt am Euphrat und bedeutendsten Metropole des Vorderen Orients im zweiten Jahrtausend vor Christus, erfolgt als warnendes Beispiel menschlicher Überheblichkeit: »Wir wollen jetzt hinab und ihre Sprache mischen, daß keiner je des anderen Sprache mehr verstehe«, heißt es in der Bibel (Genesis 11,9). Erzählt wird die Geschichte vom Bau eines gigantischen Turmes, der in den Himmel reichen soll – und von Gott verhindert wird.

Gottes Strafe für dieses anmaßende Unternehmen bestand in der Verwirrung der Sprachen und der Zerstreuung der Völker. Menschen, die vorher miteinander sprachen, arbeiteten, sich liebten, sich begehrten, konnten von einer Sekunde auf die andere sich nicht mehr verständigen.

Sich erst nicht mehr und dann anders zu verständigen, dies scheint auch das Gebot der Stunde für viele Frauen zu sein.

Radikale Feministinnen wollen die Sprache bewußt unterwandern. Warum? Weil Sprache männlich-sexistisch und vergewaltigend sei: »die Stadtväter« zum Beispiel, »liebe deinen Nächsten«, »wie ein Mann hinter einer Sache stehen«, »der Stammhalter«, »Staatsmänner«, »Ärztekongreß«, »Schülerrat«, »Lehrerzimmer«, »Arbeiterkampf« – immer wird dabei, so die Linguisten, die Frau unterschlagen.

So werden neue Formulierungen erfunden wie »schwesterlich teilen«,

»Hausarbeiterinnen«, »Anwältinnenbüro«, »alle Frauen sind Schwestern«, »frauiglich ist eingeladen«. Auch Worte wie »Hausfrauendasein«, »Mutterpflichten« und »Doppelverdienerin« sollen gestrichen werden, da deren Gebrauch »ganz bewußt gesellschaftliche Veränderungen verhindern soll«.

Grundsätzlich soll frau das Wörtchen »man« vermeiden, da es wie »Mann« klingt. Wenn frau aber doch »man« schreibt, dann – so die neuen feministischen Sprachverwirrerinnen – »täuscht sie einen Konsens vor oder beschwört die herrschende Meinung«.

Auch Sprichwörter müssen flugs umgedichtet werden. Aus dem »Glauben unserer Väter« wird der »Glaube unserer Mütter und Väter«; statt »brüderlich« wird »geschwisterlich geteilt«; »mannshoch« darf nichts mehr sein, sondern nur mehr »schulterhoch«. »Brot für Brüder« gibt es nicht mehr, statt dessen »Brot für Schwestern«; »verbrüdert« ist gestrichen, dafür darf man sich »verschwistern«.

Völlig verboten von den neuen Wortpolizistinnen sind Wörter wie »Sexbomben«, »Busenwunder« und »Kurvenstars«, da derartige Begriffe »ständige Hiebe unter die Gürtellinie sind«.

Das Lexikon der »raffiniert-sexistischen« Wörter

Egal, laut Feministinnen-Lexikon verbannt werden ab sofort »die raffiniert-sexistischen« Wörter und Formulierungen, die da lauten:

Kurvenstar	Mameli
Sexbombe	Puppe
Busenwunder	alte Jungfer
Vamp	alte Schachtel
Blondine	Klatschbase
Brünette	Weibergeschwätz
Karrierefrau	Heulsuse
Doppelverdienerin	Zimperliese
Hausmütterchen	typisch Frau
Hausdrache	das schwache Geschlecht
Skihäschen	sie steht ihren Mann
Skimädchen	eine Frau mit Köpfchen
Tennisdamen	stiefmütterlich
Damennationalmannschaft	Rabenmutter
spätes Mädchen	leichtes Mädchen
Emanze	Dame des horizontalen Gewerbes
Matrone	sie ist in anderen Umständen
Mannweib	sie ist guter Hoffnung
Mädchen für alles	sie sieht einem freudigen Ereignis entgegen
Weibchen	sie schenkte ihm einen Sohn
Fraueli	Hausmannskost

Aufklärung sieben: Der radikale Feminismus macht sprachlos

Sprachlos erlebt der Mann eine neue babylonische Sprachverwirrung. Doch dabei bleibt es nicht: Die Feministinnen wollen mehr, nämlich ihr eigenes Weltbild per Gesetz rigoros durchdrücken. Und keine Mogelpackung ist ihnen zu dumm. So beugen sich immer mehr Frauen und Männer der neuen feministischen Diktatur und schauen stumm zu, wie alles und jedes Wort durch den radikalfeministischen Sprachwolf gedreht wird. Immer mehr schreibende, lektorierende und korrigierende Frauen und Männer halten sich an das von der Frauengruppe der Schweizerischen Journalistenunion herausgegebene Manifest *»Die Sprache ist kein Mann, Madame«*, dessen Richtlinien hier gekürzt wiedergegeben werden. Wobei sich völlig Normales mit völlig Absurdem abwechselt:

- Bücher für Kinder sollen nicht unterstellen, daß die meisten Frauen Ehefrauen und »Ganzzeit«-Mütter sind. Zu betonen ist, daß ein Teil der Frauen es vorzieht, ledig zu bleiben, andere sich viel Zeit mit dem Heiraten lassen, einige keine Kinder haben, andere heiraten, Kinder haben und weiterhin außer Haus arbeiten.
- Lehrmittel dürfen nie implizieren, daß Frauen mit einem »Mutterinstinkt« ausgestattet sind.
- Alle Lehrmittel sollen die Mädchen ermuntern, sich für Mathematik und Mechanik zu begeistern, und bei den Buben das Interesse für Kochen, Nähen und Kinderpflege wecken.
- Männer und Frauen sind als Menschen darzustellen, nicht als Zugehörige des jeweils anderen Geschlechts.
- Frauen sollten gelegentlich als grob, aggressiv und gefühllos in Erscheinung treten.
- In Beschreibungen sollte die gescheitere, mutigere oder erfolgreichere Person ebensooft eine Frau wie ein Mann sein.
- Frauen dürfen nicht mit physischen Attributen beschrieben werden.
- Aussehen, Erscheinung, Charme oder Auffassungsgabe eines Mannes oder einer Frau müssen überhaupt nicht erwähnt werden, wenn das keinen Bezug zur Sache hat.
- Auf Klischees wie »konfuse Frauen, zarte Blume, Göttin auf dem Podest, Schwatzbase, nörgelnde Alte, frustrierte alte Jungfer, damenhaftes kleines Mädchen« ist zu verzichten.
- Auf Witzeleien wie »Frau am Steuer« oder »böse Schwiegermutter« ist zu verzichten.
- Die Leistungen der Frauen in Wissenschaft, Medizin, Juristerei, Busineß, Kunst, Literatur, Sport, in der Politik sowie im sozialen und wirtschaftlichen Bereich müssen anerkannt werden. Gegebenenfalls ist offen zur Diskussion zu stellen, daß die Rechte, Chancen und somit auch die Leistungen der Frauen durch gesellschaftliche Usancen und Bedingungen der jeweiligen Zeit beschränkt waren.
- Arbeit nie als »Frauenarbeit« oder »harte Männerarbeit« beziehungsweise »Arbeit, die einen ganzen Mann erfordert« bezeichnen.
- In Wort und Bild zeigen, daß Männer und Frauen jede Art von Hausarbeit verrichten: kochen, putzen, das Auto waschen, Reparaturen im Haus ausführen.

Um diese Frauensprache auch wirklich durchzusetzen, rät VIOLA ROGGENKAMP, streitbare Kämpferin an der Seite von ALICE SCHWARZER, zu folgenden Regeln:

- »Du sprichst – worüber auch immer – in jedem Fall über die miese Lage von Frauen in dieser Gesellschaft. Darum sollst du gleich zu Beginn deine Solidarität und persönliche Erfahrung zeigen.«
- »Sage nicht: ›Ich habe das auch erlebt.‹ Sage: ›Ich bin da auch Betroffene.‹«

Und der Mann verstummt einmal mehr

Sprachlos ist der Mann nicht über das, was beide Geschlechter betrifft: die schleichende Kommunikationslosigkeit. Dieses Problem, mit dem sich heute viele Männer herumplagen, muß angegangen und auch besser als bisher gelöst werden. Männer müssen wieder den Mund aufmachen, sich offen artikulieren – und auch den Mut haben, Gefühle sprachlich und überhaupt auszudrücken. Und sich nicht hinter einer Körpersprache verschanzen, die nur ein Körpertherapeut als das werten kann, was der Mann wirklich fühlt und meint.

Was sprachlos macht, ist der fundamentalistische Ansatz der Feministinnen. Es geht dabei nicht um die Ablehnung der Erörterung wissenschaftlicher Möglichkeiten, eine Situation zu analysieren. Es betrifft allein die ungeheure – und in diesem Punkt Männern fremde – Ausschließlichkeit des alleinseligmachenden Anspruchs, mit der Wahrheit umfassend vertraut zu sein und diese für die Zukunft gepachtet zu haben.

Traurige Tatsache aber ist: Kritik von Männern nehmen die Feministinnen gar nicht mehr wahr geschweige denn zur Kenntnis. Oder wie dies GEORG KEMPHAUSEN in seiner Kritik zum *»Wörterbuch der Feministischen Theologie«* in der *FAZ* vom 10. Januar 1992 ausdrückte: »Feministische Wissenschaft ist bewußt parteilich, sie versteht sich als Erkenntnispolitik im Interesse von Frauen. Aus diesem Wechselverhältnis von Forschung und sozialer Bewegung resultiert denn auch die Tatsache, daß männlichen Wissenschaftlern der Zugang zur Frauenforschung notwendig versperrt bleibt, weil es ihnen an den hierfür unerläßlichen weiblichen Sozialisationserfahrung und Betroffenheit mangelt. Jedwede Kritik feministischer Forschung kann daher als ein weiterer Beleg für den geschlechtsspezifischen Verblendungszusammenhang männlicher Wissenschaft gelesen werden, deren scheinbare Objektivität als bloße Rhetorik männlicher Herrschaftsansprüche zu enttarnen ist. Selbst der einsichtsvollste Mann – wenn es ihn denn gäbe – wird darüber hinaus jeden Versuch der eigenen Gewissenserforschung sofort einstellen, wenn er erfährt, daß feministische Forschung keineswegs auf die Bekehrung und Belehrung einzelner ›Sünder‹ zielt.«

Selbst Frauen sind über Frauen sprachlos

Daß selbst emanzipierte Frauen der neuen feministischen Linguistik nichts abgewinnen können, verwundert nicht. »Beim Lesen des Artikels von Frau Huber-Abrahamowicz habe ich mich gefragt: Bin ich wirklich unbewußt zum Opfer des Patriarchats geworden, das masochistisch seinen Unterdrükker liebt und ihn sogar noch verteidigt? Stimmt es, daß ich meine erfolgreichere Mitschwester unerbittlich bekämpfe, weil sie erreicht hat, was ich selber gerne verwirklicht hätte? Hat mich die hinterhältig betriebene Sprachverwirrung der Männer so weit verunsichert, daß ich mich ständig am Rande der Hysterie bewege? Hat mich der Konditionierungsprozeß meinen Mut und meine geistige Beweglichkeit gekostet?« fragt eine Leserbriefschreiberin kurz später erbost und stellt klar: »Nein, das trifft nicht zu! Ich verwahre mich gegen dieses autoritäre Dogma, das Frauen einteilt in zwei Gruppen, nämlich in diejenige der fortschrittlichen Frauen mit dem feministischen (also richtigen) Bewußtsein und in diejenige der reaktionären Frauen, die das Patriarchat verinnerlicht haben und deshalb ihre Situation nicht objektiv beurteilen können.«

Und langsam dämmert es vielen Frauen, welch blühender Unsinn da als emanzipatorische Literatur dahergaloppiert: »Es geht nicht um ›Sprache und Geschlecht‹, sondern es werden weitere verschiedenartigste Diskriminierungen der Frauen erwähnt, wie sie in der emanzipatorischen Literatur zu erscheinen pflegen«, schreibt eine Leserin. Eine andere ist fassungslos über den neuen Verbalrassismus: »Warum mein Vater, mein Mann, meine Söhne meine Feinde sein sollten, weiß ich nicht. Besonders mein Vater hat meine Berufsausbildung gefördert, ebenso meine männlichen Lehrer, manchmal mehr als die weiblichen.«

Auf den Punkt bringt eine weitere Leserin die von Feministinnen neu eingeleitete Runde des Geschlechterkampfs: »Unser Ziel soll ja wohl nicht ein männerfeindliches Matriarchat, sondern eine fruchtbare Partnerschaft von Frau und Mann sein.«

13. Lektion
Therapie für die Sprachlosigkeit

»Er lauschte immer weiter auf das dunkle Lärmen, das er vor sich hatte.«
OTTO F. WALTER in: *»Der Stumme«*

Der sprachlose Mann lernt wütend sprechen

Analyse der Sprachlosigkeit in Beziehungen. Die Selbstentfremdung des Mannes durch den feministischen Machtanspruch. Und seine Suche nach einer neuen, freien, vorurteilslosen Kommunikation mit der Frau.

JÜRG WILLI, der wohl bekannteste Partnerschaftstherapeut, zeichnet in seinem Buch *»Therapie der Zweierbeziehung«* ein typisches Gespräch auf, das die Frage der Beziehung von Partnerwahl und Paarkonflikt betrifft und die stumme Verweigerung eines Mannes, sich zu seinen Gefühlen mit Sprache zu bekennen, veranschaulicht.

Der Therapeut spricht mit dem Paar: »Können Sie einmal erzählen, wie Sie sich kennengelernt haben?«

Der Mann: »Du kannst das besser erzählen, du hast das viel besser in Erinnerung.«

Die Frau: »Ja, klar, ich möchte mich nicht davor drücken, aber ich möchte nun nicht schon wieder den Eindruck erwecken, daß du die ganze Zeit still im Sessel sitzt und ich die ganze Zeit rede.«

Der Mann: »Du wurdest aber gefragt.«

Die Frau: »Nein, wir wurden beide gefragt.«

Die Choreographie des Konflikts verläuft auf allen Beziehungsbühnen identisch: hier die Frau, die gern und oft das Wort ergreift, dort der Mann, der lieber seine Ruhe haben will und Problemen und Streit aus dem Weg geht. Dabei ist es keineswegs Empfindungslosigkeit, die den Mann in seiner Ecke ruhig verharren läßt. Sicher fehlt ihm die Theoriesouveränität der Frauen. Es mangelt ihm auch an der Naßforschheit, mit der Frauen ihn nötigen.

Ebenso beherrscht er nicht die feministische Askese, das alles und alle Problematisierende. Die den Frauen von Frauen verordneten Glücksbotschaften kennt der Mann außerdem nicht – da er sich im allgemeinen wenig bis gar nicht für die esoterischen, psychologischen und sonst gerade frauenbewegten Themen interessiert. Daher auch die umfangreichen Kapitel in meinem vorliegenden Buch, die dem Mann in komprimierter Form das als Lesestoff anbieten, was er heute darüber wissen sollte.

Auch die der Frau heute oktroyierte unterschiedslose Intimitätsbereitschaft, die nur sie betrifft, läßt den Mann in kalte Sätze und stumme Gebärden flüchten.

Anklagen machen immer sprachlos

Auf den vorherigen Seiten haben wir gelesen, wie die Frau den Mann mit Vorwürfen und Anklagen überschüttet. Uns wurde vor Augen geführt, wie der Mann öffentlich fertiggemacht werden kann. Wir haben entdeckt, wie der Mann sich unter dem Einfluß der Frau immer stärker von sich selbst entfernt hat, sich teilweise von der Frau total abhängig machte oder sich ihr unterwarf. Uns wurde auch ersichtlich, daß Frauen und Frauenbewegung »viel gedacht und viel geredet« haben (so ein Titel der Schweizer *Weltwoche*), besonders wenn es um Lebensrechte und Männerausgrenzungen geht. Wir haben gesehen, daß viele Frauen die Losung »pro Frau«, mit der Parole »anti Mann« verwechselten. Wir erfuhren die Umdeutung traditioneller Werte wie Liebe, Ehe, Treue, Kinder – oder, wie dies AMELIE FRIED, eine streitbare Allzweckemanze aus reichem Elternhaus und gescheiterte TV-Moderatorin, meinte – daß gerade die steigenden Scheidungsraten als Ausdruck einer perfekteren Liebeskultur zu werten sind. Was an der Realität nicht nur völlig vorbeigeht, sondern letztlich frauenfeindlich ist: Nach einer Scheidung kann der Mann zwar meist Unsummen an Geld verlieren – die Frau »gewinnt« dafür ein Übermaß an Belastung, da ihr meist die Kinder zugesprochen werden, sie sich Arbeit suchen muß und dem gewohnten gesellschaftlichen Beziehungsnetz ebenso adieu sagen kann wie der Mann.

Wir können nun folgern, es sei kein Wunder, daß in dieser Situation der Mann, von Wortkeulen erschlagen, sprachlos wurde und nicht einzusehen vermag, wie Feministinnen einerseits ihn selbst als Verbrecher (an Geist, Worten, Umwelt und dergleichen) darstellen – andererseits aber der Frau erheblich mehr Arbeit aufgebürdet wird.

Der Mann, wütend über diese beiderseitig erlebte Ungerechtigkeit, hat in der Tat größte Mühe, sich aus diesem Haßcocktail und dem Wortsalat zu befreien, sich neu zu entdecken, sich neu zu interpretieren und auszuleben. Und – den Mut aufzubringen, mit einer Frau eine Beziehung einzugehen.

»Ausschweigen« ist feige Antikommunikation

Diese »Selbstentfremdung« betrifft heute den Mann weitaus mehr als die Frau. Der Mann der postemanzipatorischen Ära hat das Korsett traditioneller Loyalität längst abgestreift. Jeder dritte Mann entstammt gegenwärtig einer geschiedenen Ehe oder wächst mit nur einem Elternteil – meist der Mutter – auf. Das »Psycheln« und Analysieren, das Reden und Zerreden, das Verlassen und Verlassenwerden ist für die meisten Männer Normalfall. Kein Wunder, daß diese Männer jeder Suche nach Nähe und Wärme mißtrauen und sich lieber an Unverbindlichkeiten in Sachen Beziehungen, Sex und Partnerschaft laben.

Die Frau ist seit dreißig Jahren dabei, sich ohne den Mann zu entwickeln. Während jener in eigenartiger Selbstaufopferung immer noch an die Frau als seligmachendes, feengleiches Erdwesen glaubt. Sucht der Mann sich in der Frau und entzieht sich ihm diese, dann zerplatzt oft das männlich Ego wie eine Seifenblase. Wird nun der Mann des öfteren »verwundet«, so tritt er bei jeder »Kampfhandlung« den Rückzug an, legt zunächst seine Waffen ab (indem er sich sexuell verweigert), dann seine Sprache (indem er still und stumm wird) und schließlich seine ganze Energie (und wird von Frauen noch mehr verspottet).

»Der Kampf der Geschlechter, wie er heute in gesellschaftlichen Dimensionen geführt wird, nimmt sich wie die Vergrößerung dessen aus, was sich als Kampf zwischen Mann und Frau in der Paartherapie darstellt«, schreibt JÜRG WILLI. »Die Feministinnen überschütten die Männer mit Vorwürfen und Anklagen. Sie beschimpfen die Männer als Tyrannen, Ausbeuter, Paschas und Popanzen, wobei sie sich in ihren Angriffen zu überbieten suchen gemäß der Devise: Es kann den Männern überhaupt gar nie genug zugesetzt werden, denn das, was wir mit unseren Angriffen an Reaktionen bei ihnen auszulösen vermögen, wird immer zu wenig sein.«

Es ist nicht nur zu wenig. Es ist das pure Nichts: Der Mann ist ratlos, defensiv, selbstanklägerisch – und geht in seiner Harmoniesucht jeden zweifelhaften Kompromiß ein.

Sprachlosigkeit ist keine Chance, den Konflikt zu vermeiden, im Gegenteil: Den sprachlosen Mann interpretieren die Frauen als »Feigling, der sich weigert, auf sie einzugehen«. Der sprachlose Mann birgt aber noch anderen Zündstoff in sich: »Ähnlich wie in der hysterischen Ehe besteht dann die Gefahr, daß die Frauen in ihren Vorwürfen immer maßloser, irrationaler und provokanter werden bis zu dem Punkt, wo die Männer in ihrer ›Logik‹ sagen können, auf derartigen Unsinn zu reagieren sei ihnen einfach nicht möglich«, meint Jürg Willi.

Ist dieses »Sichausschweigen« des Mannes das geeignete Mittel, auf den blühenden Unsinn, der teilweise von Feministinnen verzapft wird, zu reagieren? Erhält der Satz »Im Anfang war das Wort, aber vor dem Wort war das Schweigen« heute seine Bedeutung und deutet er vorparadiesische Zustände an, wenn man nur lange genug schweigt?

Ernest Hemingway, ein Mann der knappen Worte, wußte wohl, warum er sagte: »Man braucht zwei Jahre, um sprechen zu lernen, und fünfzig, um schweigen zu lernen.« Schweigen ist zwar ein Argument, das sich kaum widerlegen läßt, Schweigen kann »unheimlich« sein! Schweigen aus Unlust, sich den Frauen zu stellen, Schweigen als heimliche Rettung? Oder Schweigen mit System?

Die beiden Feministinnen Cheryl Benard und Edit Schlaffer glauben laut ihrem Buch *»Laßt endlich die Männer in Ruhe«*, im männlichen Schweigen das »Ei des Kolumbus« gefunden zu haben: »Die Entdeckung, daß man Frauen in eine Spirale der Hysterie treiben kann, indem man einfach ruhig bleibt, scheint für viele Männer die Erfindung des Jahrhunderts zu sein. Tausende von Männern haben es instinktiv begriffen. Man muß bloß schweigen. Sie erklärt, er schweigt. Sie droht, er schweigt. Sie beginnt zu toben, er lächelt milde. Und bei all dem fühlt er sich auch noch wohl. Denn er, was tut er? Nichts, er tut doch gar nichts.«

Schweigen ist kein Machtmittel, sondern Ohnmacht

Schweigen als ein neues Machtmittel des Mannes? Oder Schweigen, weil es dem Mann ganz einfach die Sprache ob der Hysterie der Feministinnen verschlagen hat?

Es gibt nicht nur die Sprachlosigkeit des Mannes im privaten Bereich. Sie ist auch im beruflichen Umfeld gang und gäbe: Welcher Mann kennt nicht den sprachlosen Vorgesetzten, der einen durch konsequentes Ausschweigen immer ins Unrecht setzt? Wer nicht redet, macht keine Fehler. Wer schweigt, herrscht – meinen diese sprachlos debilen Pseudofürsten, die doch nur armselige Gefühlskrüppel sind.

Schweigende sind nicht nur ohnmächtig. Sie sind auch feige.

König im Nichtssagen – Krüppel im Sagen

Shere Hite, die US-Autorin, die der Autor seit Jahren kennt und trotz – oder besser gerade wegen – aller Angriffe durch Feministinnen immer mehr schätzt, hat in ihrem neuen Buch *»Frauen und Liebe«* mehrere Muster männlichen Schweigens wie folgt abgedruckt:

»Wenn ich schreie, sieht er mich an, als wäre ich die Nervensäge, und spricht trotzdem nicht mit mir.«

»Ich weiß nicht, wie ich mit ihm ins Gespräch kommen soll.«

»Wenn ich über meine Pläne spreche, hört er nicht zu, sondern wechselt das Thema.«

»Wir haben uns gekracht, bis wir zu dem Schluß kamen, daß Ignorieren viel einfacher ist.«

»Ich bin immer diejenige, die etwas auf den Punkt bringen will.«

»Mit den Problemgesprächen fange ich immer an. Ich denke mir x-mal aus, was ich sagen will, und dann sage ich es schließlich, weil ich das Schweigen nicht mehr aushalte.«

»Das hasse ich, wenn ich versuche, etwas auszudiskutieren: Männer, die einen in Windeseile durch das Problem hetzen wollen und bereits im Anfangsstadium eines echten Gesprächs fragen: ›na, wo liegt das Problem?‹.«

»Warum kann er sich unseren Differenzen im Alltag nicht realistischer stellen?«

»Ich wollte, er wäre gesprächiger.«

»Wenn er sauer ist, spricht er kein Wort. Ich muß dann die Initiative ergreifen, ihn fragen, was denn los sei und es ihm aus der Nase ziehen.«

»Ich hasse Auseinandersetzungen, aber ich hasse es noch mehr, nicht verstanden zu werden.«

»Wenn jemand Krach anfängt, dann ich. Mein Mann vermeidet das nach Möglichkeit. Danach bin ich noch wütender als zuvor.«

»Ich finde, ein Streit ist zur Reinigung der Atmosphäre da.«

»Er hört nicht auf das, was ich sage.«

Als Beispiel für die Theorie, daß Männer nur sprachlos sind, um auch in der Stille noch die Macht über die Frau auszuüben, werden immer wieder zwei Autorinnen zitiert: die beiden Amerikanerinnen MIRRA KOMAROVSKY und ERICA JONG.

Mirra Komarovsky veröffentlichte 1962 die Untersuchung *»Blue Collar Marriage«*, in der Ehefrauen befragt wurden. Und diese beklagten sich oft über ihren sprachlosen Mann. Daß Männer sich häufig ausschweigen, hat nicht nur in Amerika Tradition. Sätze wie die folgenden hat auch jeder Mann schon gehört:

- »Mein Mann ist ein König im Nichtssagen.«
- »Mein Mann spricht eigentlich kein Wort mit mir, wenn ich es mir genau überlege.«
- »Seine Zunge ist wie angewachsen.«
- »Er spricht nicht, er schreit.«
- »Wenn wir ein Problem haben, schweigt er und geht.«

Unter dem Zwischentitel »Schweigen ist Gold – oder Blei« bemerkt Dr. DEBORAH TANNEN, Professorin für Linguistik an der Georgetown University in den USA und Verfasserin des Bestsellers *»Du kannst mich einfach* *nicht verstehen«*, kurz und bündig: »Die Mehrheit der Frauen möchte – mit ihren Männern – über anfallende Probleme sprechen. Im Gegensatz dazu ziehen die meisten Ehemänner sich am liebsten zurück, wenn Probleme auftauchen (›Wenn es mir schlecht geht, mach' ich das mit mir selbst ab und belaste sie nicht damit‹), oder wenn es um emotionalen Streß oder ›Ansprüche‹ der Ehefrau geht. Und doch besteht kein Zweifel daran, daß diese Männer in ihren Ehen ›dominierend‹ sind. Schweigen kann also durchaus ein Machtinstrument sein.«

Das Zauberwort heißt nicht »Distanz«

Dr. Tannen bezieht sich dabei auf den Aufsatz von Jack W. Sattel, *»Men, Inexpressiveness and Power«*, aus dem Jahr 1983. Sattel hatte damals den 1973 erschienenen Sexroman von Erica Jong, *»Angst vorm Fliegen«*, als Beispiel herangezogen. In diesem Buch geht es um die junge Amerikanerin Isadora Wing, die, immer auf der Suche nach Erlösern, Sex und Sinnenlust, versucht, sich selbst zu finden und zu lernen, wer sie ist und was sie will. Bis heute bekannt ist Isadora Wings alias Erica Jongs Lobpreisung des »Spontanficks«, eine ebenfalls sprachlose Vereinigung von zwei Menschen. Obwohl die folgende Textpassage, zitiert aus dem bereits genannten Jong-Buch, den sprachlosen Mann in seiner Totale zeigt, wissen alle, die das Buch gelesen haben, daß nicht der sprachlose Bennett (ihr Mann), sondern die hysterische Isadora die Starke ist.

Ich zitiere aus der im Fischer Verlag erschienenen deutschen Ausgabe und habe die Bezüge auf das Schweigen kursiv hervorgehoben:

»›Warum bist du böse? Was hab' ich getan?‹

Schweigen.

›Was hab' ich getan?‹

Er sieht sie an, als sei die Tatsache, daß sie das nicht weiß, eine zusätzliche Kränkung.

›Gehn wir schlafen! Vergessen wir das Ganze.‹

›Was soll ich vergessen?‹

Er sagt nichts.

›Soll ich vergessen, daß du böse mit mir bist? Vergessen, daß du mich strafst – für nichts? Vergessen, daß ich einsam bin und friere, daß Weihnachten ist und daß du mir diesen Abend wieder mal verdorben hast? Ist es das, was ich vergessen soll?‹

›Ich will nicht darüber reden.‹

›Worüber? *Worüber* willst du nicht reden?‹

›*Sei still.* Ich will nicht, daß du hier im Hotel so rumschreist.‹

›Es ist mir scheißegal, was du willst oder nicht willst. *Ich* will anständig behandelt werden. Vielleicht hättest du zumindest die Güte, mir mitzuteilen, warum du so 'ne Scheißlaune hast. Und sieh mich nicht so an ...‹

›Wie?‹

›Als ob es die schwerste Sünde wäre, daß ich deine Gedanken nicht lesen kann. Ich *kann* deine Gedanken nicht lesen. Ich *weiß* nicht, warum du so 'ne Wut im Bauch hast. Ich kann nicht jeden Wunsch von dir erraten. Wenn du das von einer Frau verlangst, dann hast du die falsche Frau.‹

›Das dürfte stimmen.‹

›Was ist es denn? Sag es mir doch bitte.‹

Schweigen.

[...]

›Nicht wahr, das *war's* doch?‹

Schweigen.

›Los, Bennett, du machst mich *rasend*. Bitte sag es mir. Bitte.‹«

Dr. Deborah Tannen analysiert in ihrem Buch *»Du kannst mich einfach nicht verstehen«* diese Szene so: »Bennetts Schweigen wirkt so peinigend, weil Isadora so beharrlich versucht, ihn zum Reden zu bringen. Es ist das Zusammenspiel dieser beiden Verhaltensweisen – sein Rückzug und ihr beharrlicher Versuch, ihm zu entlocken, was sie falsch gemacht hat –, das sich verheerend für beide auswirkt.«

Ergebnis: Isadora, die Frau, ein Opfer der männlichen Sprachlosigkeit? Der männlichen Macht? Die Frau also wieder einmal Opfer des Mannes?

Schweigen hat zwei Opfer: Mann und Frau

Die feministische Analytikerin Natalie Shainess hat das Thema zu einem Buch zusammengefaßt und kommt darin zu folgenden neun Thesen:

1. Frauen entschuldigen sich viel zu schnell und zu oft und für Dinge, die sie gar nicht verschuldet haben.
2. Frauen neigen dazu, Wahrnehmungen und Wünsche anderer höher zu bewerten als ihre eigenen.
3. Frauen trauen sich nicht, Fragen zu stellen.
4. Frauen demonstrieren sprachlich ihre Unsicherheit. (Ich möchte dir etwas erzählen. Ich muß dir etwas Unangenehmes sagen.)
5. Frauen geben zu schnell nach.
6. Frauen neigen dazu, zuviel preiszugeben.
7. Frauen meiden Konflikte, sagen ihre Meinung nicht.
8. Frauen fällt es schwer, ein Kompliment anzunehmen, verschenken Vorteile.
9. All das führt zu »Gefühlen des Ressentiments« und Zornausbrüchen.

Cheryl Benard und Edit Schlaffer meinen in ihrem Buch *»Viel erlebt und nichts begriffen«*, daß »all diese Verhaltensweisen Produkte der klassischen weiblichen Psychostruktur, gekennzeichnet durch mangelndes Selbstbewußtsein, Unsicherheit, Angst vor Konflikten, sind«. Und so sieht der Katalog von Negativbeispielen aus: Da gibt es Frauen, »die ihren Männern genau sagten, was sie fühlten und dachten«, und die Männer schweigen trotzig; da gibt es Frauen, »die sich selber und ihre Interessen zurückstellen« und »damit erreichten, daß der Mann ihre Bedürfnisse vollkommen ignorierte«; da gibt es Frauen, die »dem Mann etwas vorlitten, um überhaupt bemerkt zu werden«.

Und der Mann? Er versteht nichts, bemerkt nichts, sagt nichts, sondern, so wird suggeriert: Er sucht sich eben eine neue Frau. Und sprachlos lesen wir bei Benard/Schlaffer, wie der Mann so mir nichts dir nichts sein Bäumchenwechsle-dich-Spiel vollzieht: »Experten in dieser Art von Tauschgeschäft sind die Männer. Den Verlust amortisieren sie, indem sie den Teil ihres Hirns, der an ihm leiden könnte, konsequent ausschalten. Die Fähigkeit, das zu können, ist vielleicht die einzige Überlegenheit, die sie den Frauen gegenüber auszeichnet, eine bemerkenswerte, wenn auch seltsame Fähigkeit, vergleichbar mit der Gabe, mit den Ohren wackeln zu können. Verständnislosigkeit als absichtlich gepflegte Begabung.«

Benard und Schlaffer haben übrigens auch den Begriff »der sprachlose Mann« in diesem Buch erstmals verwandt – und als Unterpunkt zur »taktischen Verweigerung« dem Mann die Leviten gelesen: »In einem Punkt unterscheiden die Geschlechter sich gewaltig: Die Frauen arbeiten ständig an sich herum. Die Männer nicht. Es gibt nicht, wie bei Frauen, eine öffentlich anerkannte Selbstkritikkultur.«

Tatsächlich wollen die friedliebenden Männer Diskussionen nur widerwillig führen. Männer lieben keine direkte Konfrontation – auch wenn Feministinnen dies nicht einsehen können. Meist ist in der Tat die Frau die Unruhestifterin. Die Passivität des Mannes muß aber ein Ende haben. Die Art, »Männlichkeit« im Schweigen zu demonstrieren, ist eine völlig falsche Einstellung. Männer fühlen sehr genau, daß sie sich selbst in Schuldgefühle verstricken, wenn sie Probleme ausschweigen. Unsinn ist hingegen, daß – wie immer behauptet wird – Männer grundsätzlich siegreich bleiben, egal, ob sie stumm sind oder schreien. Der Mann gewinnt als Schweiger ebensowenig wie als Schreier. Beide Male verliert er sich und das, was wir »Männlichkeit« nennen wollen: Nur der sprachvolle Mann ist ein männlicher Mann. Der schweigende Mann ist ein passiver Dulder, der seine Männlichkeit längst ad acta gelegt hat.

Der Unsinn von der Gefühlsverweigerung

Der Berliner Psychotherapeut und Buchautor Wilfried Wieck weiß es: Gefühlsverweigerung, Entwertung der Frau, bloßes Reden, Nichtfragen, Nichtzuhören. Lassen wir einmal den Zitatensalat in Wiecks *»Männer lassen lieben«* beiseite, finden wir dort folgende Erklärungsmuster zum sprachlosen Mann:

1. *Gefühlsverweigerung und Affekte:* Der normale schweigende Mann hat Angst vor seiner Angst und hält sie verzweifelt nieder. In die Angst der Frauen kann er sich nicht einfühlen, und darum wird er affektvoll ihnen gegenüber, wird wütend, fühlt sich mißverstanden, angegriffen, ungerecht behandelt. Wenn Männer sich schwach, irritiert oder verwirrt fühlen, sprechen sie nicht, sondern werden ängstlich. Die Sprache der Männer geht auf Kosten der Kräfte der Frau. Das zerstörerische Schweigen führt zu psychosomatischen Männerkrankheiten.
2. *Entwertung der Frau:* Der Mann bevorzugt Körperteil- und Tierbegriffe für die Frau, beschwört damit dreckige, gemeine, bedrohliche, magische Assoziationen. Er verklärt sie als Superfrau. Seine schlimmste Feindin ist die Emanze. Die Männer versteigen sich zu diesen Erwartungen, weil sie nicht die Absicht haben, aufrichtig und respektvoll mit der Frau zu sprechen. Und dann zitiert Wieck den Literaten Peter Handke mit einem Satz: Handke bekennt sich zum männlichen Schweigen. Männern rät Handke zu schweigen, um sich nicht zu verraten.
3. *Bloßes Reden:* Paradoxerweise zeigt sich männliches Schweigen, so Wieck, »vor allem beim Reden, einer Sabotage echter Kommunikation. Wie es Umweltverschmutzung gibt, so gibt es Gesprächsverschmutzung. Beide gehen von Männern aus. Männersprache kennt kein Gefühl, keine Pausen, täuscht Sicherheit vor, verbirgt Minderwertigkeits-, Schwäche- und Angstgefühle. Männer sprechen nie von sich persönlich. Wenn er kann, verläßt er den Raum, ist nie bereit, mit mir ein ernsthaftes Gespräch zu führen.« Des Mannes beherrschender Gefühlsaustausch ist die Weitergabe von Angst. Rede als Präventivschlag.
4. *Keine Fragen stellen:* Wer mit ihm sprechen will, ist ihm unbequem. Der Mann fragt nicht, weil er nicht belastbar und nicht konfliktfähig ist. Dem Mann ist die Wahrheit nicht zuzumuten.
5. *Nichtzuhören*: Für Männer ist das Zuhören ein Akt der Passivität. Sich selbst hört er am wenigsten zu. Frauen, die darauf bestehen, daß man ihnen zuhört, haben sehr wenige männliche Gesprächspartner. Zum Zuhören aufgeforderte Männer pflegen sich zurückzuziehen, bis sie vergessen haben, was die Frau wollte.

Wir sehen: Wieder wird der ganze bekannte psychologische Müll über dem

Mann ausgeschüttet. Gefühlsverweigerung, Entwertung der Frau, bloßes Reden, Nichtfragen, Nichtzuhören.

Feministinnen wollen den sprachlosen Mann

Erinnern wir uns an den »schweigenden Mann« in der kurzen Szene von ERICA JONG. Und fragen wir uns: Wie würde DR. TANNEN diesen Konflikt lösen? Wie würden es BENARD/SCHLAFFER versuchen?

Dr. Tannen hat die Lösung parat: indem Bennett Isadoras Ansicht folgt und das Problem »ausdiskutiert«.

Das Wort »ausdiskutieren« ist bei Frauen ganz stark in Mode. So schreiben sie: »Das hasse ich, wenn ich versuche, etwas auszudiskutieren: Männer, die einen in Windeseile durch das Problem hetzen wollen (weil ›man‹ sich nicht aufregen darf, denken sie, es sei Schwäche, wenn man sich aufregt), und das sieht dann so aus, daß sie bereits am Anfang eines echten Gesprächs fragen: ›na, wo liegt das Problem?‹ und dabei einen Ton anschlagen, als wollten sie sagen: ›Du wirst dich doch jetzt nicht etwa bei mir beklagen wollen, oder???‹ – fast eine Drohung – oder sie versuchen, das herunterzuspielen und zu bagatellisieren, was man sagen will. Das macht es so schwierig.« Mit diesem Brief einer US-Amerikanerin belegt die Autorin SHERE HITE in ihrem neuen Report *»Frauen und Liebe«* ihr Umfrageergebnis, das da lautet: »88 Prozent der Frauen sagen, daß die Männer in ihrem Leben Problemgesprächen am liebsten aus dem Weg gehen – wodurch Streit unvermeidbar wird.«

Sicher ist richtig, daß Männer weniger gelernt haben zu streiten. Es klingt jedoch absurd, wenn einerseits die Frauen den Mann als ewigen Störenfried der Weltgeschichte brandmarken, ihm andererseits wieder individuelle Streitunlust unterstellen. Daß der Mann über Probleme diskutieren kann, vermag nicht einmal die überzeugteste Feministin zu ignorieren. Demokratie, Europäische Gemeinschaft, UNO, Völkerverständigung sind nur über Diskussionen möglich. Daß der Mann im häuslichen Disput plötzlich verstummt, liegt mit Sicherheit auch in den verbalen Angriffen der Frau auf ihn begründet. Um nicht als Mensch herabgewürdigt zu werden, flüchten sich immer mehr Männer in eine selbstgewählte Katharsis.

Was ist eigentlich eine »Diskussion«? Was bedeutet das Wort, das in der Frauenliteratur gang und gäbe ist?

Für den neuen *»Brockhaus in 24 Bänden«* scheint der Begriff keine große Rolle zu spielen. In dem Band »COT-DR« stehen auf Seite 543 genau drei Zeilen zur Erklärung: »Diskussion (spätlat. discussion ›Untersuchung‹, ›Prüfung‹), die, -/-en, Auseinandersetzung (über ein Thema), Meinungsaustausch, Aussprache.«

Diskussion heißt also faire Auseinandersetzung, offener Meinungsaustausch mit klarer Aussprache. Es bedeutet demzufolge nicht Zank, Streit und Brüllen. Die Diskussion verlangt kein Drehbuch, wie es sich Frauen so gern wünschen, wenn sie immer wieder betonen: »Immer bin ich es, die was hat, die was auf den Punkt bringen will.«

Eine Diskussion setzt begriffsimmanent keine Lösung voraus. Infolgedessen muß es erstens keine Lösung, zweitens keine Siegerin, drittens keinen Besiegten geben.

Sehen wir uns einmal kurz an, warum es die Frauen zu Diskussionen drängt: »Aus einem Mangel an Kommunikation oder weil Frauen von ihren Männern oder Liebhabern emotional belästigt beziehungsweise sabotiert werden«, wie SHERE HITE kundtut. Kein Wunder, daß 76 Prozent der Frauen laut ihrem Buch *»Keinen Mann um jeden Preis«* sagen, »daß Männer bei der Lösung von persönlichen Problemen nicht die Initiative ergreifen.«

Der Mann will also nicht nur nicht reden, er will auch keine Initiative zur Diskussion ergreifen, sondern sprachlos in der Ecke verharren. Ist das so?

Wie würden die Radikalfeministinnen BENARD und SCHLAFFER den Konflikt des sprachlosen Mannes lösen?

Sie nennen zunächst verschiedene Erklärungsmodelle unter dem Titel »Meine Frau versteht mich nicht« in ihrem Buch *»Viel erlebt und nichts begriffen«*. Die Männer und die Frauenbewegung:

Theorie eins: Der Mann hat es infolge seiner frühkindlichen Sozialisation verlernt, Gefühle auszudrücken.

Theorie zwei: Die Geschlechtsidentität des Mannes läßt nicht zu, daß er sich zu seinen Gefühlen bekennt.

Theorie drei: Der Mann baut Kommunikationsbeziehungen in sein allgemeines Machtinstrumentarium ein. Wissen ist Macht. Wer nichts über ihn weiß, hat auch keine Macht über ihn.

Theorie vier: Der Mannt teilt seine Subjektivität nicht mit, weil er über keine verfügt. Er hat keine Gefühle.

Soweit der Theorienkatalog zur gefälligen Bedienung. Wie der Mann sein Schweigen, sein Nichtredenwollen ablegen kann – darüber schweigen sich die beiden Radikalfeministinnen aus, verweisen aber auf Analysen der Unterhaltungsgewohnheiten von Männern und Frauen, die zeigen, daß ein Thema, wenn es vom Mann eingebracht wird, in 96 Prozent aller Fälle zu einer Diskussion führt. Hingegen werden nur 36 Prozent der von der Frauen angeschnittenen Themen weiterbesprochen. »Also doch: Macht«, wird gefolgert. »Wenn er das Thema bestimmen kann, ist er bereit zu sprechen.« Was keine ausreichende Erklärung für den sprachlosen Mann ist.

Sicher wurden viele Männer in dem Wahn erzogen, Gefühle zu unterdrükken. Doch dieser Wahn zerbröckelt ob der neuen Erziehung, gottlob. Und so zeigen immer mehr Männer immer mehr Gefühl – bis zum Geht-nicht-mehr, bis Frauen »es nicht mehr hören können, diese ewige Gefühlsduselei«. Auch wollen Frauen heute nicht mehr über alles und jedes diskutieren. Warum auch? Sie selbst haben in vielen Lebensbereichen das Kommando fest in den lackierten Krallen, spielen heute die Männer der Vergangenheit nach – und schweigen sich in Diskussionen sprachlos aus. Wie die Männer mit ihren »emotionalen Defiziten«.

Vielen Männern stößt allein das Wort »ausdiskutieren« sauer auf, eine typisch frauenbewegte Worthülse ohne Inhalt, denn den Begriff »ausdiskutieren« gibt es letztlich nicht. Eine Diskussion ist nie »aus«. Auch kann man nichts andiskutieren oder abdiskutieren. Entweder Mann und Frau diskutieren – dann hat diese Diskussion ein open end und kein von der Frau festgesetztes, zu erreichendes Ziel. Allein das Wort »ausdiskutieren« jagt vielen Männern einen Schauer unguter Gefühle über den Rücken und durch den Magen. Es ist ein typischer Terminus aus dem soziologischen Sprachwirrwarr des Feminismus.

Tatsache ist – um bei unserem Beispiel Bennett/Isadora zu bleiben –: Bennett schweigt Isadora erst an, dann sich aus. Er hat keine Lust, jetzt, in dieser Situation, in dieser Sekunde auf Befehl eine Diskussion über sich, seine Gefühle, mögliche Ursachen zu beginnen. Und hier haben wir den Haken: Bennett will nicht reden, was sein gutes Recht ist. Bennett hat aber nicht den Mut, dies Isadora klipp und klar zu sagen. Bennett will beides: hier der diskussionsbereite Partner, dort der schweigsame Philosoph – das eben geht nicht. Brächte er es fertig, offen zu sagen: »Isadora, ich möchte jetzt nicht reden. Bitte versteh das und laß mich endlich in Frieden«, wäre es vielleicht zu keinem Streit gekommen. Warum nur vielleicht? Weil diese Aktion von Bennett bei Isadora die Bereitschaft vorausgesetzt hätte, sich dem Wunsch nach Schweigen zu beugen.

Und wir lernen aus diesem Beispiel auch, daß Feministinnen den sprachlosen Mann brauchen. Sonst würden ihre sattsam bekannten Theorien zusammenbrechen. Nur der sprachlose Mann bleibt als Täter theoriestützend. Nur wenn der Mann weiterhin als Sündenbock dasteht und verteufelt werden kann, vermögen Groll und die Schuldzuweisung zu funktionieren.

Und an diesem Punkt könnte Männern auch klarwerden, warum DR. DEBORAH TANNEN mit ihrem Buch *»Du kannst mich einfach nicht verstehen«* bei Frauen soviel Erfolg hat: Sie geht nicht mit einem Satz auf den Mann ein – für sie, wie für viele ihrer Leserinnen, steht absolut fest: Der Mann ist der Teufel in der Beziehung. Er ist die Wurzel allen Übels. Er kann nur im Büßergewand auftreten – und wird auch dann nicht ernstgenommen. Und so folgert Tannen unter dem Beifall der Frauen: Wenn die Frau diskutieren will, bestimmt sie Ort, Zeitpunkt, Situation und Inhalt. Für Tannen wie für die meisten Feministinnen ist der Mann absolut kein Thema: Die Frau bestimmt, wann der Mann den Schnabel zu öffnen und wann er ihn gefälligst zu schließen habe.

Der sprachlose Teufel wird wütend

Und der Mann? Er hat verlernt, offen ja und offen nein zu sagen. Er hat verlernt, selbst Ort, Zeitpunkt, Situation und Inhalt einer Diskussion zu wählen und zu bestimmen. Er hat verlernt, sich zum Mannsein zu bekennen und sich in Ausflüchte, Ausreden und schnelle Abgänge geflüchtet. Er bringt nicht mehr den Mut auf, wütend zu sein. Statt sich zu stellen, schlägt der Hasenfuß verbale Kunstpirouetten – und wundert sich, daß er sich unwohl fühlt. Schweigen ist die schlechteste aller Lösungen, denn es macht auch stumm. Schweigen muß kein Mann mehr, wenn er seine Sprache als Mann wiedergefunden hat. Und diese Sprache kann er nur aus sich und mit sich wiedererlangen. Schweigen braucht kein Mann, der weiß, daß er gleichberechtigt neben der Frau steht: keiner oben, keiner unten, sondern beide in ausgewogener Mittellage sich tummeln.

Auch wenn es heute in vielen Ohren kaum mehr glaublich klingt: Der sprachlose Mann muß dringend seine Sprache wiederfinden, um stark und selbstbewußt, wütend und nicht windelweich der Frau Paroli zu bieten. Erst bei »Waffengleichheit« können beide Geschlechter offen, ehrlich und frei miteinander sprechen lernen und ausdiskutieren, was wirklich diskussionswürdig ist – und nicht über das zu streiten, was Feministinnen Frauen in die Köpfe gepflanzt haben.

Schweigen, ja – aber nur dann, wenn man es der Frau auch deutlich mitgeteilt hat. Reden, ja – aber nur dann, wenn man es unmißverständlich gesagt hat und beide es wollen. Diskussion, jawohl – aber dann offen, ohne Hintertürchen, falsche Begriffe und ohne Themen auszugrenzen, abzublokken oder einfach nicht hinzuhören, wenn es brenzlig wird. Ob Schweigen oder Reden – laue Mittelwege gibt es nicht. Diese führen nur wieder in neue Sackgassen, aus denen an beiden Enden schweigsame Frauen und Männer in den Schatten ihrer Partnerschaften treten.

Der Mann hat im Sprechen mit der Frau neue Möglichkeiten, sich als freier, wütender, offener, agierender und nicht reagierender Mann neu zu entdekken.

14. Lektion
Die Emanzipation des Mannes

> »Freiheit ist ein Gut,
> das alle anderen Güter zu genießen erlaubt.«
> MONTESQUIEU

Mann – denk dich frei!

Den alten Macho gibt es nicht mehr. Softie, Milkie und Esoteriker haben nur von Frauen geborgte Daseinsberechtigung. Der Mann wird wieder zum wütenden, zornigen, ehrlichen, frauenbewegten Mann, wenn er den Mut zur Freiheit, zur eigenen Männlichkeit und zur Frau aufbringt.

Uns wurde in diesem Buch vor Augen geführt, wie uns die Medien einer Beeinflussung ungeahnten Ausmaßes unterzogen haben. Unter der permanenten Berieselung durch Bilder, Texte, TV-Sendungen ist uns Männern fast jeder Ansatz zur Kritikfähigkeit verlorengegangen. Gleichzeitig ging die männliche Begeisterungsfähigkeit verschütt. Ohne Mut, sich neue männliche Freiheit zu erarbeiten, flüchten sich immer mehr Männer in eine Sprachlosigkeit. Sie verweigern sich den Frauen. Sie legen lieber Hand an sich, als mit einer Frau zu schlafen. Sie wollen weder Ehemann noch Vater werden, da beide männliche Rollen von den Feministinnen abgelehnt werden.

Wie wir gesehen haben, vermögen Männergruppen oder Männerbüros nur wenig auszurichten. In Amerika haben sich bereits über tausend solcher Gruppen etabliert, die den Weisheiten des alternden Lyrikers ROBERT BLY lauschen, der den Mann mit Märchen aus seinem Dämmerzustand erlösen und ihn zum »wilden Mann« umerziehen will. In Deutschland haben zwei Männerbüros für Aufregung gesorgt. Im Beratungs- und Therapiezentrum Göttingen geht der vierunddreißigjährige Büromitarbeiter THOMAS SCHESKAT von der Meinung aus, er habe die wichtigsten Fragen durch Konflikte mit Frauen gelernt. Doch gesteht der Psychologe heute ebenso, daß Frauen ihm auch nicht erklären konnten, was Männlichkeit ist. Das Männerbüro Bielefeld zeigt sich noch nicht soweit. Dort setzt man sich mit der »männlichen Gewalt« auseinander, steht der Männlichkeit grundsätzlich skeptisch gegenüber und findet überhaupt: »Weniger Mann ist mehr Mensch.«

Diese beiden Anschauungen symbolisieren die geläufigsten derzeit diskutierten Strategien zur Männlichkeit. Und es sind nicht die Strategien, die bereits die Frauenpresse wieder vereinfacht, wie *Cosmopolitan* in seiner Januarausgabe 1992 anhand zweier Trends veranschaulicht: »Vorwärts und zurück«.

Die Frage nach einer neuen Männlichkeit, einem nicht mehr sprachlosen Mann, geht tiefer. »Frauen sagen zwar, daß sie von uns mehr Gefühl und Sensibilität erwarten«, meint ein neunundzwanzigjähriger Mann, »aber genau diese Frauen sind oft nicht in der Lage, unsere Gefühle dann auch wirklich zu akzeptieren.« Oder wie ein zweiunddreißigjähriger gesteht: »Frauen suchen nach dem sensiblen Mann. Haben sie ihn endlich gefunden, ist er ihnen aber nicht stark genug.«

»Verwirrt von all dem, was Frauen heute lesen und hören, sind sie völlig durcheinander und senden dem Mann ständig zweifache Botschaften«, analysiert der amerikanische Paartherapeut Ken Druck in seinem Buch *»The Secrets Men Keep«*. »Diese Frauen liegen ihren Männern ständig im Ohr, daß sie sich endlich öffnen sollten. Wenn der Mann ihr seine Unsicherheiten und Ängste zeigt, wendet sie sich ab, da sie ebendiese Unsicherheiten und Ängste nicht sehen will.«

Viele jener Männer haben mehr als nur reagiert und delegieren ihre eigene Männlichkeit an die Frau. »Und diese wird sehr schnell das Interesse an einem solchen Mann verlieren«, wie Druck schreibt. Drucks Kollege Herb Goldberg, der sich mit dem Buch *»Inner Male«* soeben aus der feministischen Ecke verabschiedet hat und in die männliche zurückkehrte, hat sogar herausgefunden, daß »ein gefühlvoll überreagierender Mann ohne eigenes männliches Selbstbewußtsein bei der Frau keinerlei sexuelle Neugier mehr erregt«.

Der Mann entläßt sich als Alleintäter

Der Mann ist in der Tat zu einem »soften Mann« verkommen. Schlimmer: Der Mann traut sich nicht mehr, Feministinnen zu widersprechen, er biedert sich ihnen an, hat Angst vor ihnen. Und er absorbiert alles, was Feministinnen sich gerade an neuen Gemeinheiten ausdenken. Zuerst feuerten Psychologen und frauenbewegte Medien jahrzehntelang ihre verbalen Geschütze gegen die Mutter ab, die sie zu einem Psychokrüppel schrieben und die an allem schuld war, was die Entwicklung des Sohnes betraf. Aus sämtlichen

Ecken mußte die Mutter Beleidigungen hinnehmen. Und es wurde unterstellt, daß jeder Sohn ein Leben lang ein Mamibubi bleibt, unfähig, sich selbst zu einem Mann zu befreien.

Jetzt gerät der Vater ins Visier, da den Feministinnen als späte Erkenntnis dämmerte, daß sie sich selbst als Mütter schwerlich selbst anklagen können. Der Vater – heute meist in der Phase der Frauenbewegung erzogen – ist nicht nur als Mann der derzeitige Psychokrüppel. Auch als Vater wird er verbal attackiert. Denn was er auch anstellt, er macht es falsch. Und wieder an vorderster Front agieren die beiden Wiener Radikalfeministinnen CHERYL BENARD und EDIT SCHLAFFER. Ob der Vater vorhanden oder dank den Feministinnen abhanden gekommen ist, spielt für die Endabrechnung keine Rolle: »Der neue Vater ist nett, aber unverbindlich«, schreiben die beiden, und »als Feind der Mutter ist der Mann kein guter Vater.«

Und langsam macht sich bei immer mehr Männern Wut im Bauch breit. Sie wissen um den »Mamaismus« und haben längst gelernt, sich gegen Mama & Co. zu wehren und sich von der Mutter zu befreien. Immer mehr Männern ist aber auch klargeworden, wie wichtig eine Beziehung zu ihrem Vater sein kann, daß sie von ihm lernen können – was wiederum die Väter erkannt haben, die sich sehr wohl mit ihren Söhnen auseinanderzusetzen imstande sehen und somit keineswegs mehr von einer »vaterlosen« Gesellschaft geschwafelt werden kann.

Der Zorn vieler Männer auf den beide Geschlechter verdummenden Extremfeminismus darf jedoch nicht in Haßausbrüche ausarten, die beispielsweise in Zeitschriften wie dem in Bonn erscheinenden *Scheidungsunrecht* veröffentlicht werden, in dem sich von Frauen gerupfte Männer beschweren. Und doch verstehen zunehmend Männer diese Wut auf die »radikalfeministische Propaganda«, die »Frauen verhetzt«. Und immer mehr Männer können von »verhetzten Frauen« aus eigener Erfahrung berichten. Eine Tatsache, welche Benard und Schlaffer sofort als ungeheuerlichen Anklagepunkt gegen den Vater ummünzen und schreiben: »Eine solche Grundeinstellung gegenüber Frauen und gegenüber der Kindesmutter vermittelt sich selbstverständlich auch dem Kind, mit belastenden Sozialisations- und Entwickungsfolgen.«

Kein Wunder, daß Männer sauer werden. Und sich immer mehr auch zu ihrer Wut bekennen. Denn sie sind es nach Strich und Faden leid, daß sich die Frauen zur neuen Göttin aufgeschwungen hat.

Der Mann entdeckt langsam aber sicher, wie er unter feministischen Analysen, Forderungen, Programmen begraben wird. Er erkennt, daß er zum Teufel der Neuzeit gestempelt wurde, daß er Krieg, Vergewaltigung und ökologische Vernichtung als Alleintäter zu verantworten hat – und Mutter Natur täglich mit Füßen tritt. Er kann es langsam nicht mehr ertragen, was

Radikalfeministinnen wie Betty Reardon so vehement von sich geben: »Die ökologische Zerstörung ist frauenfeindlich. Die Vergewaltigung der Erde ist ein Ergebnis des männlichen Dranges, das Weibliche zu zügeln und zu beherrschen.«

Der Wandel des Mannes hat längst begonnen

Wer nur ein wenig mit offenen Augen durch die Gesellschaft spaziert, entdeckt immer mehr Männer, die nach neuen Lebensinhalten suchen und die sich mit den alten Rollenklischees wie Erfolg im Beruf, Versorgungsmeister, Sportfan und Sonntagsvater nicht mehr zufriedengeben. Der Mann sieht sich längst nach neuen Lebensinhalten um, steht längst zu seinen Karriereknicks, hat aus Verlassen und aus Verlassenwerden gelernt. Er entwickelt einen neuen Zorn, weil er genau weiß, daß er in den letzten fünfzehn Jahren viel gelitten, erlebt, aber auch sehr viel gelernt hat.

Im März 1976 veröffentlichte die 1927 in Düsseldorf geborene Soziologieprofessorin Helge Pross, eine ehemalige Assistentin der Philosophen Max Horkheimer und Theodor W. Adorno, im Auftrag der Frauenzeitschrift *Brigitte* Daten zu der Untersuchung *»Der deutsche Mann«*. 1978 legte die 1984 verstorbene Autorin Pross ihre Ergebnisse in *»Die Männer – Eine repräsentative Untersuchung über die Selbstbilder von Männern und ihre Bilder von der Frau«* als Buch vor.

Helge Pross befand damals, daß Männer noch ihren patriarchalen Strukturen verhaftet sind, in ihrem Überlegenheitsgefühl ungebrochen, sicher in ihrer Polarisierung der Geschlechterrollen und weit davon entfernt, die Berufstätigkeit von Frauen als Maßstab von Emanzipation zu sehen. Sie schrieb vor mehr als anderthalb Jahrzehnten: »Die Männer sind nicht angekratzt von den Forderungen der Frauen. Sie interessieren sich einfach nicht dafür. Sie haben eine beachtliche Fähigkeit entwickelt, die Wirklichkeit nicht zur Kenntnis zu nehmen. Die Phase, in der sie nicht umhin können, die Probleme der Frau zu sehen, hat noch nicht begonnen.«

Was damals bereits blühender Unsinn war. Wer sich als Mann an die Jahre um 1975 erinnert, der weiß ganz genau, wie sehr der Mann damals sich selbst zur geistigen und emotionalen Kasse bat: Rainer Werner Fassbinder verfilmt Henrik Ibsens *»Nora«* als Plädoyer für die Befreiung der Frau aus ihrer konventionellen Rolle. Ingmar Bergmans Film *»Szenen einer Ehe«* wird zum heiß diskutierten Thema von Mann und Frau und in Familien. Woody Allen stellt den neuen Männertyp des Stadtneurotikers vor, der sich ständig in exzentrische Frauen verliebt und auch beim Psychiater keine Hilfe bekommt: Ein Prototyp des neuen Mannes ist geboren!

Und in dieser Zeit stellen Helge Pross und ihre treuen Nachschreiberinnen fest: Der Mann hat sich nicht verändert. Alles beim alten. Der Alte, ein Patriarch. Die Frau, eine von ihm seelisch und geistig Ausgebeutete! Es steigt einem die Zornesröte ins Gesicht über soviel bornierten Quatsch!

Seit spätestens fünfzehn Jahren weiß der Mann: Machen Frau und Mann das gleiche, so ist dies noch lange nicht dasselbe. Statt an das Morgen der Geschlechter zu denken, wird das Vorgestrige zur Sicherung von Sonderstellungen der Frauen beschworen. Feministinnen verlangen wieder die Trennung zwischen Mädchen und Buben in Schulen. Andere sperren Männer aus Lokalen und Läden aus.

Frauen hören nur ihresgleichen zu. Und immer ist der Mann der Täter, die Frau das Opfer. Nur die Lesbe ist die »gute Kämpferin«, fungiert doch der Lesbianismus als »Speerspitze im Kampf gegen die Männerherrschaft«, wie RITA MAE BROWN schreibt. Und die Ehe, wütet KARIN SCHRADER-KLEBERT im legendären *»Kursbuch 17«*, schließt aus: »die Selbstbestimmung des Menschen; die Selbstverfügung der Frau über den eigenen Körper. Sie schließt Liebe aus, weil sie Liebesfreiheit und Verlangensfreiheit ausschließt.« Es kommt noch besser. »Der Mann hat den Mythos des Mutterinstinkts geschaffen, um das Kind dieser besitzergreifenden Herrschaft mit gutem Gewissen ausliefern zu können. Der herrschende Mutterinstinkt ist Negation der Liebe, weil er das Kind als Unterdrückungsobjekt mißbraucht.«

Sprachlos hörten wir Männer uns das alles an. Wir lernten die Psychosprache, nahmen artig Worthülsen wie »Beziehungsprogression«, »Bezugspersonen-Diskrepanz« und »sexistische Unterdrückung« in den Mund. Selbst wenn der Mann eine emanzipierte Frau liebt, ist er der böse Eroberer. Begründung: »Der Sieg über eine solche Frau ist viel kostbarer als der über ein Weibchen, da sie zumindest soviel versteht, um seine bewährte Überlegenheit einzusehen und sich durch ihre Frustrationen noch fester an ihn und seine Herrschaftsposition zu ketten.«

Und doch hat sich der Mann geändert. »Die Männer sind mit ihrer eigenen Emanzipation etwas vorangekommen«, lesen wir in der im Oktober 1985 erschienenen repräsentativen Untersuchung »Der Mann« über die Lebenssituation und das Frauenbild zwanzig- bis fünfzigjähriger Männer. Verfaßt haben diese dickbäuchige Studie im Auftrag der Zeitschrift *Brigitte* die Professorin DR. SIGRID METZ-GÖCKEL vom hochschuldidaktischen Zentrum der Universität Dortmund und DR. URSULA MÜLLER vom Landesinstitut Sozialforschungsstelle Dortmund. Der Mann hat also in nur zehn Jahren »für die kurze Zeitspanne zwischen den beiden Untersuchungen geradezu rasante Fortschritte« gemacht.

Und heute?

Der Mann sprengt seine Ketten

Heute meint die amerikanische Bestsellerautorin ALISON LURIE (*»Liebe und Freundschaft«, »Affären«, »Varna«* und *»Die Wahrheit über Lorin Jones«*) in einem Gespräch mit dem Autor: »Die Zeit ist reif für neue Liebhaber. Wobei ich sagen muß: Waschlappen sind keine guten Männer.« Und die deutsche Regisseurin DORIS DÖRRIE *(»Erster Walzer«, »Männer«, »Paradies«, »Ich und Er«, »Happy Birthday, Türke«)* vertraute ihm an: »Die Zeit der Männer, die nur von Frauen lernen und sich anbiedern, ist wohl zu Ende. Männer sollten wieder eine Meinung zum Mann entwickeln.«

Leicht indes hat es der Mann nicht: In allzu vielen verbalen Fallstricken gefangen, ist er oft kaum in der Lage, sich offen und frei – auch gegen die Frau – zu artikulieren. Er hat Mühe, sich und der Frau gegenüber seine Gefühle, Ängste und Hoffnungen in Worten auszudrücken. Zum einen sprechen ihm die Feministinnen die Fähigkeit, Gefühlen mächtig zu sein, ab; andererseits hat der Mann oft genug erlebt, daß die Frau mit den männlichen Empfindungen überhaupt nicht umgehen kann. Viele Männer können sich auch nicht von den Kategorien befreien, in die sie sich einordnen ließen: hier die soften Feministen, die alles von Frauen lernen wollen, dort die Unbelehrbaren. Erstere klatschten in Selbstverleugnung Beifall, wenn sie hörten, daß »alle Männer Schweine sind und daher getötet werden müssen« (so der Titel eines Buches von FRANCES STEINEM). Und wenn LEONA GOM in ihrer Novelle *»Das Y-Chromosom«* die Vernichtungsstrategie von VALERIE SOLANAS perfektioniert und eine Gesellschaft von Frauen fordert, welche die männliche Rasse auf zehn Prozent beschränkt – dann hoffen diese soften Männer, vielleicht dem Holocaust entrinnen zu können. Die Unbelehrbaren wiederum ziehen sich an JOACHIM BÜRGERS Stammtischtiraden und seiner *»Mann, bist du gut«*-Philosophie hoch.

Das Beziehungsgeflecht zwischen Frau und Mann, Sprache und Gefühl hängt nun aber von der jeweiligen Freiheit ab, die Mann oder Frau erworben hat, sich gegenseitig genehmigt und verbal austauscht. Wobei in der heute gängigen Diskussion nicht die gesellschaftlichen Freiheiten bedeutend sind, sondern jene der Geschlechter für-, mit- und untereinander. Freiheit ist das Merkmal des Selbstbewußtseins sowie der Persönlichkeit und Menschenwürde.

15. Lektion
Männer, Sex und neue Frauen

> »Junge Mädchen – mit ihnen finden Männer die Sprache wieder.«
> MILAN KUNDERA

Die neue Frau – ist immer jünger

Männer begehren emanzipierte Frauen. Männer brauchen gleichaltrige oder ältere Frauen. Das sagen die »Emanzipierten«. Das Gegenteil ist wahr.

Die Jagd auf Männer, die angeblich nicht alt werden können, ist eröffnet. Und sofort wird von den Seelenanalytikern erkannt: Der Mann greift egoistisch auf fremde Jugend zurück.

Mit der gleichaltrigen Frau kann er aber sehr häufig nichts anfangen – weder im Bett noch in der Diskussion, erst recht nicht mit ihrer feministisch durchwirkten Sprache. Mit der Frau, die alles zeitgleich mit ihm erlebt hat, findet er keine gemeinsame Basis mehr. Im Kindergarten, in der Schule, später im Studium – da wurde noch kommuniziert, da wurde noch debattiert. Danach verliefen die Lebensbahnen scherenförmig auseinander. Er entwikkelte ein eigenes Beziehungsnetz in der Firma, im Büro, im Lkw, in der Kantine, zu Männern seinesgleichen. Sie lernte wieder die Babysprache, Latein und die ersten Liebesversuche ihrer Kinder. Er durchlief diverse Seminare, wurde dort mit einer soziolinguistischen Sprache infiltriert, die er auch zu Hause sprechen wollte. Sie wußte alle Werbesprüche auswendig, erkannte alle Melodien von Gewinnshows und sprach bald wie ein Fernsehunterhalter: Kein Satz mehr als fünf Worte, sonst bleiben der debile Greis und der Mantafahrer als Zielpersonen unerreicht. Er ruhte sich aus. Mit sich und seinen Kommunikationsproblemen. Sie nahm die Probleme in Angriff – und erlernte nun ihrerseits das in den Frauenmedien und Frauenseminaren kultivierte Feministinnenchinesisch.

Was bei dieser Beziehung schließlich herauskam, läßt sich kurz zusammenfassen: Sie definieren sich bis zur gegenseitigen Sprachlosigkeit auseinander. Älter geworden, wird er nicht nur beruflich in Frage gestellt, sondern auch zu Hause im Kreise der angeblich so Lieben. Sprachlos bis zur Kommunikationsunfähigkeit eskaliert alles schnell: Sie haut ihm den Satz »Du verstehst mich einfach nicht« um die Ohren. Sie besucht Frauenkränzchen, bei denen Männer verpönt sind. Sie glaubt WILFRIED WIECK und anderen Feministen, erlernt das Pendeln und andere esoterische Grundweisheiten – und wird daheim längst von ihrer eigenen Tochter verlacht. Er kontert – und sucht eine Frau, die seine Tochter sein könnte, die ihn versteht. Und siehe da: Das Spiel funktioniert. Das junge Mädchen hört dem älteren Mann zu. Der ältere Mann bekommt plötzlich wieder Selbstbewußtsein und öffnet sich seinerseits. Die Scheidung von seiner Ehefrau ist nur mehr eine Frage der Zeit.

Die Frau, die plötzlich im Kampf gegen ein ihr doch argumentativ weit unterlegenes Mädchen den kürzeren zieht, rächt sich – zuerst verbal: Er kauft sich ein Stück schöner Vergangenheit, wettert sie. Er kennt in seiner Angst vor dem Alter keine Altersgrenzen, versucht sie ihn lächerlich zu machen. In seinem dritten, vierten oder fünften Frühling rennt er wie ein balzender Gockel den Mädchen nach, die gerade ihren ersten Frühling erleben, versucht sie bei ihresgleichen um Verständnis zu heischen. Falls derartige Beleidigungen nichts fruchten, rächt sie sich finanziell. Und läßt sich so geschickt scheiden, daß ihm kaum mehr als die Wut auf seine Exgattin bleibt.

Doch der Mann, der sein Glück und seine Libido in den Armen einer jüngeren Frau wiederentdeckt hat, schweigt zu diesen Vorwürfen. Er scheut sich dabei nicht, sich der Lächerlichkeit preiszugeben. Er verneint Kritik. Er schiebt die Vorwürfe, sich wie ein »Kind« zu benehmen, beiseite. Und – er zahlt für eine Frau, die ihn erst lächerlich zu machen trachtete und dann noch bis aufs Hemd ausgenommen hat.

Alles aus dem einzigen Grund: Der in die Jahre gekommene Mann möchte mit der jungen Frau, die seine Tochter sein könnte, mithalten. Er möchte mit der jungen Frau die letzte Herausforderung erleben, die sein angeschlagenes Seelchen ihm noch läßt: das eigene Alter mit der fremden Jugend auffrischen, neu und besser gestalten. Und er möchte sich endlich wieder einer Frau öffnen, sich ihr hingeben, ohne psychologisch auf der Streckbank zu liegen.

»Jennifer-Fieber« taufte die amerikanische Autorin BARBARA GORDON diesen Männertraum vom wahren Glück mit einer neuen, jungen Frau. Und sie beginnt ihre brillante Studie mit einem Witz:

»Ein achtzigjähriger Mann sagt zu seinem Arzt: ›Herr Doktor, ich muß Ihnen was erzählen. Ich habe eine entzückende junge Frau kennengelernt. Sie ist fünfundzwanzig; sie ist einfach fabelhaft, unser Sexleben ist phantastisch, und ich bin noch nie so glücklich in meinem Leben gewesen! Ist das nicht großartig?‹

›Ja, aber ich muß Sie warnen‹, antwortet der Arzt ernst. ›Sie müssen der Wahrheit ins Gesicht sehen. Sie sind achtzig, sie ist fünfundzwanzig. Sie müssen mit Krankheiten rechnen, sogar mit einem Herzschlag.‹

Der alte Mann nickt, zuckt mit den Achseln und sagt: ›Ich weiß. Wenn sie stirbt, kann man nichts machen.‹«

Was hier so komisch klingt, ist in Tat und Wahrheit täglich zu erleben: Immer mehr ältere Männer suchen Liebe und Glück bei wesentlich jüngeren Frauen. So brutal es klingt: Der Mann tauscht sein altes Modell gegen ein neues ein, wie ein Auto, das nicht mehr anspringt – wenn er es will.

Wieder einmal auf den Punkt bringt es ESTHER VILAR, die zu Unrecht von Frauen verdammte Emanzipationsexpertin. Denn sie schreibt Wahrheit pur und unterlegt ihrer Wahrheit nachvollziehbare Beispiele: »MARILYN MONROE und LIZ TAYLOR waren in dem Augenblick passé, als sich zum ersten Mal ihre Fältchen nicht mehr vollständig verkleistern ließen: Der Mann hat an der Kinokasse einfach das Billet für eine jüngere gekauft.«

Und sie folgert: »Wer es sich finanziell leisten kann, wählt nicht nur an der Kinokasse, sondern auch im Leben. Die Manager aus der Finanzwelt und Showbusineß tauschen regelmäßig ihre altgedienten Ehefrauen gegen jüngere ein. Da sie gute Ablösungen zahlen, findet niemand etwas dabei, nicht einmal die Frau selbst (die vermutlich froh ist, den Mann so günstig loszuwerden).«

Der Kern des Tausches »alt gegen jung« liegt heute tiefer: Viele Männer wollen nicht mehr stets und ständig über ihr Mannsein diskutieren, sich permanent als Mann hinterfragen lassen und jede männliche Körperhaltung psychologisch gedeutet sehen.

Etliche Männer haben die Nase gestrichen voll von immer neuen Druckwerken, die ihnen unterstellen, sie seien überhaupt nicht zur Liebe fähig, andererseits jedoch süchtig nach Liebe, sie seien Seelenkrüppel und überhaupt im Bett totale Enttäuschungen.

Der Jugendlichkeitswahn trifft Männer ebenso brutal wie Frauen. Auch wenn dies in den Medien konsequent geleugnet wird. Denn der Mann, der heute nicht mit wenigstens fünfunddreißig Jahren im richtigen Abteil des Karrierezuges sitzt, hat nicht den Hauch einer Chance, jemals ganz nach oben zu gelangen.

Wer das Gegenteil behautet, lügt. Nicht, daß jüngere Männer den »alten Herrschaften« im Nacken sitzen. Nicht, daß die reiferen Herren Angst vor der Konkurrenz hätten. Auch nicht, daß die Gesellschaft ständig auf Jugendlichkeit getrimmt wird. Es ist unser Wirtschafts- und Wertesystem, das den Menschen ab Mitte des dritten Jahrzehnts in die Lobby des

Altersheims verbannt. Er darf zwar noch arbeiten, und das bitte lange, ausgiebig und ohne Murren. Aber in all seinem Denken wird er programmiert, sich auf sein Alter vorzubereiten.

Ob Krankenkasse oder Immobilienmarkt, ob Stellenangebote oder Lebensversicherung – mit fünfundvierzig Jahren wird der normale Mann von den Meinungsdiktatoren zwar als »beste und konsumfreudigste Zielgruppe« gekennzeichnet, in Wahrheit aber als »Gruftie« angesehen.

Und das, obwohl man gerade Männern in dieser Altersgruppe vorgaukelt, sie seien im »besten Alter« und würden erst noch ins »allerbeste Alter« kommen.

Potenz, okay; Lust, in Ordnung. Nur mit der Psyche, die diesen Hexenkessel der Programme durchschaut, stimmt es nicht mehr. Und so flüchtete er sich mit Fug und Recht in ein CARY-GRANT-Wesen: Er trimmt seine Muskeln gegen Laschheit. Er ernährt sich gesünder als seine Väter. Er zieht sich besser an, als alle Modemagazine ihm raten. Er versucht das beste den ihm noch verbleibenden Jahren abzuverlangen. Und wenn dies schon beruflich nicht möglich ist, dann eben bei einer jüngeren Frau. Denn hier findet er genau das, was ihm anderswo verwehrt wird: die Anerkennung als Mann mit Erfahrung.

Der Mann der neunziger Jahre wird der Mann der jungen »Jennifers«. Oder wie die 1937 geborene und selbst unter dem Trauma leidende BARBARA GORDON analysiert: »Es ist die leidenschaftliche Erregung, das Besessensein eines in seinem Selbstwertgefühl angeschlagenen Mannes während seiner Midlife-crisis, wogegen er nur ein Heilmittel kennt: eine neue, wesentlich jüngere Frau, eine ›Jennifer‹.«

Woher kommt nun der Name »Jennifer«?

»Jennifer« ist ein Mythos. Jennifer Cavilleri heißt die junge, wunderschöne Heldin des Films *»Love Story«*, der nicht nur in den Vereinigten Staaten alle Rekorde brach. Jennifer stirbt im Film jung, schön und ohne Tränensäcke, Fettpolster und Haarausfall in den Armen ihres Ehemannes. Bis heute bleibt sie uns als ewig junges, begehrenswertes Mädchen in Erinnerung. Vergessen aber haben wir längst die Schauspielerin, die damals diese Jennifer gespielt hat: Es ist die Amerikanerin ALI MACGRAW, die sich später durch Serien von Seifenopern wie *»Denver«* quälte. Und keiner wollte sie mehr sehen. Ali MacGraw ging mit Jennifer zugrunde, jung, schön, alterslos. Eine alte Jennifer wollte und will niemand sehen.

Was treibt ältere Herren mit Haarausfall zu Backfischen, Abiturientinnen, Studentinnen, Sekretärinnen, Referendarinnen und jungen Ärztinnen? Was sind die Motive? Wo stecken die Triebe?

»Nympholepsie« – so bezeichnete vor dreieinhalb Jahrzehnten der weißrussische Schmetterlingsjäger und Schriftsteller VLADIMIR NABOKOV in seinem Bestseller *»Lolita«* die Sucht seines alternden Helden Humbert Humbert nach seiner zwölfjährigen Stieftochter. Nabokov legt den »himmlischen und höllischen Teil dieser fremdartigen, scheußlichen, verrückten Welt der Nymphenliebe« bloß; er nennt die Schattierungen von Gefühlen und Aufwallungen; er beschreibt den Anfang einer keuschen Liebe, die in körperliche, besitzergreifende Eifersucht umschlägt, »wie nur ein Mann eine Frau – egal welchen Alters – lieben kann«. Und doch gibt es im Bazar der Gefühle unterschiedliche Motive:

1. Die Jagd nach dem jungen Glück

»Durch erheblich jüngere Frauen glauben Männer, ein weiteres Leben zu leben«, klärt der Münchner Psychologe David Dubovy auf. Und seine Wiener Kollegin Rotraut Perner präzisiert: »Erfahrene Männer polieren mit Jungbrunnen ihr mangelndes Selbstwertgefühl auf, setzen ihre Eroberungen sogar zur Förderung ihrer Karriere ein.«

Dabei geht es nicht nur um Erfahrung, Macht, Ansehen, Geld und den arg strapazierten »Vaterkomplex«. Es betrifft auch – man staune – die ehrgeizigen Mütter der Lolitas. Ob Charlie Chaplin, Errol Flynn oder Roman Polansky – sie alle wurden wegen Unzucht mit Minderjährigen angeklagt: von den Müttern der kessen Gören. Alle drei Männer sagten aus, daß sie es gewesen seien, die man verführt habe – und daß sich die Mütter der Lolitas anfangs gern im Ruhm der Eroberten gesonnt hätten. Bis, ja, bis sich die Begehr der Herren anderen, neuen Nymphen (plus deren Mütter) zuwandte.

Weniger gegen Mütter als gegen ihr Alter kämpfen Deutschlands bekannteste Udos an: Der heute siebenundfünfzig Jahre alte Showstar Udo Jürgens lernte seine Exfreundin Corinna (»17 Jahr, blondes Haar«) als Siebzehnjährige kennen – pikanterweise im Aachener Dom. Der heute fünfundvierzigjährige Udo Lindenberg (»Je oller, je doller«) fand bei der siebzehnjährigen Sabine Grundner (Miss Austria '88) seine erste, wahre Liebe. Udo Jürgens' Liebe zu Corinna scheiterte, weil er sie nicht heiratete. Und Udo Lindenberg mußte sich den brutalen Satz ins zerfurchte Gesicht schmettern lassen: »Du bist mir zu alt.« Sabine flüchtete nach Paris, Udo in den Alkohol.

Der Grund, so Psychologin Perner: »Die Krisen beginnen, wenn die jungen Frauen den eigenen Willen entdecken, und ihre eigenen Interessen gefressen werden.« Die Stenzels, Hallydays, Jürgens, Lindenbergs und Humbert Humberts sind aber weder Einzelfälle noch seltene Protagonisten neuer erotischer Gelüste. Ihnen allen geht es wie Dante anno 1274. Der verliebte sich »unsinnig in Beatrice, als sie neun war, bemalt und liebreizend und geschmückt in einem Karmesinkittel«. Oder wie dem Humanisten Petrarca, der seine zwölfjährige Geliebte in Versen verewigte. Oder dem

Erfinder des Kriminalromans, EDGAR ALLAN POE, der seine bleichgesichtige Base Virgina heiratete – sie war gerade vierzehn.

2. Die neue Freiheit des alten Mannes

Was aber suchen die reifen angetrauten, meist finanziell erfolgreichen Männer bei den Mädchen, die ihre Töchter, ja, ihre Enkelinnen sein können? Wird der ganze Tumult nur durch eine einfache Hormonstörung verursacht? Eine Illusion? Eine Flucht? Eine Tragödie? Eine Schande? Ein biologischer Imperativ? Oder eine neue, wieder mal typisch männliche Machogemeinheit?

Schriftsteller MILAN KUNDERA (*»Das Buch der lächerlichen Liebe«*) bezichtigt sich selbst: »Männer brauchen jüngere Frauen. Ich habe ein unbändiges Verlangen, mich zu befreien. Alles neu und anders anzufangen.« Tatsächlich sieht Professor JUSTUS FRANTZ (47), Intendant des Schleswig-Holstein-Festivals, nach seiner Scheidung wieder froh und nicht mehr griesgrämig-grau in die Zukunft, seit er mit der zweiundzwanzigjährigen Paukistin Babette liiert ist. Auch Kabarett-Rentner DIETER HÜSCH (66) wurde von einem neuen Kreativitätsschub befallen und guckt weniger verbissen aus den Falten, seit die vierunddreißig Jahre jüngere Textilreinigerin CHRISTIANE RASCHE bei ihm ist.

Und wie bindet man eine blutjunge Frau auf Dauer an sich? Ganz einfach: mit einem gemeinsamen Kind! Anarchisten im Leben und in der Liebe, wie PABLO PICASSO und CHARLIE CHAPLIN, machten es vor. »Eiskalte Engel« wie ALAIN DELON machen es nach: »Von Rosalie bekomme ich mein junges Leben zurück«, umschreibt Delon (56) seine Liebe zu der Zwanzigjährigen. Die gemeinsame Tochter Anuschka ist acht Monate alt. Und HUGH HEFNER, sechsundsechzigjähriger *Playboy*-Chef, doppelt nach: »Kimberley macht meine Septemberjahre schöner.« Kimberley ist fünfundzwanzig, der gemeinsame Sohn Martin dreizehn Monate. In Richtung »Freiheit für Alte« weist der Satz von Theaterstar DIETLINDE TURBAN (32): »Es gibt schrecklich viele Leute, die ihr Gehirn mit dreißig abschalten – das sind die wirklich Alten! Aber nicht mein Lorin.« Ihr LORIN heißt MAAZEL, ist Dirigent, dreißig Jahre älter und zeugte mit Dietlinde im Alter von achtundfünfzig Jahren Sohn Orson (heute drei).

3. Die junge Rettung

»Ich war 48, beruflich unter Druck, fühlte mich nicht gut, hatte schreckliche Angst und fand bei meiner Frau nicht die Unterstützung, die ich brauchte. Ja – und dann verliebte sich diese wunderbare junge Frau im Büro in mich. Ich war verblüfft, stolz, wußte nicht, was tun – aber es war gut für mein Ego. Sie rettete mich, meinen Job, mein Leben.« Das vertraute ein Manager dem New Yorker Scheidungsanwalt RAOUL FELDER an, der ihn bei der Scheidung von seiner

»alten« Frau unterstützen sollte. Tatsache ist: Junge Mädchen sind meist blendende Psychologinnen. Sie vermitteln der angeschlagenen männlichen Seele das, was ihr guttut; sie streicheln die Emotionen glatt, die Falten weg, laden Lustzentren auf, bringen Bäuche zum Schmelzen. Und – junge Frauen können vergessene Disziplinen wiedererwecken: HAZY OSTERWALD, einst Star auf deutschen Showbühnen, durchlitt schlimme Abstürze. Mit wechselnden Whiskymarken und wechselnden Damen. Bis den knapp Siebzigjährigen die dreiundzwanzig Jahre jüngere Eleonore resolut an die Hand nahm und ihm nach zwei gescheiterten Ehen das nötige Aphrodisiakum für ein neues Leben verpaßte.

4. Das »My Fair Lady«-Syndrom

»Viele ältere Männer identifizieren sich unbewußt mit ihrer Mutter. Das junge Mädchen ist sein Baby. Es spielt die gute Mutter, will sie erziehen, entwickeln, erschaffen«, beschreibt US-Psychologin RITA RANSOHOFF die Männer, die ihren Lolitas die Welt zeigen, erklären und zu Füßen legen. »Er hat mir die Augen geöffnet«, lächelt die Pariser Jurastudentin Carole (21), die achte Ehefrau von Musikmacher EDDIE BARCLAY. Und der Siebzigjährige kontert: »Ehrlich: Junge Mädchen sind der einzige Grund, warum ich auf der Welt bin.« »Ich habe von ihm gelernt«, gesteht die Kärntner Hotelangestellte INGRID RAGGER, die vom reichsten Deutschen FRIEDRICH KARL FLICK geheiratet wurde.

Vom kleinen Unterschied abgesehen, trennen die beiden ein paar Milliarden Mark, zweiunddreißig Altersjahre und jede Menge Lebenserfahrung. Milliardär Flick als »Professor Higgins«, Arbeitertochter Ingrid als dankbare »My Fair Lady«? Nicht unbedingt. Vor vierzig Jahren hatten Altersunterschiede von fünfzehn und mehr Jahren nichts Lächerliches an sich. Der Mann mußte seiner Angebeteten ein standesgemäßes Leben bieten können, erst dann durfte er als deutscher Beamter, angesehener Notar oder Vorarbeiter bei den Schwiegereltern das nötige Jawort einholen.

Erst Ende der fünfziger Jahre gesellte sich gleich zu gleich, was das Geburtsjahr betraf. Doch mittlerweile registrieren auch die Standesbeamten wieder, wer vor ihnen steht und wen vor über zweitausend Jahren schon König DAVID lüstern begehrte: die junge, schöne, aber keinesfalls jungfräuliche Lolita.

Und so seltsam es klingt, selbst ALICE SCHWARZER, die deutsche Oberemanze, hat unlängst in einem Interview in dem Magazin der *Süddeutschen Zeitung* verraten, daß sie ihre Hoffnungen ebenfalls auf jungen Frauen setzt. Sicher meinte sie damit nicht diejenigen, die dem Radikalfeminismus längst eine Absage erteilt haben.

Warum viele Männer ihre Hoffnung auf die junge Frauengeneration setzen, hat einen einfachen Grund: Solche Frauen sind längst emanzipiert, wollen nicht mehr den unglaublichen Unsinn, den Feministinnen sich ausdenken, in ihr eigenes Leben einführen.

Dieses neue Selbstwertgefühl zieht selbstbewußte Männer an.

16. Lektion
Ende der Funkstille

»Die Frau hat sich geändert, hat sich befreit von Abhängigkeiten.
Jetzt ändert sich der Mann.«
NANCY FRIDAY in einem Interview mit dem Autor

Sechs Kurse, damit der Mann wieder Mann wird

Der Mann emanzipiert sich. Der Mann ist keine Erfindung der Frauen mehr. Der Mann lernt sich selbst kennen. Der Mann wagt Widerspruch. Der sprechende Mann kommuniziert mit der sprechenden Frau anders, neu, mutig und zornig.

Journalisten stehen viele Möglichkeiten offen, mit Menschen ins Gespräch zu kommen. Journalisten haben die Chance, mit allen Mächtigen, allen Un-Mächtigen, vielen »Natürlichen« und vielen »Wider-Natürlichen« zu plaudern. Dabei kommt es bei manchen Mitgliedern der schreibenden Zunft oft zu Überreaktionen: HENRY NANNEN, der Ex-*Stern*-Chefredakteur, machte aus fünf Minuten mit Kremlchef LEONID BRESCHNEW einen sieben Seiten füllenden Artikel. Ex-*Stern*-Chefredakteur MICHAEL JÜRGS drechselte aus einem langen Gespräch und mehreren frühmorgendlichen Telefonaten mit ROMY SCHNEIDER über sie eine einfühlsame Biographie, die nichts mit »Sissi« gemein hatte. US-Bestsellerautor NORMAN MAILER traf MARILYN MONROE nie – und schrieb doch eine der besten Novellen über sie.

CHRISTOPHER ANDERS war siebzehn Jahre Redakteur beim größten US-Magazin *Time*, zwölf Jahre Ressortchef bei *People*; er interviewte RONALD REAGAN, LAURENCE OLIVIER, GINGER ROGERS, SHIRLEY MACLAINE, JAMES STEWART, LAUREN BACALL, SOPHIA LOREN – und schrieb Bestseller über KATHERINE HEPBURN und JANE FONDA. Anders konnte kein einziges Wort mit Pop-Sirene MADONNA wechseln, doch seine unautorisierte Biographie über Madonna wurde nicht nur ein Welterfolg – das Buch veranschaulichte erstmals schlüssig Leben, Lieben und Leiden dieser Multimedia-Diva. Und begründet, warum US-Feministin NANCY FRIDAY in Madonna einen neuen Typ der Frau sieht: ein Sexsymbol für Frauen und weniger für Männer; eine Frau, die sich offen zu ihrer Bisexualität bekennt und die sich Friday doch als »Mutter« vorstellen kann.

Ich selbst war in der glücklichen Lage, mit HENRY KISSINGER einen Abend zu verbringen und mit ihm über mehr als Politik zu sprechen. Kissinger interessierte sich für seinen Fußballclub, die Spielvereinigung Fürth. Und wir kamen über die Fürther Spieler zu politischen Grundeinsichten. Mit dem ehemaligen US-Präsidenten GERALD FORD konnte ich einen Abend lang über Golf, EISENHOWER, seine Frau, deren Alkoholprobleme und die Schwierigkeiten zwischen Mann und Frau sprechen. Von GUNTER SACHS lernte ich, wie man sich selbst auslachen kann; von SIDNEY CHAPLIN (»ich bin Charlies Sohn«) erfuhr ich, wie man mit einem übermächtigen Vater lebt; von VALERY GISCARD D'ESTAING, daß ein Mann zwei Jahre auch ohne Lektüre von Zeitungen und Zeitschriften sehr glücklich zu leben vermag; von BENOÎTE GROULT, wie eine Feministin lachend dem Mann auch unangenehme Dinge an den Kopf schleudern kann; von JOHANNES MARIO SIMMEL, wie widerlich Altnazis sind und wie ekelhaft Neunazis sich als Frauenfreunde tarnen; von SHERE HITE, wie Frauen anders lieben als Männer; von Nancy Friday, daß Feministinnen angstvoll und verschreckt immer noch nicht begriffen haben, daß die Frau selbstbewußt ist und nicht mehr ein eingeschüchtertes Wesen, das femininer Hilfe bedarf. Afrikanische Potentaten erstaunten mich, wie fehlerfrei sie BAUDELAIRE-Verse zitierten. Ich lernte ihre Frauen kennen, die in unserer Presse als »unterdrückt« dargestellt wurden und doch ihre Männer ständig beim Gespräch unterbrachen, verbesserten – und beide schließlich sich lachend am verstimmten »Steinway«-Flügel einfanden, der eine spielend, die andere singend, ohne den Haß, den Feministinnen gerade solchen Paaren unterstellten.

Halt. Es waren nicht nur frauenbewegte Männer und Feministinnen, von denen ich lernte, daß Funkstille schleichenden Tod bedeutet.

Von JOAN COLLINS, dem Biest aus dem »Denver-Clan« lernte ich, was britischer Humor wirklich bedeutet. Von ihrer Schwester JACKIE COLLINS erhielt ich einen Einführungskurs in Mediendummheit, der damit endete, daß wir beide uns die Bäuche hielten vor Lachen. Von SANDRA PARETTI lernte ich die hohe Kunst des Weiblichen – oder, um es mit ihren Worten zu sagen, daß jeder Mann und jede Frau über jeden Mann und jede Frau mehr als nur eine Minute nachdenken sollten.

Und somit extrahiere ich das, was die Frau vom Mann wirklich will, aus den Worten von SANDRA PARETTI, einer überaus selbstbewußten Neofeministin, die in ihrem Buch *»Laura Lumati«* das schreibt, was ich zu folgenden Punkten zusammenfassen möchte – und was alle Männer und Frauen sehr genau durchdenken sollten, da in diesen Sätzen mehr als nur ein Körnchen Wahrheit steckt:

- Kluge Frauen heiraten einen Mann, der weit mehr Geld besitzt, als sie auszugeben gedenken.
- Stolze Frauen fordern mehr vom Leben als nur materielle Bequemlichkeit.
- Die Opfer, zu denen eine Frau fähig ist, um vor dem Mann zu verbergen, daß sie ihn ohne Liebe geheiratet hat, sind groß. Sie werden nur übertroffen von den Opfern, die sie bringt, um ihn nicht spüren zu lassen, wie tief er unter ihr steht.
- Sie lernt seine Sprache sprechen; sie teilt seine Vergnügungen; sie erträgt die Menschen, die seine Freunde sind. Sie verleugnet sich für ihn. Sie geht durch alle Phasen der Selbstaufgabe. Nur für ein Opfer fehlt ihr die Kraft: sich in gewisse Nebensächlichkeiten seiner Lebensgewohnheiten zu schikken.
- Daß noch kein Mann mißtrauisch wurde angesichts der Häufigkeit, mit der die Frau das Wort »lieben« benutzt!
- »Lieben« ist das Allzweckverbum der Frau.
- »Lieben« dient der Frau zu allem: zu lügen, zu bemitleiden, zu vergessen, zu spotten, zu ermutigen, zu hassen, zu lieben, zu verachten.
- »Lieben« ist das Wort, mit dem sie ihre Besitzansprüche anmeldet. Es ist ihr Konfiskationsstempel.
- Alles, was die Frau beherrschen möchte, was sie sich zu unterjochen gedenkt, liebt sie. Zum Leidwesen der Frau wissen weder Ehemann noch die Kinder das Übermaß an Liebe, das ihnen zuteil wird, zu würdigen. Ihre Reaktion ist Undank, Auflehnung, Flucht.
- Wenn es gilt, ein Haus zu ihrem Haus zu machen, ist der Einfallsreichtum der Frau unerschöpflich. Immer wieder entdeckt sie etwas, das sie sich noch nicht untertan gemacht hat.
- Die Frau wütet, bis das Haus alle Strafen, die ihre Liebe sie ersinnen läßt, erduldet hat, bis seine ursprüngliche Gestalt verstümmelt und unkenntlich geworden ist – bis es das Monstrum geworden ist, dem die Liebe der Frau ihre liebsten Opfer darzubringen pflegt.
- Der Mann ist ihr Schuldner. Alle Männer sind ihre Schuldner. Alle haben an ihr etwas gutzumachen.
- Was die Form der Wiedergutmachung betrifft, zeigt die Frau sich nicht kleinlich. Sie erkennt nicht nur Sachwerte, sondern auch alle anderen Arten von Leistung, die ein Mann für sie vollbringt.
- Die Mittel, deren die Frau sich bedient, um ihre Forderungen einzutreiben, sind vielfältig. Die Tückische schmeichelt. Die Unerfahrene bittet.

Die Zynische macht einen Verrechnungshandel via Bett daraus. Die Stolze fordert. Die Kanaille droht, und das vor Zeugen. Die Zartfühlende – sie tut, als könne sie keinen Kontoauszug lesen – verschwendet ihren ganzen Erfindungsreichtum dahingehend, diesem peinlichen Geschäft das romantische Flair von Ritterlichkeit und Minnedienst zu verleihen.

- ○ Der Ehebruch als pikante Drohung ist ein weiblicher Urwunsch.
- ○ Was ein Mann ist, weiß sie zur Genüge.
- ○ Der Mensch könnte ein zufriedenes Dasein führen, wenn er nicht hartnäckig darauf bestünde, geliebt zu werden. Das weibliche Geschlecht mit seinem Hang zu Extremen geht noch einen Schritt weiter. Die sentimentale Frau will nicht nur geliebt, sondern auch verstanden werden, was ihr Leben zu einer verfahrenen, enttäuschenden und absurden Angelegenheit macht. Die leidenschaftliche Frau treibt die Sache auf die Spitze, sie will selber lieben.
- ○ Nicht alle Gebrechen waren dem Menschen von Anbeginn mitgegeben. Der Wahnsinn ist sehr viel später aufgetreten. Seine krasseste Form wurde im Abendland kultiviert: die Liebe.
- ○ Konkurrenz ist das beste Mittel gegen Alter und Trägheit.
- ○ Wenn es von einer Frau unvorsichtig ist, ihre Beziehung zu einem Mann auf Liebe zu gründen, so handelt der Mann, der eine derartige Beziehung eingeht, selbstmörderisch.
- ○ Die treue Frau wird ein Ungeheuer, wenn sie zu lieben aufhört.
- ○ Treue. Was haben die Frauen aus dieser männlichen Tugend gemacht! Trägheit, Gleichgültigkeit, Zärtlichkeit, die nach Pflicht schmeckt. Hingabe, die nach Opfer riecht.

Kurs eins: So überwindet der Mann sein sprachloses Ich

Voraussetzung für die hier aufgeführten Punkte ist, daß Sie bei der Beantwortung der Fragen nicht ausschließlich an Ihre derzeitige Partnerin denken, sondern sich selbst wirklich frei über sich und Ihre Gefühle und Wünsche ehrlich Auskunft geben.

- ○ Stellen Sie alle Eigenschaften zusammen, die Sie sich bei einer Frau schon immer gewünscht haben.
- ○ Stellen Sie alle Eigenschaften zusammen, die Sie sich in einer Partnerschaft schon immer gewünscht haben.
- ○ Stellen Sie alle Eigenschaften zusammen, die Ihnen an Ihrer jetzigen Partnerin gefallen.
- ○ Stellen Sie alle Eigenschaften zusammen, die Ihnen an Ihrer jetzigen Beziehung nicht gefallen.

- ○ Vergleichen Sie jetzt die unter den letzten beiden Punkten zusammengefaßten Eigenschaften.
- ○ Glauben Sie, daß sich Ihre Partnerin mit Ihnen wohl fühlt?
- ○ Glauben Sie, daß Sie Ihrer Partnerin auch verbal genügend Widerstand bieten?
- ○ Glauben Sie, daß Ihre Partnerin Ihre Lebensqualität hebt?
- ○ Glauben Sie, daß Sie mit Ihrer Partnerin alt werden wollen – oder träumen Sie oft von einem anderen Leben, mit einer anderen Partnerin?
- ○ Wie fühlen Sie sich, wenn Sie wissen, daß Ihre Partnerin heute abend mit Ihnen einen strittigen Punkt diskutieren will?
- ○ Können Sie sich ein Leben ohne Ihre derzeitige Partnerin vorstellen?
- ○ Können Sie sich vorstellen, daß Sie sich von Ihrer derzeitigen Partnerin trennen?
- ○ Wie haben Sie bisher Trennungen erlebt?
- ○ Haben Sie sich getrennt – oder sind Sie verlassen worden?
- ○ Sind Sie sicher, daß die Liebe, die Sie Ihrer Partnerin geben, den Einsatz wirklich wert ist?
- ○ Fühlen Sie sich schlecht, wenn Sie sich in einem Streit ausschweigen?
- ○ Reagieren Sie mit Sprachlosigkeit, wenn Ihre Partnerin Sie öffentlich angreift?
- ○ Fühlen Sie sich gehemmt-aggressiv, wenn Sie nicht verbal Paroli bieten?
- ○ Sind Sie sicher, daß Sie geliebt werden?
- ○ Können Sie mit Ihrer Partnerin über alles reden?
- ○ Haben Sie Angst, Ihrer Partnerin Ihre Gefühle zu offenbaren?
- ○ Ist es für Sie lebensbestimmend, wie andere über Sie denken?
- ○ Ist es für Sie wichtig, bei Ihrer Partnerin immer gut dazustehen?
- ○ Weiß Ihre Partnerin über Ihre intimsten Wünsche und Probleme Bescheid?
- ○ Träumen Sie oft von einem anderen Sexualleben?
- ○ Empfinden Sie sexuelle Phantasien als etwas, das man nie ausleben darf?
- ○ Signalisiert Ihnen Ihre Partnerin, daß Sie ihr sexuell mehr anvertrauen können, als Sie dies bisher getan haben?
- ○ Haben Sie mit Ihrer Partnerin über Ihre und deren sexuelle Phantasien gesprochen? Wenn nein – warum eigentlich nicht?
- ○ Halten Sie sich für einen Versager, wenn Sie mit Ihrer Partnerin nicht sprechen können?
- ○ Was ist für Ihr Leben wichtiger: Sie selbst zu sein – oder ein sprachloser Niemand, der stumm und still dahinvegetiert und als manipulierbare Masse Mensch verkommt?

Wenn Sie alle Punkte ehrlich für sich geklärt haben, dann wissen Sie zumindest um Ihre Grundstimmung Bescheid. Und sollten Sie dann noch erkennen, daß Sprachlosigkeit eine Abart der Hilflosigkeit ist – dann haben Sie bereits einen großen Schritt in Richtung männlich-sprachvoller Mann getan.

Kurs zwei: So lernt der Mann, wer ihn sprachlos gemacht hat

Dieser zweite Kurs richtet sich zunächst an Sie, dann an Ihre Partnerin. Beantworten Sie also zunächst allein die gestellten Fragen. Und sprechen Sie dann mit Ihrer Partnerin über deren Erfahrungen. Lassen Sie sich bei der Beantwortung Zeit. Nehmen Sie sich aber noch weitaus mehr Zeit, wenn Sie mit Ihrer Partnerin darüber sprechen.

- O Wie hat mich meine Mutter erzogen: zärtlich – streng – gleichgültig – launenhaft?
- O Wie hat mich mein Vater erzogen: zärtlich – streng – gleichgültig – launenhaft?
- O Wer war liebevoller in meiner Erziehung: der Vater oder die Mutter?
- O Hat mein Vater mir Zärtlichkeit gezeigt?
- O Hat mein Vater sich sprachlos in sich selbst zurückgezogen?
- O Ist mein Vater Streit und Diskussionen aus dem Weg gegangen?
- O Hat mein Vater sich in die Arbeit geflüchtet?
- O Wie war das Verhältnis der Eltern zueinander: ausgeglichen – liebevoll – konfliktbeladen?
- O Wie haben die Eltern sich vor mir als Kind gezeigt: ausgeglichen – liebevoll – konfliktbeladen?
- O Standen meine Eltern der Sexualität positiv oder negativ gegenüber?
- O Habe ich als Sohn sexuelle Handlungen meiner Eltern beobachten können? Und was empfand ich damals? Was empfände ich heute?
- O Hat mein Vater mich aufgeklärt?
- O Hat meine Mutter mich aufgeklärt?
- O Konnte ich mit sexuellen Problemen und Fragen zu meinem Vater kommen? Oder zu meiner Mutter?
- O War Sexualität in meiner Familie etwas Schmutziges?
- O Waren meine Eltern für oder gegen eine Geschlechtertrennung?
- O Führten meine Eltern eine verbale oder nonverbale Ehe?
- O Weiß ich genau, weshalb sich mein Vater scheiden ließ?
- O Weiß ich genau, weshalb sich meine Mutter scheiden ließ?
- O Hing ich früher mehr an meiner Mutter oder an meinem Vater? Und warum?

- ○ Zu wem habe ich heute eine bessere Beziehung? Zu meiner Mutter oder meinem Vater? Und warum?
- ○ Wann hatten Sie erstmals sexuellen Kontakt mit einer Frau?
- ○ Haben Sie dieses Erlebnis Ihren Eltern mitgeteilt? Und wenn, wem?
- ○ Haben Sie als Kind oft onaniert? Und an was haben Sie dabei gedacht?
- ○ Onanieren Sie heute noch oft? Und an was denken Sie heute dabei?
- ○ Wurden Sie von Ihrer ersten Freundin emotional enttäuscht?
- ○ Welche Gefühle haben Sie heute, wenn Sie an Ihre erste Freundin zurückdenken?
- ○ Was stimuliert Sie heute besonders?
- ○ Lehnen Sie außerehelichen Geschlechtsverkehr ab? Oder sagen Sie dies nur Ihrer Partnerin, um sie nicht zu verletzen?
- ○ Haben Sie in letzter Zeit Ihrer Partnerin klar Ihre sexuellen Wünsche verraten? Wenn nein: warum nicht? Haben Sie Angst vor Ihrer Partnerin?

Haben Sie diese Fragen ehrlich beantwortet, so wissen Sie jetzt zumindest, was Sie wollen, erwarten – und vor was Sie Angst haben. Doch jetzt sollten Sie angstfrei mit Ihrer Partnerin darüber sprechen. Denn nur, wenn Sie sich endlich offen und ehrlich zu sich selbst bekennen und den Mut aufbringen, sich als Mann mit eigenen Wünschen, Vorstellungen, Ideen und Phantasien der Partnerin zu öffnen, können Sie Ihre eigene Sprachlosigkeit durchbrechen.

Sprachlosigkeit ist immer Angst vor Versagen, ist eine andere Form der Impotenz. Doch nur der selbstbewußte, männliche Mann kann mit seinen Ängsten, Gefühlen und Erlebnissen die Partnerschaft wieder offen und ehrlich gestalten – und muß nicht mehr als Sprachloser sich manipulieren lassen.

Kurs drei: So mobilisiert der Mann das Männliche

Es gibt tausendundeins Bücher über Gesprächsführungen. In Managementkursen werden Männern immer neue Strategien eingebleut, wie sie einen anderen Mann »über den Tisch ziehen« können, um ihm etwas zu verkaufen, was dieser gar nicht braucht. In Rhetorikseminaren werden Checklisten verteilt, auf denen der Mann abhaken kann, was er wie, wann, wo und warum sagen soll. Nur in der Beziehung mit seiner Partnerin bleibt der rhetorisch geschulte Managementkurs-Schüler weiterhin sprachlos. Das muß nicht sein.

Denn anders als im Rhetorikunterricht geht es in der Beziehung nicht um Kaufen und Verkaufen, sondern um Liebe, um Sein statt Schein.

Um seine Sprachlosigkeit wirklich zu überwinden, muß sich der Mann am eigenen Schopf packen, darf nicht fliehen in Arbeit oder nonverbale Akte.

Da viele Frauen heute von Feministinnen gelernt haben, daß der Mann nicht in der Lage ist, überhaupt zu sprechen, muß er diesen Teufelskreis aus Vorurteilen durchbrechen:

- Der Mann sollte sich aus seiner Passivität befreien und eine neue Aktivität wagen.
- Lernen muß er, sich auf das Gespräch mit seiner Frau mehr zu konzentrieren als auf ein Gespräch in seiner Firma.
- Seine Energien mobilisieren, seine Müdigkeit überwinden, seine Lethargie vergessen.
- Spannungen zwischen sich und seiner Partnerin nicht nur ertragen, sondern sie bewußt annehmen und aussprechen.
- Keine Schweigeminuten einlegen. Je länger er schweigt, desto schwieriger wird es, wieder ins Gespräch zu kommen.
- Sich verbal fordern – und seine Partnerin ebenso.
- Sich mit Themen beschäftigen, die ihn eigentlich nicht interessieren. Er muß in die Themen hineinwachsen, so wie er sich auch die Themen seines Berufes angeeignet hat, die ihn letztlich weit weniger tangieren als die Themen seiner Partnerschaft.
- Mangelnde Erfahrung im häuslichen Disput als Aufgabe erkennen und nicht seine Sprache bereits an der Wohnungstür ablegen.
- Mit neuem Selbstwertgefühl seiner Partnerin gegenübertreten, ihr auch unangenehmste Wahrheiten sagen und – auch auf die Gefahr hin, verlassen zu werden – sich selbst als männlicher Mann wiederfinden.
- Nicht geistig woanders sein, wenn er hier und heute von seiner Partnerin gefordert wird. Tagträume sind kein Argument.
- Sich seiner eigenen Sprache bedienen.
- Abschied nehmen von den psychologischen und soziologischen Wortballons, die Probleme nur verwässern, aber nicht direkt beim Namen nennen.
- Die gleiche Sprache wie die Frau beherrschen – beide müssen sich also nicht in die verdummende Ausdrucksweise der Frauenzeitschriften flüchten, um auf diese Weise jedes Problem ad absurdum zu führen.
- Fragen stellen und auf deren Beantwortung bestehen.
- Fragen beantworten und auf dem Anhören seiner Antworten bestehen.
- Endlich wieder laut denken.
- Ein Problem thematisieren.
- Aktiv und passiv am Gespräch beteiligt sein.
- Nicht von Thema zu Thema hüpfen – er muß auch verhindern, daß seine Partnerin von einem Thema zum nächsten wechselt.
- Interesse nicht vorheucheln, sondern dieses klipp und klar bekunden.

- ○ Auf keinem Ende der Diskussion bestehen, sondern das offene Gespräch forcieren.
- ○ Lernen, daß eine Diskussion keinen Sieger kennt.
- ○ Die Partnerin lehren, daß eine Diskussion keine Siegerin kennt.
- ○ Selbstbewußt seine echten Gefühle vertreten – und nicht die von seiner Frau angelesenen Empfindungen wiederholen.
- ○ Abschied nehmen von Stereotypien, die er in irgendeinem Kurs gelernt hat.
- ○ Aus dem Bauch heraus seine Gefühle in Worte fassen – und nicht aus dem Kopf heraus feministisches Gedankengut als Männergut abspulen.
- ○ Ein gutes Gefühl im Bauch verspüren, wenn er spricht – und nicht ein gutes Gefühl im Kopf.
- ○ Den Mut haben, sich selbst, sein Leben, seine Gefühle und seine Eltern in Frage zu stellen – und nicht blindwütig zu verteidigen, obwohl er längst gemerkt hat, daß seine Verteidigung Unsinn ist.
- ○ Sich als Gesprächsteilnehmer wahrnehmen und seinen Impulsen folgen – nicht den angedrehten Seminarsprüchen.
- ○ Endlich wieder den Mut finden, »nein« zu sagen, statt sich in ein Wischiwaschi-Jein zu flüchten.

Kurs vier: So lernt der Mann, offen zu streiten

Der amerikanische Lyriker Robert Bly fordert in seinem Buch *»Eisenhans«* den »wilden Mann«, der, von Vätern erzogen, wieder zum Mann wird.

Der Theologe und Harvard-Professor Sam Keen macht sich in seinem Buch *»Feuer im Bauch«* für den »Abschied von der weinerlichen Generation der Männer« stark.

Beide legen den Finger in die offene Wunde und versprechen Heilung. Beide sind aber alte Männer – Bly ist fünfundsechzig, Keen einundfünfzig Jahre alt – und berichten von einer Männergeneration, die es demnächst wahrscheinlich nicht mehr geben wird, wenn sich der Mann wieder auf das wilde, zornige und bewußt gelebte Männliche in sich besinnt und nicht den androgynen Feministen weiterhin Gefolgschaft schwört.

Deshalb muß der Mann sich mit folgenden Punkten wieder auseinandersetzen. Er sollte sich fragen:

- ○ Was will ich eigentlich wirklich?
- ○ Wohin will ich eigentlich gehen?
- ○ Wer geht mit mir?
- ○ Welche falschen Götter wurden mir in den letzten Jahren als Weggefährten aufgeschwatzt?

- O Welche Ideen haben mich entmännlicht?
- O Welche Ideen haben meine Partnerin entweiblicht?
- O Welche Autoren haben mich zum Deppen erklärt?
- O Welche Autoren haben extremen Feministinnen nach dem frustrierten Mund geschrieben?
- O Welche Politiker haben ihr Mäntelchen in den frauenbewegten Wind gehängt?
- O Welche Politiker machen aus dem Mann den Bösen, aus der Frau die Edle?
- O Wer provoziert den Druck, den wir Männer aushalten müssen?
- O Wer legt die Regeln fest, daß der Mann sich immer beweisen muß – der Frau aber stets Freiräume zugestanden werden?
- O Wer bestimmt, daß der Mann Gefühle unterdrücken muß – die Frau Gefühle aber ausleben darf?
- O Wer verteilt die Rollen in der Gesellschaft?
- O Warum werden Männer in Kriegen verheizt?
- O Warum wird er für Kriege verantwortlich gemacht – obwohl Frauen die Mehrheit der Stimmberechtigten darstellen?
- O Warum muß er allein 75 Prozent des Bruttosozialprodukts der Volkswirtschaft erarbeiten – und wird dennoch als Sündenbock hingestellt?
- O Warum wird der Mann, der mit seiner Hände Arbeit das Feld, den Acker, die Wiese bestellt, als »dummer Bauer« abqualifiziert – und die Soziologiestudentin im siebzehnten Semester als »Intellektuelle«?
- O Welchen Stellenwert genehmigt ihm die frauenbewegte Presse noch?
- O Wie kann er dem Zwiespalt zwischen Beruf und Berufung entrinnen?
- O Wie kann er sich verändern – nicht auf Kosten, vielmehr trotz der Frau?
- O Wie kann er ein Leben wagen, das statt Doppelverdienen Doppelleben beinhaltet?
- O Wer hat die Frau als alleswissende Eva berufen – und den Mann als unwissenden Trottel abgestempelt?
- O Will ich ein Mann sein, ein Halb-Mann oder ein Nicht-Mann?
- O Will ich den Mut haben, mich als Mann neu zu definieren – oder will ich in der sprachlosen Bequemlichkeit weiterhin stumm dahinvegetieren?
- O Will ich aus den vorgeschriebenen Pfaden der frauenbewegten Presse ausbrechen?
- O Will ich Freiheit?

Wer sich diese Fragen stellt und beantwortet, sollte auch in der Lage sein, sie mit seiner Partnerin zu diskutieren. Es geht nicht um irgendwelches »Machogehabe vergangener Zeiten«, sondern um den Beginn eines Dialogs, in dem der Mann das Thema einbringt – und nicht allein die Frau. Da Frauen – wie SHERE HITE schlüssig beweist – darunter leiden, daß immer sie den Gesprächsinhalt bestimmen, ist es mehr als einen Versuch wert, zu zeigen, daß auch Männer hierzu imstande sind und sie jederzeit mit Frauen diskutieren können.

Kurs fünf: So lernt der Mann, wieder Mann zu sein

Viel hat der Mann in den letzten Jahrzehnten erlebt und getan. Er hat die Frauenbewegung erlebt, hat sich mit Lesbenfragen beschäftigt, hat Hunderte von Artikeln gelesen, in denen ihm immer wieder neue Rollen verschrieben wurden.

Frauen lobten Softies und betrogen sie mit Machos. Androgyne Männer trugen die Latzhosen ihrer Frauen, die sie mit Porschefahrern betrogen. Esoteriker fühlten sich gerade wohl im intergalaktischen Himmel mit ihren Tai-Chi-Boxerinnen und fanden sich hart auf dem Boden der Wirklichkeit wieder, als diese Frauen sie fallenließen.

Der Mann mußte erkennen, daß Frauen eben doch nicht wissen, welchen Mann sie eigentlich wollen. Der Mann mußte realisieren, daß Frauen ihn in immer neue Rollen drängten, um am Ende gerade die Wandlungsfähigkeit des Mannes als Schwäche zu brandmarken.

Es ist also an der Zeit, daß der Mann wieder männlich wird – wobei männlich keineswegs heißt, daß der Mann in die reaktionären Urzeiten des Machotums und der nonverbalen Rambokultur zurückfällt. Ganz im Gegenteil: Der Mann muß sich verbal der Zukunft nähern und wieder das formulieren, leben und lieben, was er ist und was er sein will: ein Mann – und keine Frau, kein Androgyner, kein Esoteriker, kein Nichtmann.

Das bedeutet, daß der Mann wieder lustvoll die Liebe an der Sprache entdeckt und diese Lust an der Liebe ausspricht, auslebt und ausliebt.

Der Mann sollte:

- ○ Wieder eine Persönlichkeit werden.
- ○ Seine Sprachlosigkeit kreativ lösen.
- ○ Sich nicht in vorfabrizierte Meinungsmuster stumm einbinden lassen.
- ○ Gefühle nicht delegieren.
- ○ Gefühle selbst erkennen, erlieben, emotional und verbal ausdrücken.
- ○ Wieder den Mut zu Fehlern haben.
- ○ Unruhig, wild, unorthodox denken, fühlen und lieben.
- ○ Nicht als – jedes Jahr neu formuliertes – Finanzierungsmodell für selbstsüchtige Frauen dahinvegetieren.
- ○ Sich als Führungskraft neben der Führungskraft Frau etablieren: in der Familie, bei der Erziehung der Kinder, im gemeinsamen Leben.
- ○ Nicht Gefühle an Frauen, Familie, Kinder delegieren.

- O Sich als freier Unternehmer fühlen, nicht als Buchhalter der Worte, Finanzen und Gefühle.
- O Wieder Visionen im Kopf haben – und nicht den letzten Kontostand.
- O Wieder lernen, sich gegen seine menschenverachtende Herabsetzung zu wehren.
- O Die Möglichkeit, Mann zu sein, bewußt erlernen und sich selbst verwirklichen. Nicht auf Kosten der Frau, sondern auf Kosten seiner eigenen Lethargie.
- O Für sich wieder die Initiative ergreifen.
- O Sich über die Grenzen der von Frauen bestimmten Meinungsmonopole hinwegsetzen.
- O Kein Abziehbild der Frauenzeitschriften bleiben.
- O Wieder wütend werden.
- O Sich nicht überlegen und machtvoll fühlen, indem er schweigt.
- O Wissen, daß er schwach und machtlos ist, wenn er Worte und Gefühle verweigert.
- O Nicht mehr stoisch dasitzen und darauf warten, daß sich der Sturm schon irgendwann mal legen wird.
- O Laut kundtun, wenn seine Gefühle verletzt werden.
- O Sich nicht in Wortfloskeln wie: »Ich brauche Zeit, das Problem zu analysieren« oder »Laß mich in Frieden, ich muß darüber nachdenken«, flüchten.
- O Nicht in die Märtyrerrolle schlüpfen.
- O Seine passiv-aggressive Einstellung aufgeben.
- O Schluß mit seiner Einsilbigkeit machen.
- O Nicht einschnappen, nur weil er unfähig ist, einen Streit mannhaft durchzustehen.
- O Klipp und klar sagen: »Das stört mich.«
- O Sein Mannsein neu begründen.
- O Endlich Verantwortung für sich und sein Leben übernehmen.
- O Mehr Selbstsicherheit haben.
- O Mehr männliche Autonomie besitzen.
- O Aus dem Teufelskreis des schweigsamen Duldens endlich ausbrechen und verbal seinen Zorn, seine Wut und seine Bedürfnisse aussprechen, um sie zu befriedigen.
- O Ein Mann sein – kein femininer, kein androgyner, kein wilder, kein neuer Mann. Der Mann ist ein Mann, der ein Mann für eine Frau ist und mit einer selbstbewußten Frau als selbstbewußter Mann eine freie, offene, ehrliche und verbal bewußt geführte Liebe genießt.

Kurs sechs: So lernen Mann und Frau, wieder miteinander zu reden

Gespräche zwischen Mann und Frau sind besonders schwierig. Persönliche Auffassungen von Begriffen, die Art, wie sie von jedem persönlich gedacht werden, sind ureigen. Jeder Denkende und Sprechende verfügt über sein indviduelles System. Jedoch das weist auch Lücken auf. Zudem sind die Begriffe immer allgemein und werden nur individuell gestaltet. Und dennoch ist Reden ein Ausdruck wirklichen Lebens. SOKRATES hat kein einziges Buch geschrieben. Der Wiener PETER ALTENBERG hat gesprochen und nicht geschrieben – und gilt bis heute als Kultfigur. Wir hören auch mehr, als wir lesen. Der Bildungsgrad fällt beim Geprách weit weniger ins Gewicht als beim Lesen. Wir können also nicht alles lesen, aber alles hören. Ob wir das Gehörte auch verstehen, steht auf einem anderen Blatt.

Die drei wichtigsten Punkte, die aus einem sprachlosen ein sprachbewußtes Paar machen können, sind, bezogen auf den Mann, aber ebenso wichtig für die Frau:

1. Der Mann pflegt die zwischenmenschliche Kommunikation.
2. Der Mann lernt das aktive Zuhören.
3. Der Mann lernt ein paarorientiertes Verhalten im Gespräch und im Zuhören.

Lassen Sie uns also den Schritt aus der Sprachlosigkeit in diesen drei Etappen gemeinsam einüben:

Der Mann pflegt die zwischenmenschliche Kommunikation
Das bedeutet konkret für den Mann:
- O Er analysiert seine eigenen privaten Mißerfolge.
- O Er verdrängt keine Kritik.
- O Er ist kein Feigling und stellt sich seinen eigenen Mißerfolgen und der Kritik.
- O Er läßt sich nicht durch Erfolge, Komplimente oder Schmeicheleien dazu verleiten, sich selbst und seine Fähigkeiten zu überschätzen.
- O Er betrachtet sich selbst immer kritisch.
- O Er erarbeitet sich, daß Sein wichtiger ist als Schein.
- O Er achtet auf spontane Äußerungen seiner Partnerin und setzt sich mit diesen auseinander.
- O Er lernt zwischen echten und falschen Gefühlen zu unterscheiden.

- Er steht zu seinen Gefühlen und verändert diese nicht bewußt und brutal.
- Er flieht nicht in Dialektik und Worthülsen, sondern erklärt sich frei, offen und nur für sich selbst verantwortlich.

Der Mann lernt das aktive Zuhören

Das bedeutet konkret für den Mann:

- Er nimmt Abschied von angelernter Dialektik.
- Er will mit Worten nicht besiegen, sondern Worten lauschen.
- Er spielt keine Rolle, die für ihn selbst unglaubwürdig, da falsch ist.
- Er nimmt Wertvorstellungen wahr, die nicht seine Wertvorstellungen sind.
- Er erkennt Worte an, die er mit anderen Bedeutungen belegt.
- Er richtet seine Harmonie auf die verbal sich dokumentierende Partnerin.
- Er versucht zu empfangen.
- Er versucht, nicht zu geben, sondern zu lauschen.
- Er unterbricht nicht mit »du, aber«, sondern – wenn überhaupt – mit »ich fühle«.
- Er interpretiert nicht, sondern läßt Worte stehen, wirken, ausklingen.

Der Mann lernt ein partnerorientiertes Verhalten im Gespräch und im Zuhören

Das bedeutet konkrekt für den Mann:

- Er versucht, sich offen zu artikulieren und verständlich zu machen.
- Er versucht, offen zu empfangen.
- Er versucht, nicht lapidar mit »man« zu sprechen, sondern sich mit »ich« zu sich selbst zu bekennen.
- Er versucht, sich persönlich zu fragen und Fragen an die Partnerin auch persönlich zu formulieren.
- Er vermeidet jede Art von Ablenkung, wie Fernsehen, in Zeitungen blättern oder sich gedanklich in eine andere Welt zu flüchten.
- Er unterbricht nicht: Wenn sie redet, hält er den Mund.
- Er fordert Ehrlichkeit: Er will nicht hören, was er hören möchte, sondern das, was sie sagen will.
- Er registriert Signale ihres und seines Körpers – und betrachtet die Signale, wertet sie aber nicht.
- Er fragt – und unterbricht die Antwort nicht.
- Er spricht – und wird nicht unterbrochen.
- Er und sie beginnen, Chancen der Kommunikation zu nutzen und lernen, das Gebot der nicht verdummenden Stille zu lieben: ohne TV, ohne Zeitung, ohne Kinder, ohne Vorurteile, ohne Urteile, ohne Worte, die nur vernebeln.

Nachwort

Gerade eben schoß er wieder. Der sprachlose Mann. Im Fernseher. Er war meilenweit geritten, kaute gedankenverloren an seiner Unterlippe, sah mit blitzblauen Augen gegen die Berge, gab seinem Pferd die Sporen – ja, und dann schoß er. Wortlos. Auf einen Menschen, der ihm in die Quere ritt.

Es war ein Film. Ein Western. Einer von rund fünfzigtausend, die seit dem 1. Februar 1887, dem Tag, an dem der Grundstücksmakler HARVEY HENDERSON WILCOX seine Bodenrechte von hundertzwanzig Acres Land im Cahuenga-Tal westlich von Los Angeles eintragen ließ, in Hollywood gedreht wurden. Und seit 1889 THOMAS ALVA EDISON für siebenhundert Dollar in West Orange, im US-Staat New Jersey, ein fünfzehn Meter langes und vier Meter breites Gebäude namens »Black Maria«, das erste Filmstudio der Welt, eröffnete und später sein Wissen von Hollywood gestohlen wurde – seither reitet, fährt oder schlendert der Mann sprachlos durch die Wüsten, Canyons und Straßen und erschießt wortlos Menschen, erdrückt wortlos Frauen, verweigert wortlos Gefühle.

Der Stummfilm von einst ist auch in der Jetztzeit trotz Cinemascope, 3-D-Brille und Quadrophonie stumm geblieben. Der Mann wird seit hundert Jahren in Film und Fernsehen als verbaler und emotionaler Schwachkopf mit homosexuellen Muskelmannphantasien dargestelllt. Die Erotisierung des Sprachlosen ist von HUMPHREY BOGART und GARY COOPER auf ARNOLD SCHWARZENEGGER und SYLVESTER STALLONE vererbt worden. Das Omnipotenzgefühl beschränkt sich auf extreme Schweigsamkeit, gepaart mit muskulöser Unversehrtheit.

Und alle, alle hängen an diesem Bild, das sich bitterarme Einwanderer aus Europa ausdachten, um mit Stummfilmen die Sprachlosigkeit der Beziehungen durch gemeinsame Kinobesuche finanziell auszunutzen.

Das Bild des sprachlosen Mannes ist komplett. Im Film ist er der autistische Schweiger. Auf dem Hochglanzmagazin ist er der vergeistigte Literat, der sich mediengerecht ausschweigt. Im von Medien verordneten Leben ist es der Mann, der hygienisch sauber und verbal ungefährlich die Lust, die Liebe und die Sprache verweigert. Das einst geborgte und heute nachvollzogene »Leben« via Medien hat den Konsumenten sprachlos mutiert.

Und ich erinnere mich an die irgendwo aufgeschriebenen Sätze, wie medial-genial Ingmar Bergman bei einem Abendessen in München den guten vom bösen Mann unterschied: »Hollywood. Gut und bös. Der Böse kam aus dem Salon. Wortlos. Er schnippte die Katze mit der Spitze des Stiefels weg. Die Katze miaut. Schnitt. Schrille Musik. Jetzt kommt der Gute aus dem Saloon. Er zögert, kombiniert sich und seine Muskeln. Er streichelt die Katze. Sie schnurrt. Das Vorurteil ist komplett. Die Grenzen sind gesteckt. Das Spiel kann beginnen.«

Der Mensch – Frau und Mann, Mädchen und Bub, Kind und Greis – ist heute ein von den Medien konditioniertes Wesen.

Der Mensch – Mann und Frau, Mädchen und Bub, Kind und Greis – ist nicht sprachlos geboren, sondern wird sprachlos verdummt.

Der Mensch – Frau und Mann, Mädchen und Bub, Kind und Greis – hat die Chance, sich zu einer, zu seiner Sprache, zu seinem Leben, zu seiner Liebe und zu seiner Lust zu bekennen, wenn sie, er, es den Mut aufbringt, sich selbst als selbstbestimmtes Wesen anzuerkennen. Und sich endlich als das zu sehen, was dringend nötig ist: als ein Mensch, der über sich selbst entscheidet. Und nicht als Mensch, der über sich entscheiden läßt.

Der Western, der Krimi, die Show, die Tagesthemen, das Vorfabrizierte, das Menschen-Verdummende, der männerhassende Feminismus – es liegt an uns, den Knopf mit den drei Buchstaben »AUS« zu drücken und sich seiner eigenen Sprache, seiner eigenen Lust, seiner eigenen Liebe zu erinnern. Und dies neu für sich zu munitionieren und für sein kurzes Leben genußvoll auszuleben und auszulieben.

Ich weiß, daß mein Buch keine sichere Therapie, kein Allheilmittel gegen die Sprachlosigkeit ist. Und ich weiß, daß mein Buch Aggressionen herausfordert. Das ist Absicht. Denn es soll etwas in Bewegung setzen.

Doch ich weiß auch, daß die verflucht schwierige Wahrheit nie zu finden ist. Daß man als Journalist aber versuchen soll, sie aufzuschreiben.

Was ich mir aber wünsche:

Männer, die sich gegen diese verbalen Attacken endlich wieder mündlich wehren.

Männer, die sich gegen die Sprachlosigkeit ihrer Chefs, Bosse und Vorgesetzten wehren.

Männer, die sich nicht zu debilen Hampelmännern machen lassen und nicht jeden verbalen Unsinn, der über sie ergossen wird, geduldig ertragen.

Männer, die lust- und liebevoll ihr Mannsein ausleben.

Männer, die sich nicht mehr zu lebensunwerten Trotteln degradieren lassen.

Männer, die wieder Männer sind. Ohne in das Vorgestern, das Gestern und das bereits vergangene Heute zu verfallen.

Männer, die mit Lust & Liebe, Sex & Sprache gelernt haben, daß männlich nicht Macho, daß Schweigen nicht Macht, daß Mann nicht Frau, daß nicht alle Verbrechen männlich, daß nicht jeder Friede weiblich, daß Feministinnen nicht Päpstinnen, daß Psychologen nicht grundsätzlich intelligent und Arbeiter nicht grundsätzlich dumm sind.

Der Mann ein Mann, die Frau eine Frau – die Gleichberechtigung würde endlich beginnen und hätte endlich eine Chance.

Literaturverzeichnis

Für dieses Buch habe ich unzählige Bücher gelesen, Zeitungs- und Zeitschriftenartikel ausgewertet, Archivmaterialien durchforscht, Gespräche geführt – recherchiert eben. Allen, die ich in meinem Buch nenne und zitiere, verdanke ich Wichtiges – auch wenn sie mich zu empörtem Widerspruch herausforderten. Die folgenden Bücher und Publikationen nenne ich als meine gesammelten Quellen. Als weiterführende Lektüre sei dem Mann, der sich Freiheit nicht nur erarbeiten, sondern auch erdenken will, empfohlen, mehr als nur einen Blick in diese Bücher zu werfen:

ALMQVIST, PAULA: *Mitgefangen – mitgehangen. Über das Leben im Zeitgeist-Takt.* Rowohlt Taschenbuch Verlag, Reinbek 1988.

ALT, FRANZ: *Jesus – der erste, neue Mann.* Piper Verlag, 9. Aufl., 1991.

AMENDT, GÜNTHER: *Sexfront.* Rowohlt Taschenbuch Verlag, Reinbek 1989.

BAIR, DEIRDRE: *Simone de Beauvoir.* Knaus Verlag, München 1990.

BARZ, PAUL: *Ein anderes Leben wagen. 2000 Jahre alternative Daseinsformen.* Lübbe Verlag, Bergisch Gladbach 2 1984.

BEAUVOIR, SIMONE DE: *Das andere Geschlecht.* Rowohlt Taschenbuch Verlag, Reinbek o. J.

BENARD, CHERYL und EDIT SCHLAFFER: *Der Mann auf der Straße.* Rowohlt Taschenbuch Verlag, Reinbek 1980.

–: *Die ganz gewöhnliche Gewalt in der Ehe.* Rowohlt Taschenbuch Verlag, Reinbek 1978.

–: *Im Dschungel der Gefühle.* Rowohlt Taschenbuch Verlag, Reinbek 1990.

–: *Laßt endlich die Männer in Ruhe.* Rowohlt Verlag, Reinbek 1990.

–: *Liebesgeschichten aus dem Patriarchat.* Rowohlt Taschenbuch Verlag, 1984.

–: *Männer.* Rowohlt Verlag, Reinbek 1988.

–: *Rückwärts und auf Stöckelschuhen.* Kiepenheuer & Witsch, Köln 1991.

–: *Sagt uns, wo die Väter sind.* Rowohlt Verlag, Reinbek 1992.

BEPKO, CLAUDIA und JO-ANN KRESTAN: *Das Superfrauen Syndrom. Vom weiblichen Zwang, es allen recht zu machen.* Krüger Verlag, Frankfurt/Main 1991.

BERLITZ, CHARLES: *Die wunderbare Welt der Sprachen.* Zsolnay Verlag, Wien 1982.

BIEDERMANN, HANS: *Die großen Mütter. Die schöpferische Rolle der Frau in der Menschheitsgeschichte.* Scherz Verlag, Bern/München 1987.

BILLER, MAXIM: *Die Tempojahre.* Deutscher Taschenbuch Verlag, München 1991.

BLY, ROBERT: *Eisenhans. Ein Buch über Männer.* Kindler Verlag, München 1991.

BOTWIN, CAROL: *Männer, die nicht treu sein können.* Hoffmann und Campe Verlag, Hamburg 1989.

BREITENSTEIN, ROLF: *Wenn Männer zu viel arbeiten.* Langen-Müller Verlag, München 1990.

BRONNEN, BARBARA (Hrsg.): *Mein erotisches Lesebuch.* Deutscher Taschenbuch Verlag, München 1983.

–: *Schwestern. Ein literarisches Lesebuch.* Dromer Knaur Verlag, München 1987.

BROWNMILLER, SUSAN: *Weiblichkeit.* S. Fischer Verlag, Frankfurt/Main 1987.

Burchill, Julie: *Die Waffen der Susan Street*. Goldmann Verlag, München 1991.
Bürger, Joachim H.: *Mann, bist du gut*! Peter Erd Verlag, München 1990.
–: *Mann, leb dich aus!* Peter Erd Verlag, München 1991.
Burroughs, William S.: *Interzone*. Limes Verlag, Berlin 1991.
Carkeet, David: *Die ganze Katastrophe*. Diogenes Verlag, Zürich 1992.
Carter, Angela: *Sexualität ist Macht. Die Frau bei de Sade*. Rowohlt Taschenbuch Verlag, Reinbek 1983.
Carton, Martine: *Etwas Besseres als einen Ehemann findest du allemal*. Fischer Taschenbuch Verlag, 7. Aufl., Frankfurt/Main 1991.
Castelain-Meunier, Christine: *Männer haben überlebt. Die neue Offenheit*. Schweizer Verlagshaus, Zürich 1990.
Chesler, Phyllis: *Frauen – das verrückte Geschlecht*. Rowohlt Taschenbuch Verlag, Reinbek 1977.
Cohen, Annie: *Kriegszustand. MLF – Paris*. EMMA, Juni 1977, Emma Verlag, Köln.
Compart, Martin und Thomas Wörtche: *Krimi-Jahrbuch 1990*. Emons Verlag, Köln 1990.
Deffarge, Marie-Claude und Gordian Troeller: *Die Herren. Ein Pamphlet gegen Männerherrschaft*. Zweitausendeins Verlag, Frankfurt/Main 1985.
Dethlefsen, Thorwald: *Ödipus, der Rätsellöser. Der Mensch zwischen Schuld und Erlösung*. C. Bertelsmann Verlag, München 1990.
Diehl, Margaret: *Die Männer*. Goldmann Verlag, München 1991.
Dierichs, Helga und Margarete Mitscherlich: *Männer. Zehn exemplarische Geschichten*. Fischer Taschenbuch Verlag, 7. Aufl., Frankfurt/Main 1980.
Dietl-Wichmann, Karin: *Hörigkeit. Die Sucht nach Unterwerfung*. Heyne Verlag, München 1990.
Dostojewski, Fjodor M.: *Der Spieler*. Insel Verlag, Frankfurt/Main 1980.
Dowling, Colette: *Der Cinderella-Komplex. Die heimliche Angst der Frauen vor der Unabhängigkeit*. Fischer Taschenbuch Verlag, 15. Aufl., Frankfurt/Main 1990.
Dowling, Colette: *Perfekte Frauen. Die Flucht in die Selbstdarstellung*. S. Fischer Verlag, Frankfurt/Main 1989.
Dünnebier, Anna: *Eva und die Fälscher*. Fischer Taschenbuch Verlag, 3. Aufl., Frankfurt/Main 1991.
Dworkin, Andrea: *Pornographie*. Emma Verlag, Köln 1987.
Ebner, Wolf C.: *Der heilsame Ehekrach. Von reinigenden Gewittern und Scherben, die Glück bringen*. Ariston Verlag, Genf/München 1990.
–: *Was müde Männer munter macht. Neuer Pep für alte Paschas*. Ariston Verlag, Genf/München 1992.
Ehrenreich, Barbara: *Die Herzen der Männer*. Rowohlt Taschenbuch Verlag, Reinbek 1984.
EMMA (Zeitschrift): Emma Verlag, Köln.
Emmenegger, Marta: *333 Briefe zu Liebe und Sex*. Ringier Verlag, Zofingen 1988.
Emmermann, Heide-Marie: *Credo an Gott und sein Fleisch. Erfahrungen mit irdischer und himmlischer Liebe*. Hoffmann und Campe Verlag, Hamburg 1991.
Enzensberger, Hans Magnus in: Goettle, Gabriele: *Deutsche Sitten*. Eichborn Verlag, Franfurt/Main 1991.
Esser, Stefan: *Die Lüge mit der Lust*. Goldmann Verlag, München 1990.
Faldbakken, Knuth: *Adams Tagebuch*. Rowohlt Taschenbuch Verlag, Reinbek 1990.
Fallaci, Oriana: *Ein Mann*. Fischer Taschenbuch Verlag, 12. Aufl., Frankfurt/Main 1990.
Fitoussi, Michèle: *Zum Teufel mit den Superfrauen*. Schweizer Verlagshaus, 2. Aufl., Zürich 1989.
Firestone, Shulamith: *Frauenbefreiung und sexuelle Revolution*. Fischer Taschenbuch Verlag, Frankfurt/Main 1987.
Franks, Helen: *Goodbye Tarzan*. Der endgültige Abschied vom Macho-Mann. Econ Verlag, Düsseldorf 1985.

FRIDAY, NANCY: *Eifersucht.* Deutscher Taschenbuch Verlag, München 1989.

–: *Wie meine Mutter.* Fischer Taschenbuch Verlag, 12. Aufl., Frankfurt/Main 1990.

FRIEDAN, BETTY: *Der Weiblichkeitswahn oder die Selbstbefreiung der Frau.* Rowohlt Taschenbuch Verlag, Reinbek 1982.

FRINGS, MATTHIAS und THOMAS HENNING: *Ein Bild vom Mann.* Rowohlt, Reinbek 1986.

FRINGS, MATTHIAS und ELMAR KRAUSHAAR: *Männer. Liebe. Ein Handbuch für Schwule und solche, die es werden wollen.* Rowohlt Taschenbuch Verlag, Reinbek 1986.

FRISCH, MAX: *Homo faber.* Suhrkamp Verlag, Frankfurt/Main 1971.

FROMM, ERICH: *Die Kunst des Liebens.* Ullstein Taschenbuch Verlag, Berlin 1989.

FRUTTERO, CARLO und FRANCO LUCENTINI: *Ein Hoch auf die Dummheit. Porträts, Pamphlete, Parodien.* Piper Verlag, München 1992.

FUCHS, GOTTHARD (Hrsg.): *Männer. Auf der Suche nach einer neuen Identität.* Patmos Verlag, Düsseldorf 1988.

GEISSLER, SINA ALINE: *Der Lolita-Komplex.* Moewig Verlag, Rastatt 1991.

–: *Lust an der Unterwerfung. Frauen bekennen sich zum Masochismus.* Moewig Verlag, Rastatt 1990.

–: *Mut zur Demut. Erotische Phantasien von Frauen.* Moewig Verlag, Rastatt 1990.

GLUCKSMANN, ANDRÉ: *Die Macht der Dummheit.* Ullstein Taschenbuch Verlag, Berlin 1988.

GOLDBERG, HERB: *Der blockierte Mann. Hindernisse auf dem Weg zur Nähe.* Kabel Verlag, Hamburg 1989.

–: *Der verunsicherte Mann. Wege zu einer neuen Identität aus psychotherapeutischer Sicht.* Rowohlt Taschenbuch Verlag, Reinbek 1986.

GOOD, NANCY: *Wie liebt man einen schwierigen Mann? Nöte und Chancen schwieriger Partnerschaften.* Ariston Verlag, 3. Aufl., Genf/München 1989.

GORDON, BARBARA: *Jennifer-Fieber. Ohne Treue: Der Männertraum vom wahren Glück mit einer neuen, jungen Frau.* Rowohlt Verlag, Reinbek 1989.

GRANDES, ALMUDENA: *Lulu.* Verlag am Galgenberg, 3. Aufl., Hamburg 1990.

GRANT, TONI: *Die Chance, eine Frau zu sein. Rückbesinnung auf die Weiblichkeit.* Ariston Verlag, Genf/München 1990.

GREIFFENHAGEN, MARTIN (Hrsg.): *Kampf um Wörter.* Carl Hanser Verlag, München 1980.

GRELLET, ISABELLE und CAROLINE KRUSE: *Liebeserklärungen.* Rowohlt Taschenbuch Verlag, Reinbek 1991.

GROULT, BENOÎTE: *Salz auf unserer Haut.* Droemer Knaur Verlag, München 1989.

HALLER, GRET: *Frauen und Männer.* Zytglogge Verlag, 4. Aufl., Gümligen/Bonn 1988.

HAMMERL, ELFRIEDE: *Probier es aus, Baby. STERN-Einsichten.* Rowohlt Taschenbuch Verlag, Reinbek 1988.

HELLER, EVA: *Wie Werbung wirkt. Theorien und Tatsachen.* Fischer Taschenbuch Verlag, 7. Aufl., Frankfurt/Main 1991.

–: *Beim nächsten Mann wird alles anders.* Fischer Taschenbuch Verlag, 24. Aufl., Frankfurt/Main 1991.

HERRIGER, CATHERINE: *Männer weinen nicht.* Heyne Verlag, München 1989.

HITE, SHERE und KATE COLLERAN: *Keinen Mann um jeden Preis. Das neue Selbstverständnis der Frau in der Partnerbeziehung.* Falken Verlag, München 1989.

–: *Frauen und Liebe. Der neue Hite-Report.* C. Bertelsmann Verlag, München 1988.

HOFFMANN, SUSANNA: *22 Männertypen und wie man ihnen beikommt.* Lübbe Verlag, Bergisch Gladbach 1983.

HOLLSTEIN, WALTER: *Nicht Herrscher, aber kräftig. Die Zukunft der Männer.* Hoffmann und Campe Verlag, Hamburg 1988.

JANSSEN-JURREIT, MARIELUISE (Hrsg.): *Frauen und Sexualmoral.* Fischer Taschenbuch Verlag, Frankfurt/Main 1986.

KAPLAN, LEON: *Ein Mann bleibt ein Mann. Lösungen für sexuelle Probleme.* Ariston Verlag, 4. Aufl., Genf/München 1989.

KAPLAN, LEON: *Das Mona-Lisa-Syndrom. Männer, die wie Frauen fühlen*. Econ Verlag, Düsseldorf 1990.

KAPLAN, LOUISE J.: *Weibliche Perversionen. Von befleckter Unschuld und verweigerter Unterwerfung*. Hoffmann und Campe Verlag, Hamburg 1991.

KAST, VERENA: *Mann und Frau im Märchen. Eine psychologische Deutung*. Deutscher Taschenbuch Verlag, München 1987.

KAZIS, CORNELIA (Hrsg.): *Buchstäblich sprachlos. Analphabetismus in der Informationsgesellschaft*. Lenos Verlag, Basel 1991.

KEEN, SAM: *Feuer im Bauch*. Kabel Verlag, Hamburg 1992.

KELLER, CLAUDIA: *Kinder, Küche und Karriere. Neue Briefe einer verhinderten Emanze*. Fischer Taschenbuch Verlag, 2. Aufl., Frankfurt/Main 1990.

KERLER, RICHARD: *Die Yuppies*. Langen-Müller Verlag, München 1987.

KILEY, DAN: *Das Peter-Pan-Syndrom. Männer, die nie erwachsen werden*. Kabel Verlag, Hamburg 1987.

–: *Die Angst der Frauen, sie selbst zu sein*. Heyne Verlag, München 1990.

KISHON, EPHRAIM: *... und die beste Ehefrau von allen*. Langen-Müller Verlag, München 1981.

KLEIN, MARTY: *Über Sex reden. Heimliche Wünsche, verschwiegene Ängste*. Rowohlt Taschenbuch Verlag, Reinbek 1991.

KLOEHN, EKKEHARD: *Typisch Weiblich? – Typisch Männlich?* Rowohlt Taschenbuch Verlag, Reinbek 1982.

KNUSSMANN, RAINER: *Der Mann – ein Fehlgriff der Natur*. Gruner+Jahr Verlag, Hamburg 1982.

KOELBL, HERLINDE (Ill.) und KLAUS HONNEFF: *Männer*. Bucher Verlag, München 1984.

KURTZ, IRMA: *Was Männer meinen – wenn sie reden*. Droemer Knaur Verlag, München 1987.

LAUSTER, PETER: *Die Liebe. Psychologie eines Phänomens*. Rowohlt Taschenbuch Verlag, Reinbek 1982.

LAZARRE, JANE: *Über die Liebe zu Männern*. Rowohlt Taschenbuch Verlag, Reinbek 1983.

LEFEBVRE, HENRI: *Die Frauenillustrierten*. In: *Medien-Forschung Band 3* (Analysen, Kritiken, Ästhetik), herausgegeben von DIETER PROKOP, Fischer Verlag, Frankfurt/Main 1986.

LEYRER, KATJA: *Hilfe! Mein Sohn wird ein Macker*. Fischer Taschenbuch Verlag, 2. Aufl., Frankfurt/Main 1991.

LISKER, PETRA: *Auch Männer können lieben*. Ullstein Verlag, Berlin 1989.

LISSNER ANNELISE, SÜSSMUTH RITA und KARIN WALTER (Hrsg.): *Frauenlexikon*. Herder Verlag, 2. Aufl., Freiburg 1989.

LURIE, ALISON: *Liebe und Freundschaft*. Diogenes Verlag, Zürich 1989.

MAHMOODY, BETTY und WILLIAM HOFFER: *Nicht ohne meine Tochter*. Lübbe Verlag, Bergisch Gladbach 2 1988.

MANDEL, ERNEST: *Ein schöner Mord. Sozialgeschichte des Kriminalromans*. Hain Verlag, Frankfurt/Main 1988.

MARY, MICHAEL: *Schluß mit dem Beziehungskrampf*. Kreuz Verlag, Stuttgart 1991.

MERIAN, SVENDE: *Der Tod des Märchenprinzen*. Rowohlt Taschenbuch Verlag, Reinbek 1983.

–: *Vaters Hände*. Luchterhand Verlag, Frankfurt/Main 1990.

MICHAELS, LEONARD: *Der Männerclub*. Rowohlt Taschenbuch Verlag, Reinbek 1984.

MILLER, HENRY: *Frühling in Paris. Briefe an einen Freund*. Rowohlt Taschenbuch Verlag, Reinbek 1991.

–: *Sexus*. Rowohlt Taschenbuch Verlag, Reinbek 1980.

MILLET, KATE: *Sexus und Herrschaft. Die Tyrannei des Mannes in unserer Gesellschaft*. Rowohlt Taschenbuch Verlag, Reinbek 1985.

MISCHKE, ROLAND: *Nur Mut, Männer. Das Buch über die neue Rolle des Mannes*. Lübbe Verlag, Bergisch Gladbach 2 1990.

MITCHELL, JULIET: *Frauen – die längste Revolution. Feminismus, Literatur, Psychoanalyse*. S. Fischer Verlag, Frankfurt/Main 1987.

Mitscherlich, Alexander: *Das Ich und die Vielen*. Piper Verlag, München 1981.
Mitscherlich, Alexander und Margarete: *Die Unfähigkeit zu trauern*. Piper Verlag, 12. Aufl., München 1990.
Mitscherlich, Alexander und Gert Kalow (Hrsg.): *Über Treue und Familie. Zwei Gespräche*. Piper Verlag, München 1972.
Mitscherlich, Margarete: *Das Ende der Vorbilder. Vom Nutzen und Nachteil der Idealisierung*. Piper Verlag, 2. Aufl., München 1980.
–: *Die friedfertige Frau. Eine psychoanalytische Untersuchung zur Aggression der Geschlechter*. S. Fischer Verlag, Frankfurt/Main 1987.
–: *Die Zukunft ist weiblich*. Pendo Verlag, Zürich 1987.
–: *Müssen wir hassen? Über den Konflikt zwischen innerer und äußerer Realität*. Deutscher Taschenbuch Verlag, München o. J.
Möbius, Paul J.: *Über den physiologischen Schwachsinn des Weibes*. Matthes und Seitz Verlag, München 1990.
Montherlant, Henry de: *Erbarmen mit den Frauen*. Kiepenheuer & Witsch, Köln 1975.
Morlock, Martin: *Auf der Bank der Spötter*. Kindler Verlag, München 1989.
Müller-Mees, Elke: *Was heißt schon Männersache! Wider die Mechanismen des Machterhalts*. Ariston Verlag, Genf/München 1989.
Napier, Augustus Y.: *Ich dachte, meine Ehe sei gut, bis mir meine Frau sagte, wie sie sich fühlt*. Kreuz Verlag, Zürich 1990.
Nin, Anaïs: *Die verborgenen Früchte*. Droemer Knaur Verlag, München 1982.
Nitzschke, Bernd: *Männerängste/Männerwünsche*. Rowohlt Verlag, Reinbek 1989.
Odierna, Simone: *Was Männer von Frauen wollen. Reportagen aus dem Alltag*. Rowohlt Taschenbuch Verlag, Reinbek 1990.
Osborn, David: *Schach der Dame*. Zsolnay Verlag, Wien 1983.
O'Connor, Dagmar: *Sex mit Herz – Lust auf Liebe. Für eine sinnliche und zärtliche Partnerschaft*. Ullstein Verlag, Berlin 1990.
Packard, Vance: *Die geheimen Verführer*. Ullstein Taschenbuch Verlag, Berlin o. J.
Paretsky, Sara: *Brandstifter*. Piper Verlag, München 1992.
Parker, Dorothy: *Die Geschlechter. New Yorker Geschichten*. Haffmans Verlag, Zürich 1988.
Pauweis, Marie C.: *Ich mach' aus Dir ein Lustobjekt*. Heyne Verlag 1990.
Pflüger, Peter M. (Hrsg.): *Der Mann im Umbruch*. Walter Verlag, Olten 1989.
Pilgrim, Volker Elis: *Die Elternaustreibung*. Claassen Verlag, Düsseldorf 1984.
–: *Manifest für den freien Mann*. Rowohlt Taschenbuch Verlag, Reinbek 1977 und 1983.
–: *Der Untergang des Mannes*. Rowohlt Taschenbuch Verlag, Reinbek 1986.
–: *Der Vampirmann*. Claassen Verlag, Düsseldorf 1989.
Ploil, Oja E.: *Mundwerk. Ein Handbuch der Rhetorik für Frauen*. Aleanor Verlag, Nürnberg 1990.
Pross, Helge: *Die Männer. Eine repräsentative Untersuchung über die Selbstbilder von Männern und ihre Bilder von der Frau*. Rowohlt Verlag, Reinbek 1978.
Raabe, Wilhelm: *Zum wilden Mann*. Reclam Verlag, Stuttgart o. J.
Rattner, Josef: *Menschenkenntnis*. Hoffmann und Campe, Hamburg 1983.
Reik, Theodor: *Mann und Frau. Die emotionalen Variationen der Sexualität*. Fischer Taschenbuch Verlag, Frankfurt/Main 1986.
Revel, Jean-François: *Die Herrschaft der Lüge. Wie Medien und Politiker die Öffentlichkeit manipulieren*. Zsolnay Verlag, Wien 1990.
Roth, Philip: *Mein Leben als Mann*. Michael Kellner Verlag, Hamburg 1990.
Schelsky, Helmut: *Soziologie der Sexualität. Über die Beziehungen zwischen Geschlecht, Moral und Gesellschaft*. Rowohlt Taschenbuch Verlag, 21. Aufl., Reinbek 1977.
Scheu, Ursula: *Wir werden nicht als Mädchen geboren – wir werden dazu gemacht. Zur frühkindlichen Erziehung in unserer Gesellschaft*. Fischer Taschenbuch Verlag, 17. Aufl., Frankfurt/Main 1991.

SCHINDLER, THOMAS: *Wenn Männer sich verweigern*. Peter Erd Verlag, München 1982.
SCHMERL, CHRISTIANE (Hrsg.): *In die Presse geraten. Darstellung von Frauen in der Presse und Frauenarbeit in den Medien*. Böhlau Verlag, 2. Aufl., Köln 1989.
SCHMIDBAUER, WOLFGANG: *Du verstehst mich nicht! Die Semantik der Geschlechter*. Rowohlt Verlag, Reinbek 1991.
–: *Die Angst vor Nähe*. Rowohlt Verlag, Reinbek 1985.
–: *Die Ohnmacht des Helden. Unser alltäglicher Narzißmus*. Rowohlt Verlag, Reinbek 1981.
SCHMÖLDERS, CLAUDIA (Hrsg.): *Die Kunst des Gesprächs. Texte zur Geschichte der europäischen Konversationstheorie*. Deutscher Taschenbuch Verlag, München 1986.
SCHÖNBERGER, MARGIT: *Rettet uns den Mann! Ein Leitfaden für Frauen, die auf eigenen Füßen stehen und dennoch in Männerarmen liegen wollen*. Droemer Knaur Verlag, München 1986.
SCHÜTZ, HANNELORE: *Die dressierte Frau*. R.S. Schulz Verlag, Starnberg 1972.
SCHWARZER, ALICE: *Der »kleine« Unterschied und seine großen Folgen. Frauen über sich – Beginn einer Befreiung*. Fischer Taschenbuch Verlag, 10. Aufl., Frankfurt/Main 1990.
– (Hrsg.): *Das neueste Emma-Buch*. Deutscher Taschenbuch Verlag, München 1991.
–: *So fing es an! Die neue Frauenbewegung*. Deutscher Taschenbuch Verlag, München 1983.
SELYE, HANS: *Streß. Bewältigung und Lebensgewinn*. Piper Verlag, München 1988.
SENGER, GERTI: *Gute Männer sind so! Es wurde noch nichts Besseres erfunden*. Ariston Verlag, Genf/München 1984.
–: *Noch einmal mit Gefühl. Was Frauen sich von Männern wünschen*. Ariston Verlag, Genf/München 1986.
–: *Sinnenfreude, Lebenslust. 100 Regeln für eine neue Sinnlichkeit*. Ariston Verlag, Genf/München 1985.
–: *Was heißt denn schon frigid! Intimtatsachen, die auch jeder Mann kennen sollte*. Ariston Verlag, 4. Aufl., Genf/München 1991.
SHAEVITZ, MORTON: *Liebe und Rivalität*. Droemer Knaur Verlag, München 1990.
SOLANAS, VALERIE: *Manifest der Gesellschaft zur Vernichtung der Männer: SCUM*. Rowohlt Taschenbuch Verlag, Reinbek 1983.
SOLLWEDEL, INGE: *Neue Männer für die neuen Frauen*. Rowohlt Taschenbuch Verlag, Reinbek o.J.
STEEN, UTA VAN: *Macht war mir nie wichtig. Gespräch mit Journalistinnen*. Fischer Taschenbuch Verlag, Frankfurt/Main 1988.
STEINEM, GLORIA: *Unerhört. Reportagen aus »Ms«*. Rowohlt Taschenbuch Verlag, Reinbek 1984.
STEFAN, VERENA: *Häutungen*. Frauenoffensive Verlag, München 1975.
STEPHAN, CORA: *Ganz entspannt im Supermarkt. Leben und Liebe im ausgehenden 20. Jahrhundert*. Rotbuch Verlag, Berlin 1985.
STEPHAN, INGE: *Das Schicksal der begabten Frau. Im Schatten berühmter Männer*. Kreuz Verlag, Stuttgart 1989.
STERN, FELIX: *Und wer befreit die Männer?* Ullstein Verlag, Berlin 1991.
SÜSKIND, PATRICK/SEMPÉ (Ill.): *Die Geschichte von Herrn Sommer*. Diogenes Verlag, Zürich 1991.
TANENBAUM, JOE: *Mann und Frau. Oder der große Unterschied*. Diana Verlag, Glattbruck 1991.
TANNEN, DEBORAH: *Du kannst mich einfach nicht verstehen. Warum Männer und Frauen aneinander vorbeireden*. Kabel Verlag, Hamburg 1991.
THEWELEIT, KLAUS: *Buch der Könige. Bd. 1: Orpheus und Eurydike*. Stroemfeld/Roter Stern, Berlin o.J.
–: *Männerphantasien. Bd. 1 und 2*. Stroemfeld/Roter Stern, Berlin 1977 und 1985.
THIELE, ALBERT: *Die Kunst zu überzeugen. Faire und unfaire Dialektik*. VDI Verlag, 2. Aufl., Düsseldorf 1990.
THIELE-DOHRMANN, KLAUS: *Schwatzende Zungen – lüsterne Ohren. Zur Psychologie des Klatsches*. Heyne Verlag, München 1988.

Trachtenberg, Peter: *Der Casanova-Komplex. Vom Zwang, lieben zu müssen.* Goldmann Verlag, München 1990.

Tramontana, Reinhard: *...über Emanzipation. Irren ist männlich.* Ullstein Verlag, Berlin 1984.

Twain, Mark: *Meistererzählungen.* Diogenes Verlag, Zürich 1990.

Venturi, Bruno und Dorothea Thums: *Männer – Premieren. Die erste Nacht des Mannes.* Verlag Narziß und Ego, St. Gallen 1987.

Vilar, Esther: *Der dressierte Mann. Das polygame Geschlecht.* Deutscher Taschenbuch Verlag, München 1987.

Walter, Otto F.: *Der Stumme.* Rowohlt Taschenbuch Verlag, Reinbek 1990.

Wawerzonnek, Marcus: *Marionetten der Liebe. Die tagtäglichen Manipulationen im sexuell-emotionalen Bereich.* Droemer Knaur Verlag, München 1990.

Weber, Klaus: *Die Sprache der Sexualität in der Bild-Zeitung.* Klaus Guhl Verlag, Berlin 1979.

Weiss, Ana: *Solo-Frauen. Frauen um 40 erzählen ihre Männergeschichten.* Eichborn Verlag.

Weldon, Fay: *Herzenswünsche.* Deutscher Taschenbuch Verlag, München 1990.

–: *Kleine Schwestern.* Deutscher Taschenbuch Verlag, München 1990.

Wells, Carol G.: *Sex beginnt im Kopf. Mentaler Weg zu höchster Erfüllung.* Heyne Verlag, München 1991.

Wicki, Maja (Hrsg.): *Wenn Frauen wollen, kommt alles ins Rollen. Der Frauenstreiktag vom 14. Juni 1991.* Limmat Verlag, Zürich 1991.

Wieck, Wilfried: *Männer lassen lieben. Die Sucht nach der Frau.* Kreuz Verlag, Stuttgart 1987.

Wiedmer-Zingg, Lys: *Der Preis der Emanzipation.* Orell Füssli Verlag, Zürich 1990.

Wiegmann, Barbelies: *Ende der Hausfrauenehe. Plädoyer gegen eine trügerische Existenzgrundlage.* Rowohlt Taschenbuch Verlag, Reinbek 1980.

Willi, Jürg: *Die Therapie der Zweierbeziehung.* Rowohlt Verlag, Reinbek 1978.

–: *Was hält Paare zusammen? Der Prozeß des Zusammenlebens in psycho-ökologischer Sicht.* Rowohlt Verlag, Reinbek 1991.

–: *Die Zweierbeziehung.* Rowohlt Verlag, Reinbek 1975.

Winslow, Kathryn: *Ein Mann wie Henry Miller.* Heyne Verlag, München 1991.

Wolf, Naomi: *Der Mythos Schönheit.* Rowohlt Verlag, Reinbek 1991.

Wolfe, Tom: *Fegefeuer der Eitelkeiten.* Kindler Verlag, München 1988.

Wolfe, Tom: *Worte in Farbe. Kunst und Kult in Amerika.* Droemer Knaur Verlag, München 1992.

Zelinsky, Gertrud: *Und trotzdem liebe ich dich.... Vom besseren Umgang mit den Männern.* Nymphenburger Verlag, München 1991.

Zimmer, Dieter E.: *Der Mythos der Gleichheit. Erweiterte Fassung des ZEIT-Dossiers »Wir, die Ungleichen.«* Piper Verlag, München 1980.

–: *So kommt der Mensch zur Sprache. Über Spracherwerb, Sprachentstehung, Sprache und Denken.* Haffmans Verlag, Zürich 1988.

Zschoke, Fee: *Er oder Ich. Männergeschichten.* Berlin 1980.